영가천도법문
1

석성우 엮음

일러두기

1. 가급적 생몰연대순으로 정리했다. 그러나 혹 그렇지 않을 수도
   있다.
2. 1995년 『영가천혼법어』를 처음 펴낸 이후, 기존의 내용 외에
   많은 내용들을 새로 추가하여 『영가천혼법어 1』이 되었다.
3. 이번에 새로 펴낸 『영가천혼법어 2』는 전부 새로운 내용들로 이
   루어졌다. 내용을 수록함에 있어 일일이 사뢰지 못한 점을 양해
   바라며, 감사한 마음을 전한다.

엮으면서

선지식의 말씀은 법문이다.
진리의 횃불이고, 자비의 빛이다.

선지식의 말씀에는 인간의 큰 괴로움 덩어리인 업보를 녹일 수 있는 힘이 있는 것이다. 그래서 명안종사를 친견하고자 하고 또 그 법문을 들으려 하는 것이다.

눈 밝은 종사들은 그 마음이 참으로 밝고 따뜻하고 지혜로우며, 한결같이 자비로워 미물 곤충까지도 외면하지 않았다. 또한 풀 한 포기, 돌멩이 하나에도 무심하지 않아 봄볕 같은 법문을 아끼지 않았던 것이다.

하여 육신을 벗어난 영혼에게 부처님을 대신하여 선연(善緣)이 적은 이에게는 인연을 북돋우고, 이승 공덕이 엷은 이에게는 공덕의 힘이 두둑하도록 하고, 업보가 두터운 이에게는 그 업보에서 벗어나게 하였다.

저승길[溟路]을 환하게 밝혀 주는 등불을 영가법문이라 한다. 그래서 그 법문은 조사 스님네의 어록이나 문집에 남아, 인연 있는 이들의 밝은 거울이 되었다.

역대 선지식들의 영가천혼법문을 어록이나 문집에서 사리(舍利) 찾듯 찾아 이 책을 엮게 된 계기는, 그간 상상하기조차 힘든 일들이 나라 안에서 너무나 많이 일어났기 때문이다. 그 일들로 인하여 어질고 착한 많은 사람들의 가슴을 짓누르고 놀라게 하였다.

그런 거칠고 험한 업보의 바람을 이런 법문으로나마 좀 잠재우고 가림 하였으면 하는 마음을 어쩔 수 없어 염치없이 엮어 보았다.

　이 책을 엮음에 있어서는 어떤 특별한 원칙을 두지 않고, 그저 손에 닿는 대로 실었다. 또한 이 책에 실려 있는 법문과 연고 있는 분들께는 앞앞이 사뢰지 못한 점에 대해서는 송구한 마음 금할 길 없다. 그것은 다른 의도가 있는 게 아니오니 너그러이 섭수하여 주시기를 바랄 뿐이다.

　제 갈 길 못 가고 서성이는 수많은 영가들이여!
　여기 이 법문들을 기쁜 마음으로 공양 올리오니, 좋은 양식으로 삼아 백 겁의 주림 달래기를 간절히 발원하나이다.
　이 책의 영가 법문을 인연으로 지혜의 등불을 밝혀 무명에서 벗어나기를 발원하며, 스스로를 되돌아보아 보리의 눈 뜨기를 간절히 발원하나이다.

1995년 5월
팔공산 파계사에서
석성우 삼가 씀

영가천도법문 1

6

13

원효(元曉) 대사

경상북도 경산에서 신라의 귀족으로 태어났다(617~686).
원효는 법명이고, 속성(俗姓)은 설(薛), 속명은 사(思), 서당(誓幢)
또는 신당(新幢)이며, 별명은 모(毛), 호는 화정(和淨)이다.
태종무열왕의 둘째 사위이고 설총이 그의 아들이다.
별명으로 소성거사(小姓居士), 이외에도 서곡사미(西谷沙彌),
백부논주(百部論主), 해동법사(海東法師), 해동종주(海東宗主)라
불렸다.
한국불교 최초의 깨달은 스님으로 고려시대에는
원효보살, 원효성사(元曉聖師)라 존칭되고,
화쟁국사(和諍國師)라는 시호가 내려졌다.

사복성자 어머니의 49재 영가천도 법문

산하대지와 생사고락이 내 마음의 조작이라. 콩 심은 데 콩이
되고 팥 뿌려 팥 거두느니 인과응보 내 뒤를 따르는 모양 몸 가
는 데 그림이요, 소리에 울림이라. 업보의 끄는 힘 황소보다 더
세어라.

눈 깜박하는 결에 마음에 이는 생각 아뿔싸 천만 겁에 생사고
락 씨가 되니 어허 두려운지고. 인과응보 두려워라. 그러나 인과
일래, 범부도 성인되어 천지가 넓다 해도 선(善)을 위해 있사오매
터럭같이 작은 선도 잃어짐이 없을러라.

방울방울 물이 모여 큰 바다 이루듯이 날마다 작은 공덕 쌓아
큰 공덕 되니 하잘것없는 몸이 무상보리 이루는 법. 여덟 가지
바른 길[八正道]을 밟아 적선함이로다.
인과응보 고마워라. 서가여래 아니시면 이 좋은 법 어이 알리.
삼천대천세계 바늘 끝만 한 빈 데 없이 목숨을 버리시며, 겪으신
난행고행(難行苦行) 나를 위함일세.

악도에 떨어질 몸 무궁락(無窮樂)을 얻는 법을 정성 다해 설하
시니 팔만 사천 법문이라. 문 따라 들어가면 백에 하나 실수 없
이 도피안 하오리라. 어허 무량(無量)할 손 부처님의 은혜셔라.

팔만대장경이 모두 다 불법이라 경중(輕重)이 있을소냐. 어느
경 하나라도 수지 독송하는 중생 반드시 악취(惡趣)떠나 불지(佛
地)에 들어가리.
일념으로 수희(隨喜)한 공덕, 만 겁의 악 깨뜨리고 사구게(四句
偈)를 믿는 신심, 삼계의 대법사(大法師).

경권(經卷)있는 곳이 부처님 계신데요, 경을 읽는 중생 부처님 사자(使者)로다. 여러 중생들아 경을 받아 읽었으라. 절이 없을진댄 불법 어디 머무르며 스님이 없을진댄 뉘 있어 법 전하리. 그러므로 절을 짓고 성중(聖衆)공양 하였으라.

헐벗고 배고픈 이 옷과 밥을 주었으라. 앓는 이 구완하고 약한 이 도와주니 모두가 보시행이로다. 재물이 없다한 들 몸조차 없을 건가. 이 몸 타고나기 도 닦자는 본원(本願)이니 도 위해 쓰고 버림 진정 소원이 아닌가.

제불(諸佛) 인행시(因行時)에 국성(國城) 처자(妻子) 보시하니 이 몸의 두목(頭目)신체 보시 않고 어이하리. 신명(身命)을 바칠진댄 더 큰 보시 있을소냐.

살(殺)·도(盜)·음(淫) 하지 않음을 지계(持戒)라 일렀고, 남 미워 아니함을 인욕이라 불렀으며, 정업(正業)·정명(正命)·근행(勤行)함을 정진이라 하시옵고, 마음을 굳게 잡아 잡념 망상 다 떼이고 가을하늘 맑은 듯이 무애삼매 닦는 법을 선정이라 하거니와 이 모두가 마하반야바라밀의 길이로다.

만행 어느 것이 육도 아님 있으랴만 제 힘에 믿는 행을 힘 다하여 닦았으라. 팔만사천 모든 법문 어느 문은 문 아니리. 신심 굳게 갖는 중생 구경성불 하오리니.

어버이 크신 은혜 모르는 이 있으랴만 스승의 고마우심 아는 이 뉘런고. 부처님이 본사(本師)시고 보살님네 대사(大師)로다. 한 가지를 배워서도 스승 공경 하였으라.

나랏님 아니시면 어느 땅에 발붙이리. 효도인들 어이하며 불법인들 닦을소냐. 그러매로 군(君)·사(師)·부(父)는 일체라고 일렀도다. 나라에 충성할 제 목숨을 아낄소냐. 효도를 하는 길에 도 닦음이 으뜸이라. 아들딸이 쌓은 공덕 다생(多生)부모 제도하네.

먹고 입고 쓰는 것이 모두 중생의 수고로다. 입에 드는 밥 한 알도 절하고 먹으라. 사중은(四重恩) 못 갚으면 극락을 바랄소냐. 군사부(君師父) 중생은(衆生恩)을 수유(須臾)나 잊을세라. 한 숨 두 숨 쉬는 숨이 은혜 갚는 맹세로다.

성인(聖人)은 그 누구며 범부는 그 누구냐? 유정 무정이 개유불성(皆有佛性)이라. 불(佛)아닌 이 어디 있나. 미(迷)할제 범부러니, 깨달으니 불(佛)이로다.

지옥 극락 모두가 내 마음이 지은 바라. 삼독(三毒) 오욕(五慾) 벗어나서 무상보리 닦을진댄 생사윤회 끊었거니 악도가 두려울까.
세상에 박복한 이 누구 두고 이름인가. 불법을 못 듣는 이 그를 두고 이름이라. 다생의 악업장이 귀와 눈을 가리우니 불법 속에 살면서도 못 보고 못 듣는다.

업장을 떼는 법이 예불참회 고작이라. 섭률의(攝律儀) 섭선법(攝善法)이 업장을 녹이더라. 칠통 같은 묵은 업장 일조에 터지는 날, 광명일월 넓은 법계 자유자재 내리도다.

불법을 닦는 사람 무엇으로 알아내나. 얼굴에 빛이 나고 몸에서 향내 나네. 마디마디 기쁨 주고 걸음걸음 꽃 피어라.
자비심을 품었으니 노염 미움 있을소냐. 청정행을 닦았으니 거

23

짓을 끊었어라.

오욕 번뇌 멸한 사람 제천(諸天)이 공경커든 요망한 악귀 무리 거들떠나 볼 것이냐. 송경염불 하는 중생 선신이 옹호하니 물에 들어 안 빠지고 불에도 아니 탄다. 한 중생 초발심에 법계가 진동하고 은밀한 작은 행도 하늘에 적히도다.

불법을 닦는 집이 그 모양이 어떠한고. 큰소리 성난 모양 꿈엔들 보일건가. 신명이 도우시고 불보살이 지키시니 자손이 창성하고 부귀공명 하오리라.

불법을 닦는 나라 그 모양이 어떠한고. 백성은 다 충신이요 아들딸은 효자로다. 악귀가 물러가고 선신이 모여드니 우순풍조(雨順風調)하고 국태민안이로다.

선업 닦는 중생들이 이 나라에 원생(願生)하니 제상선인(諸上善人)이 구회일처(俱會一處)라. 산 모양 들 모양도 얼굴을 변하고 날짐승 길 버러지 악심을 떠 있으니 현세가 곧 극락이라 이 아니 보국(報國)이냐.

어허 기쁜지고 지화자 좋을시고
법고(法鼓) 둥둥 울려 한바탕 춤을 추자.

24

광덕(廣德)과 엄장(嚴莊)

신라 문무왕(661~681)때 생존했던 스님으로만 알려져
있을 뿐, 정확한 생몰연대에 대한 기록은 없다.

원왕생가(願往生歌)

   달아 서방까지 가시나이까
   무량수불 앞에 말씀 아뢰소서
   다짐 깊은 부처님께 두 손 모아
   원왕생, 원왕생.
   그리워하는 사람 있다 아뢰소서
   아, 이 몸 남겨두고
   사십팔원이 이루어질까.

* 신라의 문무왕재위(661~681)때에 광덕과 엄장 두 사문이 있었다.
광덕은 짚신을 삼는 일을 했으며, 엄장은 농사일을 하였는데 사이가
매우 극진해 서로 약속하기를 먼저 극락에 가는 사람이 뒷사람에게
알려주기로 했다.
 광덕은 죽으면서 그의 아내를 엄장에게 부탁했다. 엄장은 그의 아
내와 살면서 잠자리를 요구했다. 부인이 말하길 "그대가 서방을 구
하는 것은 나무에서 고기를 구함이다"라는 말을 하며 10년을 함께
살았지만 광덕과는 한 번도 잠자리를 하지 않았으며 아미타불 염불
수행을 했다고 했다.
 엄장은 그 말을 듣고 원효대사를 찾아 법을 구하고 깨달음을 얻었
다. 그의 부인은 분황사 노비였지만 관음의 19응신 중 한 분이었다
고 전해진다. 이 노래는 그의 부인이 먼저 간 남편(광덕)을 위해 부
른 것이다.

월명사(月明師)

신라 때 스님으로, 정확한 생몰연대를 알 수 있는 기록이 없다.
피리를 잘 불러 유명했다고 한다.
일연스님의 삼국유사에 기록된 것을 보면 신라
경덕왕19년(760년)에 도솔가를 지어 올렸다는 것을 보아
그 시절의 스님으로 추정될 뿐이다.

제망매가(祭亡妹歌)

생사의 길은 이승에 있으매 두려움 없지만
나는 간다 하고 말도 못하고 가느냐
어느 가을 이른 바람에 여기 저기 떨어지는 잎과 같이
한 가지에 나서 가는 곳을 모르는구나
아 — 아미타 정토에서 너를 만날 나는
도를 닦아 기다리련다.

* 월명사에게는 나이 어린 누이동생이 있었다. 그가 어린 나이에 죽
자 누이를 위해 재를 베풀고 '제망매가(祭亡妹歌)'라는 왕생가를 지어
극락왕생을 빌었다.
  삼국유사에는 이 노래를 부를 때 갑자기 바람이 불어 지전(紙錢)
이 서쪽으로 사라졌다고 전한다.

도연명(陶淵明)

도연명(365~427)은 심양 사람으로 가난한 가정에서 태어났다.
호는 연명(淵明), 자는 원량(元亮), 본명은 잠(潛), 시호는
정절(靖節)이다. 육조 시대를 통틀어 가장 위대한 시인들 중 한
명이다. 간신배가 들끓는 나라의 혼란기, 13년 동안 관직생활에서
환멸을 느끼고 전원으로 돌아가 은거했다. 그는 그곳에서 자연의
아름다움을 즐기면서 자연속의 이상향인 무릉도원을 꿈꾸며, 맑고
깨끗한 시를 많이 썼다.
전원으로 돌아갈 심경을 말한 것이 「귀거래사(歸去來辭)」이다.
문장이 아주 뛰어나서 이상의 세계를 그린 「도화원기」 등이
잘 알려져 있다. 술을 좋아했으며, 유교와 노장 사상을 흡수하여,
인생의 진실한 것을 추구한 시인이었다.

스스로에게 제문을 짓다(自祭文)

때는 정묘년 9월, 날씨는 차고 어두운 밤은 긴데 바람은 쓸쓸하게 부네. 기러기는 남쪽으로 날아가고 초목은 누렇게 시들어 떨어지네. 나는 이제 잠시 머물렀던 나그네 길을 떠나 영원히 본래의 집으로 돌아가노라.

정든 사람들은 슬프게 울며 떠나는 나를 위해 제사 지내네. 제사상을 잘 차려놓고 맑은 술을 따라 올리네. 그러나 나의 얼굴 이미 흐릿하고, 나의 소리를 들으려 해도 침묵만 더할 뿐이네. 아아, 슬프도다.

끝없이 넓은 대지 아득히 높은 하늘, 거기에서 세상만물이 나오고, 나도 그중 사람으로 태어나 사람으로 내내 살아오는 동안 가난한 운명을 만나 밥그릇이며 곳간은 늘 비어있고, 거친 베옷으로 겨울을 지냈으나 그래도 늘 마음은 즐거웠네.

계곡 물을 마시며 기뻐하고 나뭇짐을 지고 가며 노래했네. 늘 사립문을 닫아걸고 지내기를 밤이나 낮이나 일삼았네.
봄과 가을이 바뀌어도 부지런히 들에 나가 일하였네. 때로는 김을 매고 때로는 북돋우며 그렇게 키우고 늘려 나갔네. 기쁜 마음으로 때론 글을 읽고, 때로는 거문고를 즐겼네.

겨울에는 따스한 햇볕을 쬐고, 여름에는 찬 샘물에 몸을 씻었네. 온 힘을 기울여 고생스레 일을 해도 마음은 늘 한가로웠네. 즐거운 마음으로 분수에 맞게 그렇게 일생을 보냈네.

백년도 못되는 이러한 세월을 사람들은 애지중지하며 이룬 것이 없음을 염려하고 하루라도 더 살려고 시간을 아끼네.

 살아서는 세상에 귀히 되길 바라고, 죽어서도 역시 기억되길 생각하네. 그러나 나만 홀로 고매하게 일찍이 남들과는 다르게 살았네.
 총애를 영광으로 여기지 않고 속세의 개흙에 물들지 않았네. 나를 바로잡고 허름한 오두막에 술을 즐기고 시를 지었네.

 운명을 스스로 알고 있으니 이제 나는 운명을 따르려네. 이제 더 이상 여한이 없으니 백 살 가까이 살만큼 살았네. 여유로운 은둔을 좋아하여 살만큼 살고 늙어서 죽으니 어찌 다시 바랄 것이 있으리.

 추위와 더위 지나가고 죽음은 이미 삶과 다르네. 바깥 친척들은 새벽에 오고 친한 친구들은 밤에 달려오네.
 들판 한가운데 장사지내어 넋을 편안하게 하여 주네. 깊고도 먼 나의 갈 길, 무덤 속은 너무도 적막하고 쓸쓸하네.

 송신(宋臣) 한퇴의 사치는 부끄럽고, 한나라 왕양손(楊王孫)1) 검

---

1) 왕양손(楊王孫): 왕손은 자(字), 이름은 양귀(楊貴)이다. 무제 때 인물로, 가산이 천금이나 되었다. 병이 위독해져 죽음이 가까워지니, 아들에게 일렀다. "나를 알몸으로 장사 지내, 자연으로 돌려 보내거라. 내가 죽거든 자루에 시체를 담고, 7척 깊이의 구덩이에 넣어서, 발을 당겨 자루에서 시체를 꺼내고, 흙으로 덮거라." 그러나 아들은 양왕손의 말을 따르기가 꺼려져, 아버지의 벗 증타(繒它)에게 사정을 이야기하였다.
증타는 "만일 죽은 이에게 지각이 있다면, 결국 알몸으로 선조를 뵙는 꼴이니 그러지 않는 것이 좋겠다"며 그를 설득하였다. 그러나 양왕손은 너무 후하게 장사지내는 세태를 비판하며, 재화를 함께 묻는

소함은 우습네.

텅 빈 묘지에서 사라질 것이니, 멀리 떠나감을 어찌 탄식하리.
내 무덤엔 봉분도 나무도 없이 세월과 더불어 사라지리라.

살아서 명예를 귀히 아니 여겼으니, 죽은 후에 누가 칭송하며
중시하리. 참으로 어렵게 살아온 인생, 죽는다 한들 또한 어쩌하
리.

아 서글프고 애통하여라.

것은 아무런 의미가 없음을 주장하였다. 증타는 동의하였고, 결국 양
왕손은 알몸으로 묻혔다.

백장(百丈)선사

복주 장락현 출신(749~814).
백장의 휘는 회해(懷海)로 속성은 왕씨다.
백장은 반생(半生)을 백장산에 머물며 지냈기 때문에
일반적으로 백장선사라 일컫는다.
백장청규를 제정하여 선원을 율원으로부터 독립시켜
선종의 규율을 만들었다. '하루 일 하지 않으면 하루 먹지
않는다(一日不作 一日不食)'는 유명한 말을 남겼다.
저서로 『백장어록』과 『장광록』이 있다.

스님께서 상당(上堂)할 때마다 항상 한 노인이 법을 듣고 대중과 흩어져 가다가 하루는 가지 않으므로 스님께서 물었다.

"서 있는 사람은 무엇하는 사람인가?"

노인은 말하였다.

"저는 과거 가섭불(迦葉佛) 때 이 산에 살았습니다. 그때 한 학인이 묻기를, '수행을 많이 한 사람도 인과에 떨어집니까?' 하기에 '인과에 떨어지지 않는다[不落].' 라고 대답하여 여우 몸을 받았습니다. 지금 스님께서 대신 이 몸 바꿀 만한 한 마디를 해 주십시오."

"그럼 질문해 보게."

"많이 수행한 사람도 인과에 떨어집니까?"

"인과에 어둡지 않다[不昧]."

노인은 이 말끝에 크게 깨닫고 스님께 하직을 고하면서 말하였다.

"제가 이제는 여우 몸을 벗고 산 뒤에 있을 것입니다. 불법대로 화장해 주시기 바랍니다."

스님께서는 유나(維那)에게 종[白鎚]을 쳐서 대중에게 점심 뒤에 대중 운력으로 죽은 스님을 장사 지내겠다고 알리게 하였더니, 대중들은 자세한 내막을 몰랐다. 스님께서는 대중을 거느리고 산 뒤 바위 아래로 가서 죽은 여우 한 마리를 지팡이로 휘저어 꺼내더니 법도대로 화장하였다.

만참(晩參) 법문 때 스님께서 앞의 인연을 거론했더니, 황벽스님이 대뜸 물었다.

"옛사람은 깨닫게 해주는 한 마디[一轉語]를 잘못 대꾸하였기 때문에 여우 몸에 떨어져 있었습니다. 오늘 한 마디 한 마디 어긋나지 않으면 어떻습니까?"

"가까이 오게. 그대에게 말해 주겠네."

황벽스님이 앞으로 다가가 스님의 따귀를 한 대 치자 스님께서는 박수를 치고 웃으면서 말하였다.

"오랑캐의 수염이 붉다 하려 하였더니 여기도 붉은 수염 난 오랑캐가 있었구나."

그때 위산스님은 회상에서 전좌(典座: 대중의 臥具나 음식 등 살림을 맡음) 일을 보았는데 사마두타(司馬頭陀)가 여우 이야기[野狐話頭]를 들어 질문하였다.

"전좌는 어떻게 하겠소?"

"전좌가 손으로 문짝을 세 번 흔들자 사마가 말하였다.

"꽤나 엉성한 사람이군."

전좌가 말하였다.

"불법은 이런 도리가 아니라네."

그 뒤에 위산스님은 황벽스님이 물었던 여우 이야기를 들어 앙산스님에게 물었더니, 앙산스님이 대답하였다.

"황벽스님은 항상 이 솜씨[機]를 쓰십니다."

"말해 보아라. 태어나면서부터 이런 솜씨를 얻었는지, 스승에게서 배웠는지를."

"이는 스승에게서 이어받은 것이기도 하고 스스로 종지를 깨달은 것이기도 합니다."

"그래, 그렇지."

아암무(我菴無)

상천축사(上天竺寺)의 아암 무(我菴無)법사는
황암(黃岩) 사람이다. 방산(方山)스님에게 귀의하여 삭발하고
중축사(中竺寺) 적조(寂照)스님을 찾아뵙고 문서에 관한
일을 보면서 시봉하였다. 그의 외숙은 태학(太學)의
원로 선비였는데 그를 이끌어 개종하도록 하니, 그는
연복사(演福寺)의 담당(湛堂)스님을 찾아뵙고 열심히 교학을
연구하였다. 그러나 그는 얼마 살지 못하고 아무런 병 없이
백운당(白雲堂)에서 가부좌한 채 입적하였다.

적조스님 영전에

스님은 적조스님의 영전에 향을 사르며 말하였다.

묘희의 오대 후손 중 가장 빛나는 불꽃
적조스님은 이 시대 감로문일세
슬쩍 부딪치기만 해도 간뇌(肝腦)가 터지고
차가운 얼음 위에 갑자기 따뜻한 봄볕
내 생각하니 콧구멍을 잃어버린 날에
무슨 숨이 지금껏 남아 있겠소
북풍이 불어오는 날 이 해도 저무는데
번갯불이 친다한들 공중에 무슨 흔적을 찾아볼까.

妙喜五傳最光焰　寂照一代甘露門
等閑觸著肝腦裂　永雪忽作陽春溫
我思打失鼻孔日　是何氣息今猶存
天風北來歲云暮　擊電討甚空中痕

운문문언(雲門文偃) 스님

소주(蘇州) 가흥(茄興)에서 태어났다(865~949).
속성은 장(張)씨. 유년 때부터 이미 속세의 삶을 싫어했다. 집안이
가난해 일찍이 공왕사(空王寺)의 지징율사(志澄律師)에게 출가했다.
자질이 워낙 총명하여 책을 한 번 읽으면 뜻을 모두 깨달았다고
한다. 구족계를 받고 수년간 지징율사를 시봉하였는데, 이때 율장에
전념하여 평생 계율을 엄정히 지켰다.
운문산에 오래 살았으며, 운문종을 세웠다.

조주(趙州)스님의 죽음을 애도함

　　스님께서 사수(泗水)를 떠나 황후를 섬김에
　　심인(心印)의 빛을 불자[拂塵]에 거두어 들였소이다
　　하늘에 안개와 노을 자욱할 때
　　소나무 우거진 산마루의 달과 같았고
　　큰 바다에 파도 뒤집힐 때
　　사람들을 건져내는 배와 같았소이다

　　등불 하나 꺼지니 파순이 기뻐하고
　　두 눈 다시 어두워짐에 도반들은 시름하네
　　비록 훤히 깨달은
　　구름 밖의 나그네라 할지라도
　　스님의 책상 물병 볼 때마다
　　새삼 눈물 흘리나이다.

　　불일(佛日)이 서쪽에 기울자
　　조사의 심인(心印)은 땅에 떨어지고
　　진주가 못[丹沼]에 잠기니
　　달은 빛을 숨겼소이다
　　방장실에 깔린 그림자 화로 연기 참담하고
　　바람 이는 성당에
　　솔바람 소리 가늘게 울리네.

　　한 짝 신발로 잠깐 오셔서
　　교화의 자취 남겨 두시니
　　오천축 그 어느 곳에서
　　돌아가시는 모습 만나오리까

공을 아는 제자들 슬픔과 기쁨을 끊었다 해도
눈처럼 하얀 휘장 대하니
소리 없는 눈물이 저절로 흘러내리네.

師離瀘水勤王候　心印光潛塵尾收
碧落霧霾松嶺月　滄溟浪覆濟人舟

一燈乍滅波旬喜　雙眼重昏道侶愁
縱是了然雲外客　每瞻瓶几淚還流

佛日西傾祖印墮　珠沈丹沼月沈輝
影敷丈室爐煙慘　風起禪堂松韻微

隻履乍來留化跡　五天何處又逢歸
解空弟子絶悲喜　猶自潛然對雪幃

법심화상(法深和尙)

송나라 때(960~1127)의 복주 사람이다.
복주 월산사(越山寺)의 법심선사는 삭발하기 전에 이미 터득한
경지가 있었다. 매암사(梅巖寺)의 월굴(月窟)스님에게 귀의하여
도첩을 얻고 절강 유역을 돌아다니던 중, 쌍경사의 무준스님이
한 번에 그를 알아보고 문서담당의 소임을 맡겼다.

원(遠) 상좌 다비식에서

맨 마지막에 비로소 지옥문에 당도하니
산은 아득하고 강줄기 끝없는데
불씨는 차고 구름마저 쓸쓸하다
아! 해골에 살아있는 눈이 아니라면
한 발짝 내딛거나 그만두는 것이
몹시 어렵고 어렵구나.

末後一着　始到牢關
山遙水遠　火冷雲寒
啞　不是髑髏眼活
進遮一步也　大難大難

양차공(楊次公)

정확한 생몰연대를 알 수 없다.

북송(北宋)때 무위(無爲)에서 태어났다.

자(子)는 차공이고, 호는 무위자(無爲子), 본명은 걸(傑)이다.

선종(禪宗)을 좋아해 일찍이 고려의 의천(義天)선사가 송나라에
사신으로 갔을 때 가르침을 받아 도를 깨달았다.

희녕(熙寧)년간(1068~1077)에 모친의 걱정으로 집으로 돌아가
불경을 읽으며 참선에 전념하였다.

1078~1085에 태상(太常)이 되어 1094년까지 벼슬을 했다.

문집 20여 권과 『樂記』 5권이 있다.

정토에 오고감

"원력 크신 아미타불은 정토에서 오지만 와도 실제 오는 것이 아니며, 신심 깊은 범부는 정토로 가지만 가도 실제 가는 것이 아니다. 저쪽에서 이곳으로 오지 않고 이쪽에서 저곳으로 가지도 않으나 그들 성인과 범부는 만나서 양쪽이 교제할 수 있다.

아미타불의 밝은 빛은 크고 둥근 달과 같아서 법계를 두루 비춘다. 염불하는 중생이 이를 간직해서 버리지 않으면 모든 부처의 마음속에 있는 중생은 티끌같이 무수한 극락을 얻게 되고 중생의 마음속에 있는 정토는 생각 생각 아미타불이 될 것이다.

만약 발심하여 저 명호를 염(念)할 수 있으면 그대로 왕생하여 강가의 모래같이 많은 모든 부처님이 입을 모아 칭찬하고 시방의 보살들이 함께 살고자 하는 마음을 갖게 될 것이다. 그러므로 부처님 말씀을 믿지 못한다면 무슨 말을 믿을 것이며, 정토가 가서 날만한 곳이 아니라면 어느 땅이 가서 날만한 곳인가. 스스로 자기의 신령함을 버린다면 그것은 누구의 허물이겠는가."

공은 금으로 된 자리[臺]가 공중에서 내려오는 것을 보고는 다음의 게송을 남기고 돌아가셨다.

삶이라 해서 연연할 것도 아니고
죽음이라 해서 버릴 것도 아니니
크나큰 허공 속에 오고 가는 것일 뿐인데
잘못에 잘못을 더하여 서방극락이 되었구나.

生亦無可戀　死亦無可捨
太虛空中　　之乎者也
將錯就錯　　西方極樂

44

고산지원(孤山智圓)스님

　　북송(北宋)때의 고승(976~1022). 성은 서(徐)씨.
자는 무외(無外), 중용(中庸子). 어릴 때부터 병이 잦아 병부(病夫)라
불리기도 하였다. 뛰어난 재주와 깊은 학문으로 경론에 대하여
수많은 저술을 남겼다. 올곧은 성품으로 속된 무리들은 스님과 벗할
수 없었다. 어느 날 문목왕공(文穆王公)이 전당(錢塘)에 오게
되었는데, 스님네들이 모두 관문까지 마중을 나가자고 하자, 스님은
몸이 아프다면서 가지 않고는 심부름꾼을 보고 웃으며 말하였다.
　　"자운법사(慈雲法師)에게 내 말을 전하시오. 전당 땅에
중이 하나 있다고." 스님은 비장(脾臟)에 병이 있어 자주 누워
지내는 가운데서도 저술을 게을리 하지 않았다. 하루는 대중에게
고하였다. "내 나이 마흔 아홉인데 이미 오래 못 살 것을 안다.
내가 죽거든 내 허물을 더 불리지 말고 너희들이 항아리를 합쳐서
장사 지내다오." 죽음에 임박해서 스스로 제문(祭文)을 지어
부탁하였다.

스스로에게 지은 제문(自祭文)

삼가 강산과 달과 구름을 차려놓고 중용자(中庸子, 지원 법사의 호)의 영을 제사 지내노라. 그대는 본래 법계의 원상(元常)이며 보배롭고 완전한 묘성(妙性)으로서, 아직까지 동정의 조짐이 없었으니 어찌 오고 감에 자취가 있겠는가.

이제 일곱 구멍(七竅: 사람 얼굴에 나있는 구멍)을 뚫으니 혼돈(混沌)이 죽고 육근이 나뉘어 정명(精明: 一心)이 흩어지게 되었도다. 그리하여 그대 스스로의 마음을 보건대 바깥 경계와 다른 바가 있도다. 생존과 사멸 두 쪽을 집착해서 항상 흔들려 쉴 날이 없으며 깜깜하여 비출 줄을 모르는구나.

내 혼돈을 회복하여 정명으로 돌아가려 하노라. 그리하여 허깨비 아닌[非幻] 법에서 허깨비 언설을 지어내는 것이니, 허깨비 아님도 없거늘 어찌 허깨비라는 법이 있으랴. 그대 중용자도 묘하게 이 뜻을 알아들을지어다.

그대가 이미 허깨비 생을 받았으니 허깨비 죽음을 받는 것은 당연한 일이다. 그러므로 나는 허깨비 몸이 있어서 허깨비 병이 있게 되었고, 입으로는 허깨비 말을 빌어 허깨비 제자에게 허깨비 붓을 잡아 허깨비 글을 쓰게 하노라. 그리하여 미리 그대 허깨비 중용자를 제사 지내고 끝없는 뒷사람들에게 모든 법이 허깨비 같음을 알게 하고자 하노라.

이렇게 하면 허깨비삼매[如幻三昧]가 여기 있다 하리라.
아! 앗[咄]. 삼매, 그것도 허깨비로다. 잘 받아먹으라.

혼융 연(混融 然) 스님

건도(乾道, 1165~1173)연간에 금릉 천희사(天禧寺)의
주지로 있었다.
남화산에서 머무르다 오양산(五眘山)에서 입적했다.
고을 사람들이 침향목(沈香木)을 쌓아 다비를 하였는데
많은 기적이 일어났다.
그의 스승 자각스님을 위하여 쓴 제문이다.

스승 자각스님께 올림

건염 3년(1129), 내 갑자기 미친병으로
복두건 눌러 쓰고 허리띠 잡아매고
깊은 밤 스승의 뜨락에서 도적질하다가
스승에게 붙잡혔지만
이미 아무 물건도 없어
공연히 삼배만 올렸네.

그 후로 물러나 곰곰이 생각해 보니
분한 마음 적지 않구나
누군가 혹 스승을 욕하기를
'늙어 중얼거리지 못하고
전혀 깨친 바 없다'고 하면
나는 곧 머리 들고 하늘을 우러러 의심한다.

누군가 스승을 칭찬하기를
'그의 도는 부처를 뛰어넘고
도량은 바다보다도 드넓다'고 하면
나는 곧 지팡이 쳐들고
그의 머리를 갈겨 부순다
이런가 저런가 하며 잘못 안 사람 많구나!

삼가 박주(薄酒) 한 잔을 올리오니
스님이여!
크게 한 번 웃으소서.

혜홍각범(慧洪覺範) 스님

(1071~1128)

그는 임제종 황룡파 스님으로서 송대를 대표하는 시승이다.
문자선을 정립시키고 문자선 이론을 체계화한 인물로, 선학에
정통했을 뿐만 아니라 문학가·서예가로서 큰 족적을 남겼다.
불행하게도 일생에 두 번의 승적박탈, 세 번의 옥고와
한 번의 유배를 치른 불운이 있었다.
스님은 본인이 지은 시(詩)·게(偈)·서(書)·서(序) 등을
편집해서 『석문문자선(石門文字禪)』을 지었다.
단순한 선림문학 틀을 벗어난 천부적인 문학적 예술성을
구비했던 선승으로, 현대에도 그를 문학적 관점에서 연구하는
이들이 많은 것도 그가 중국 문학사에서 남긴 업적 때문이다.

여섯 조사(祖師)를 찬(讚)함

초조 달마

망상은 본성이 없어
깨달아도 작용[受]이 사라질 것 없으니
옛 성인이 알았던 경계를
계속하여 서로 전하네.

봄바람에 꽃이 피니
자연[器界]은 모습을 드러내고
찬 서리에 열매 익으니
왕자가 태어나셨네.

불법을 보호하여
마음 본체 가리키니
잘못만을 막았을 뿐
옳은 일은 말하지 않았네.

어린아이가 물건을 찾듯
마음이야 또렷하나 말은 모자라다가
어물거리는 소리에
마음도 말도 모두 버렸네.

妄想無性　證不滅受
前聖所知　轉相授手

風煙花開　器界以形
霜露果熟　王子乃生

50

護持佛乘　指示心體
但遮其非　不言其是

嬰兒索物　意正語偏
哆和之中　語意俱捐

2조 혜가

높은 봉우리엔 아침 이슬지는데
신비한 빛[神光] 하나 밤에 오르사
하나만을 전하는 법 떠맡고
상승불법 짊어지셨네.

그 마음 스스로 찾았지만
귀결처를 못 보았으니
마치 동그란 바퀴에서
이음새를 찾는 일일세.

옥에 가두어야 이간질이 없어지고
신발이 작고서야 살찐 줄 알았으니
음탕한 주막에서도
티끌 바탕[塵機]을 모두 없앴네.

흰 눈 위에 팔을 잘라
부처의 혜명이 이어지기를 서원하시니
법손이 지금 이 소식 듣는다면
머리털 쭈뼛하고 손을 내저으리라.

頂峯朝露　神光夜升

堪任單傳　擔荷上乘

自尋其心　不見歸宿
如視環輪　求其斷續

用獄除問　履瘦知肥
姪坊酒肆　盡其塵機

雪中斷臂　願續佛壽
兒孫今聞　䕓毛呵手

3조 승찬

어두운 육도(六道)가
밝음을 막지 않으니
터럭 끝만치도 어긋남 없이
감로 열반을 얻으리라.

벌거숭이 머리로
이름 밝히기 꺼려하니
미혹한 생각을 멀리 벗어나
세상사 얽매임 모두 다 없애려 했네.

산과 바다 시내에 묻혀
삼베옷에 삿갓 쓰고
유유히 왕래할 제
갈포 속에 보물을 품었도다.

진실된 마음만을 갈고 닦아
몸과 이름을 모두 버리니

후세에 무덤조차
아는 이 없구나.

六道暗昏　不碍明潔
毫釐弗差　證甘露滅

但赤頭顱　特諱姓氏
離見超情　欲盡世累

潛溪海山　麻衣風帽
翩然往來　被褐懷寶

精一其誠　身名俱捨
後世丘墳　猶無知者

4조 도신

파두산 봉우리 아래
높은 스님 많이 살아도
어린아이[五祖 弘忍]에게 의발을 전하고
게으른 중[栽松道人]에게 도를 전수하네.

이렇게 어긋나는 일이라도
사람을 찾는 본보기가 되었네
황제 칙서가 문 앞에 이르러도
꼼짝 않고 누워서 답하질 않으셨네.

많은 중생들이
바람 잡고 그림자 쫓음을 염려하여
십지(十地)로 그들을 다스려도

깨어날 길이 없구나.

스님은 미소 지으며 말씀하셨네
독한 약을 써서 무엇하랴
어거지 이름만 짓지 않는다면
본래부터 병은 없는 것인데.

破頭峯下　龍象雜還
衣付小兒　道傳懶衲

乃爾相違　求人爲法
天書至門　堅臥不答

念諸衆生　捕風捉影
十地治之　由未蘇醒

師微笑曰　何必眩瞑
但勿强名　自然無病

　5조 홍인
앞몸 뒷몸을
거울 두 개로
좌우에서 마주 비추면
세 사람이 동시에 나타나네.

지금은 잘못됐고 옛날이 옳았다면
황금에다 노란색을 더한 격이고
옛날이 그르고 오늘이 옳다면
침향(沈香)에 향기가 없다고 비방하는 꼴이다.

사생이 이미 끊겼으니
어찌 노소에 얽매이랴만
온전한 본체가 앞에 나타나니
언제나 밝고도 묘하도다.

깊은 밤 강물 위에 배를 도와
내 이제 너를 건네주노니
말[句] 속의 안목은
물을 탄 우유와 같도다.

觀前後身　兩鏡一面
左右對之　三者頓現

今非昔是　增金以黃
昔非今是　謗沈無香

已絶死生　豊纏老少
全機現前　當明而妙

夜江佐舟　吾今汝渡
句中之眼　如水有乳

6조 혜능
바람이 움직인다 깃발이 움직인다 하다보면
눈앞이 스스로 가려지고
바람이니 깃발이니 하지 않으면
마음이 그대로 드러나리라.

이것이 조계스님께서의

분명하게 보이신 요지니
이를 깨달으려는 자는
자기 뜻에 끄달리지 말라.

잠시라도 망상을 거두어
묘하고 고요한 마음 분명하거든
그대 스스로 수용할지니
은밀한 뜻은 내게 있지 않다.

돌짐 지고 방아 찧으며
노루 쫓고 토끼 쫓네
거울 속의 '공'이란
찾을 길이 없구나.

是風幡動　眼自遮覆
非風幡動　心則現露

是爲曹溪　顯決要旨
欲證之者　勿流汝意

暫時斂念　妙寂了然
汝自受用　密非我邊

負石舂糧　趁獐逐免
鏡中之空　欲尋無路

보암(普菴) 스님

고려 때 스님이다.
나옹스님의 스승 지공(指空, 1300(?)~1361)화상이 열반에 들었다는
소식을 보암스님으로부터 전해 들었다.
원나라에 머물던 보암스님은 지공스님의 편지 한통과
가사(袈裟)) 한 벌을 나옹화상에게
전해 주었다. 이로써 나옹스님은 지공스님의 법을 이었다.

스스로의 제문을 지음

"내가 지금 죽으면 누가 나의 제문(祭文)을 지어 주겠소?" 하고 좌중을 죽 훑어보았다.

"아무도 지어줄 사람이 없으면 할 수 없지. 내가 제문을 자작(自作)하여 사후(死後) 제사에 쓸 수밖에…. 그러면 지필(紙筆)이나 좀 주시구려!"

그는 붓을 잡자마자 그야말로 일필휘지로 눈 깜빡할 사이에 제문을 썼다.

"오호라! 영식(靈識)이여! 이 몸을 고달프게 함은 생(生)함이니, 즉 대지의 허물이요. 이 몸을 사라지게[沒] 함은 수명(壽命)이니, 즉 음양의 과오요. 이 몸을 괴롭힘은 탐(貪)함이니, 즉 오행(五行)이 바르지 못함이요. 이 몸을 곤(困)하게 함은 운명이니 또한 시일(時日)이 불길함이로다.

간재(旰哉)라! 호재(呼哉)라! 다행히 출진(出塵)의 대도(大道)가 있어 나의 성품으로 그 묘심(妙心)을 깨달을 때, 즉 묘심을 얻으면 뉘라서 나를 불쌍타 하리요.

위로는 제불(諸佛)의 친화(親化)하심과 같고 아래로는 범부의 무명(無明)에 합하니 티끌만치도 움직이지 않고 본래 절로 원만히 이루었도다. 묘재(妙裁) 묘재(妙裁)라!

해와 달도 그 밝음을 따르지 못하고 하늘과 땅도 또한 그 넓음을 견줄 수 없나니. 뇌뇌낙락(磊磊落落) 하야 막힘도 걸림도 없어 육십여 년을 세속과 어울려 화광동진(和光同塵)하고, 사십이 년의 세월을 소요자재(逍遙自在) 하야 사람을 만나면 기뻐하나, 부처를 보면 절하지 않으니 소재(笑哉) 소재(笑哉)라! 아깝도다.

　소년시절의 풍류(風流)의 빛은 낭연(帳然)히 봄바람에다 실어 돌려보내노니, 체(體)는 허공과 같아서 마침내 무너짐이 없으리로다! 상향(尙饗)—"

　"자, 최후의 인도(引導)하는 일구(一句)이다. 잘 들을지어다! 겁수(劫數) 이미 이산(離散)함을 만나니, 나 본래 쾌활열한(快活烈漢)이라. 이제 정히 좋은 때를 타서 바로 청하노니 일도(一刀)로 양단(兩斷)하라!
　"악[喝]!"

동간탕한(東澗湯漢) 스님

영은사 주지스님 영전에

동곡 광(東谷 光) 선사는 맑은 풍모와 식견이 풍부했다. 영은사의 주지를 지내던 중 뜻하지 않게 입적하였다. 이에 동간탕한(東澗湯漢)이 제문을 지어 스님의 영전에 올렸다.

"동곡스님! 그 자태 학 같은데 냉천(冷泉)에서 주지 한 지 얼마되지 않아 병세를 보이더니 급작스런 죽음이 웬 말입니까. 내 비록 스님을 안 지 얼마 안 되지만, 스님은 입을 열면 진실을 토로하고 정성스레 안부를 물었습니다.

발길은 뜸했어도 마음만은 가까웠는데 뜻하지 않게 보내온 그 서찰은 옛 명필의 필적이었습니다.

이제 떠난다는 이별의 말씀을 넋 잃고 보는데, 한 점 한 점을 자세히 살펴보니 힘차고 빼어난 필치였습니다. 도량을 헤아릴 수 없는 분이라서 삶과 죽음이 한결 같겠지만, 우리 범부의 마음으로야 어찌 눈물 흘리지 않을 수 있겠습니까?

강호에 찬 눈이 가득한데 여윈 말을 달릴 길 없어, 한 묶음 향을 들고 선실에 찾아가 조의를 표합니다."

서향열(瑞香烈) 스님

(1208~?)
그의 스승 동암스님을 애도하며 쓴 글.

동암스님의 입적 소식을 듣고

　호구암(虎丘巖)에서 십여 년간 살면서 '산거소영(山居小詠)'이라는 시를 지었는데, 그 중 한 수는 다음과 같다.

　어느 길손 찾아와 비밀한 이치 물으니
　깊은 숲속 산새는 마냥 지저귀는구나
　매우 분명한 이 뜻에
　내 어이 또다시 허튼 말을 지껄이랴.

　客來詢祕密　幽鳥語聲喧
　此意分明甚　何消我再言

　가정(嘉定, 1208~1224) 연간에 군수가 그를 동탑사(東塔寺)로 초청하였으나 산문을 나가지 않았으며, 서향사(瑞香寺)로 옮겨 살 때 동암스님의 입적 소식을 듣고서 애도를 표하고 분향한 후 말하였다.

　이제껏 풍채 펴고 강 건너에 놀더니만
　어느덧 업풍(業風)이 명주고을에 불어 왔네

　거센 놈도 겨루었던 우직한 그 노인이
　독수에 걸려 재앙을 만나더니
　맹호가 뛰쳐나와도 두려워하지 않고
　독사가 가로막아도 겁내지 않았다네.

　허공이 맞부딪치니 불꽃이 튀고
　총림에는 나쁜 소문만 퍼졌네

죽음 속에서 다시 살아 돌아온다는 건
냉정히 생각하니 참으로 어려운 일

근래에 듣자하니 동암스님 곤두박질쳤다는데
아아, 태평성대 우리 도가 융성할사
향 사뤄 정성을 표하여
죽비 잡고 지도해 주신 빚을 갚으렵니다.

向來信采遊江外　業風吹到明州界
硻着聱頭老拙庵　驀遭毒手相殃害
猛虎出林不足威　虵蛇當路未爲怪

虛空激捗火星飛　流布叢林惡聲在
死中得活復歸來　冷地思量眞叵耐

近聞筋斗已倒翻　且喜昇平吾道泰
炷香聊以表殷勤　償却拳頭竹篦債

"대중들이여, 불조(佛照) 화상도 이렇게 되지 않았는가. 말해 보아라. 지금 이 일이 설욕이냐, 보은이냐? 반 푼어치도 못 되는 말이지만 그 누가 알까. 좋아하는 사람과 통하는 길이 있음을."

서향(瑞香) 암주는 득도처(得道處)가 분명하고 자신의 의지를 확고히 지켜 전혀 세속 일에 관여하지 않고 물빛과 숲 속에 그림자를 드리웠다. 그의 고상한 기풍과 뛰어난 운치를 생각하노라면 사람으로 하여금 생각이 사라지게 한다.

대각국사(大覺國師)

고려 스님(1055~1101). 법명 의천(義天).

문종의 넷째아들로 태어나 11세에 왕사(王師) 난원(爛圓)스님에게로
출가, 13세에 승통이 되었으며 국사로서 총지사에서 입적하다.

고려불교가 5교(敎), 9산(山)이후 교종과 선종으로 갈라져 대립하고
있을 때, 교선일치(敎禪一致)를 주장하며 여러 종파를 통일함.

우리나라 천태종을 개창.

1. 문왕(文王)에 대한 제문

O년 O월 O일, 법을 구하는 사문, 신 의천은 차와 과일 등을 갖추어 선고(先考: 文王) 고려 국왕 영가 앞에 제를 올리옵고 삼가 아뢰옵니다.

아! 슬픕니다. 삼가 엎드려 생각하옵건대 길러주신 은혜도 깊으시나 나으신 은덕을 어찌 갚을 수 있겠습니까.

일찍 은애의 정을 끊고 승려의 문(門)에 참여하여서 몸으로는 부모님 모시는 일을 못하였습니다마는 마음으로는 효도의 생각을 항상 품었사옵니다. 뜻밖에 책력의 정한 수는 한계가 있어 대기(大期)2)의 날이 문득 다가왔습니다.

지극한 정성으로 망극한 은혜를 추모하여 평생의 한이 부질없이 간절하옵니다.

이에 스스로 무상함을 한탄하여 말법을 붙들어 일으키고 밝은 스승을 찾기 위해 고국을 떠났습니다.

오늘은 허무한 세월이 머무르지 않아 선위(禪位)의 마지막을 알리신 날이 온 바, 어버이를 생각하는 슬픔[霜露之悲]3)을 가슴 깊이 품고, 문득 변변치 못한 제수를[蘋蘩之奠]4) 올리나이다.

---

2) 대기(大期): 사람이 죽은 지 두 돌 만에 지내는 제사.
3) 돌아간 부모를 생각하는 간절하고 슬픈 마음. 비파기일문정장(琵琶記 一門旌獎)에 '風木之情何深 式彰風化之美 霜露之思旣極 宜沾雨露之恩 服 此休嘉 愍汝悼念 欽哉謝恩'이라 하였다.
4) 빈(蘋)은 풀이름. 개구리밥이라고 하는 부평초(浮萍草). 산에 나는 흰 쑥으로 다 같이 하찮게 여겨지는 풀. 전하여 변변치 못한 제수(祭需)를 겸사로 일컫는 말이다.

2. 경덕국사(景德國師)에 대한 제문

○년 ○월 ○일, 교법을 전하는 제자 우세승통(佑世僧統) 의천은 다과 등, 철에 맞는 음식을 올리옵고, 선사 경덕국사 영가께 삼가 제사 드립니다.

가고 아니 계신 부모님께 다하지 못한 효도를 한탄함[風樹之嘆]5)은 지나간 철인들이 남긴 말씀이며, 돌아가신 어버이를 슬퍼함은 옛 선비들의 가르침이거늘, 우리 불문에서인들 어찌 그렇지 않겠습니까.

다만 풍속이 박하고 인심이 거칠며 세월이 지나고 시대가 변함을 따라 스승과 제자의 의리가 얕아지고 은혜와 믿음의 도가 떨어져서, 경을 강설하고 깊은 뜻을 논의하는 데에 비록 큰 법사라 해도 그 말을 살피고 행위를 봄에 소인이 많습니다.

세상은 이와 같사온대, 제가 장차 무어라 말씀하겠습니까. 이제 억지로 효도의 생각을 하여 인륜에 어긋난 행동이나 면하기를 바라오니, 그러나 지성의 감동에야 어찌 감응하심이 없으시겠습니까.

---

5) 나무는 가만히 있고 싶어 하지만 바람이 멈추지 않는다는 뜻으로, 어버이가 자식의 봉양을 기다리지 않고 돌아간 것을 바람과 나무에 비유한 말이다.

3. 적천사(磧川寺) 상조사(相祖師)에 대한 제문

… 의천은 다행히 숙세의 인연을 의지하옵고 외람되게 스승님
의 끼치신 남은 덕을 힘입어서 저는 성사(聖師)를 사조(師祖)로 삼
았으며 성사께서는 저를 법손으로 삼아 주셨습니다.

옛날 계시던 곳을 찾아뵈오니, 한갓 슬픈 감개만 더하옵고 황
량한 땅을 보니, 다시 도량을 보수할 마음을 어찌 잊겠습니까.
다른 날 성공하면 마침내 한 삼태기 흙을 더할 것을 서원하오며,
오늘은 공양을 드리어 첫 시작임을 표하나이다.

4. 선종(宣宗)에 대한 제문

O년 O월 O일, 해인사에 은퇴해 있는 홍진 우세승통(弘眞 祐世 僧統) 신(臣) 의천은 삼가 차와 과실 등 깨끗한 제수를 정성으로 받들어 대행대왕 영가께 공손히 제사 올립니다.

삼가 엎드려 생각하옵건대 대행대왕께서 천수를 누리시는 동안에 1기(12년)의 계통을 이으셔서 조정을 바로 하고 문치(文治)를 계승함이 우러러 가득찬 물그릇을 들듯 조심하시고, 성왕(成王)6)과 강왕(康王)7)을 사모하여 업을 닦으시고 바야흐로 좋은 시절 만나게 되옴을 경사롭게 여기고 새삼 성상의 가심을 애도하옵니다.

신은 종실(宗室)의 은혜는 깊으나 불문의 덕은 적으니, 돌아보건대 좋은 때를 만나지 못한 데에 품은 뜻이 있으나 펼 수 없었으므로 이미 산 속에 숨어 지낸지 오래이옵니다.

그리하여 서울의 상례(喪禮)에 분상(奔喪)8)하지 못하옵고 애오라지 간략한 제사를 올리며 애절한 정성을 표합니다.

---

6) 성왕(成王): 무왕(武王)의 아들이며 주나라 제2대 임금. 어릴 적에 숙부 주공(周公)이 섭정(攝政)하여 예악을 정립하고 제도를 마련했으며 37년간 재위했다.

7) 강왕(康王): 주소공(周召公)을 가리킴. 무왕 때에는 북연왕(北燕王)에 봉해졌고 성왕(成王) 때에는 3공(三公)이 되어 오늘의 하남성(河南省) 서쪽을 다스려 강왕(康王)의 시호를 받았다.

8) 분상(奔喪): 먼 곳에서 친상(親喪)을 입고 급히 집으로 달려가는 것을 말한다.

5. 금산사(金山寺)의 적법사(寂法師)에 대한 제문

　O년 O월 O일, 법을 구하는 사문 의천은 삼가 차와 과일 등의 제수를 갖추어 신라 대법사 고(故) 금산사 적공(寂公)[9]의 영가께 제사 드립니다.

　제가 일찍이 『해동승전(海東僧傳)』을 읽으면서 법사님의 도와 덕과 행과 원력과 …을 자세히 보았습니다.

---

9) 적공(寂公): 금산사(金山寺)에 있던 적공(寂公)이라고만 했으므로 자세히 알 길이 없다.
　금산사가 신라 혜공왕(惠公王) 2년(766) 진표(眞表)율사에 의해 창건되었으므로 의상(義湘, 625~702)의 제자인 '의적'이라 해도 연대 상으로 맞지 않으며 누구인지 확실치 않다.

6. 홍제승통(弘濟僧統)에 대한 제문

　… 배움을 … 무슨 일이나 뜻에 맡기시니, 법을 살필 줄 안다 하지만 어찌 이룩됨을[生成] 생각하오리까. 제가 스승님께 배움을 받은 지 여러 해가 되었는데 하루아침에 영원히 결별하게 되니 흐르는 눈물을 감출 수 없습니다.

7. 분황사(芬皇寺) 원효성사(元曉聖師)에 대한 제문

O년 O월 O일, 법을 구하는 사문 의천은 삼가 다과 등 제수를 갖추어 해동교주(海東敎主) 원효보살께 받들어 올리나이다.

삼가 엎드려 생각하옵건대, 이치는 교를 인하여 드러나고, 도는 사람을 통해서 널리 선양됩니다.

풍습이 천박하고 시대가 혼탁하여 사람이 떠나고 도가 상실되므로, 스승된 이는 각각 자기 종(宗)의 가르침을 익히는데 국한되었고, 제자들 또한 그 보고 듣는 지식을 닦을 수 없습니다.

저 자은규기(慈恩窺基) 대사가 많은 경·론을 주석하여 백본소주(百本疏主)라고 하지만, 그 논의는 상대경계의 표상인 명상(名相)에 구애되며 천태산[台嶺]에서 구십일 동안 일대 설법을 하신 천태지의(天台智顗)의 설법은 다만 이치로만 관하는 법[理觀]만 숭상하였습니다.

비록 그것이 법 받을 만한[取則之法] 글이라 할 수는 있겠지만, 일체를 두루 통한 교훈이라고 할 수는 없습니다.

오직 우리 해동 보살만이 본성과 성상(性相)10)을 환하게 밝히

---

10) 성상(性相): 성종(性宗)과 상종(相宗)을 뜻함. 성(性)은 불변·평등·절대의 본체나 그 원리 또는 그 자체를 말하며, 이에 대해 상(相)은 변화 ·차별·상대의 현상계의 일체를 말한다. 성(性)의 원리를 종지(宗旨)로 삼는 종(宗)을 성종(性宗)이라 하고 상(相)적인 원리의 교리를 중심과제로 하는 종지를 상종(相宗)·법성종(法性宗)이라 한다. 삼론종(三論宗)이나 화엄종·천태종·선종 등은 성종(性宗). 구사종(俱舍宗)·법상종(法相宗) 등은 상종(相宗)에 해당한다. 성종과 상종 사이의 교의상(敎義上)의 우열·차등의 문제를 준엄하게 가리려는 태도를 성상결판(性相決判)이라 하고, 양자의 교의상의 근원적인 동일성·공통성·연관성 등을 발굴하여 관용하려는 태도를 성상융회(性相融會)라 하는데, 대각국사는 특히 원효대사의 회통불교(會通佛敎) 정신에 입각, 성상겸학(性相兼學)의 입장을 적극 따랐다.

고, 예와 지금을 바로 잡았으며, 백가(百家)의 서로 다른 다툼의 단서를 화합하여, 일대의 지극히 공정한 논리를 얻으셨으니, 하물며 신통으로 측량할 수 없고 오묘한 작용을 생각할 수 있겠습니까.

티끌 세상에 비록 함께 하시지만 참 면목은 때 묻히지 않으시고, 범부 속에 비록 함께 응하시지만 그 본체를 변하지 않으시며, 그 이름은 중국과 서역에까지 떨치시었고, 그 자비의 교화는 저승과 이승에까지 두루 미치셨으니, 불법의 교화를 도와서 드날리신 업적은 진실로 어디에 비겨서도 의논할 수 없습니다.

후학 의천은 다행히 숙세의 인연이 있어서 일찍이 불법을 사모하고, 선대의 현철(賢哲)들의 글을 다 살펴보았지만, 성사의 위(右)를 지나는 이가 없었습니다.

더구나 은밀한 가르침의 말씀이 잘못 전해 옴을 가슴 아파하고, 지극한 도가 점차 쇠퇴해 짐을 애석하게 여기며 멀리 명산을 찾으면서, 잃어버린 저술을 구하고자 두루 다니다가 오늘 계림(鷄林)의 보살님 계시던 옛 절 분황사에서 다행히 생존해 계신 듯한 거룩한 모습을 보고 옛적 부처님께서 설법하시던 저 영취산(靈鷲山) 봉우리에서 처음 만나 뵈옵던 때를 그리며, 이에 변변치 못한 공양을 드리옵고, 작은 정성을 올리오니, 바라옵건대 두터운 자비를 베푸사 밝게 굽어 살피소서.

8. 용두사(龍頭寺)의 우상대사(祐詳大師)에 대한 제문

○년 ○월 ○일, 흥왕사 주지 현수교관을 전하는 우세승통은 삼가 시자 모(某)를 보내어 다과 등의 제수를 갖추어 용두사 고(故) 유가강주(瑜伽講主)11)의 영가께 제를 올립니다.

대사께서는 재주와 이름이 일찍이 드러나셨고, 덕과 행이 젊어서부터 알려지셨으며, 부처 되시려고[補處] 미륵보살님의 글을 강술하여 진리를 연구하고, 본성을 다하여 자은(慈恩)의 교를 전하셔서 은밀히 숨은 도리를 드러내고 그윽한 경지를 천명하시었으며, 바야흐로 후학을 가르쳐 이끄는 공을 부지런히 하셨고, 그 법을 널리 유통하는 교화의 업적을 크게 도우셨습니다.

그런데 어찌하여 더 계셔야 할 나이에 이렇게 홀연히 가실 수가 있습니까. 나고 죽는 것이 한계가 있는 것은 비록 인연의 이치라고 하겠지만, 귀에 익은 목소리와 낯익은 모습이 귀에 쟁쟁하고 눈앞에 삼삼한데 슬프고 아픈 마음을 어찌 다 말하겠습니까.

이에 추모하는 제사의 의례를 갖추어 이 생의 영원한 이별[千齡之訣]을 그리노니 영가께서 아시거든 이 슬픈 감회를 알아주소서.

---

11) 유가강주(瑜伽講主): 유가(瑜伽)를 종(宗)으로 삼는 유식(唯識)의 종장(宗匠)인 우상(祐詳)대사를 가리킨다. 우상대사는 유식론단과서(唯識論單科序 권 제2)에 "국사가 일찍이 현화사(玄化寺)에서 유식론을 익힐 때 강을 들은 바 있다."고 한 그 주인공이다.

이인로(李仁老)

(1152~1220). 자는 미수(眉叟), 호는 와도헌(臥陶軒).

일찍이 부모를 여의고 화엄승통(華嚴僧統) 요일(寥一) 스님 밑에서 자랐다. 1170년 정중부의 난을 피해 스님이 되었다가 환속하여 1180년 문과에 급제했다. 당시의 이름난 선비인 오세재·임춘 등과 죽림고회를 만들고 시와 술을 즐겼는데, 중국의 죽림7현(竹林七賢)을 흠모한 문학 모임이었다.

그의 문학세계는 선명한 회화성을 통하여 탈속의 경지를 보였다.

문(文)은 한유(韓愈), 시는 소식(蘇軾)을 숭상했다.

『파한집 (破閑集)』,『은대집(銀臺集)』20권 등이 있다.

1. 최태위에게 제사지내는 글(祭崔太尉文)

못과 같이 깊고 바다같이 넓어서 그 끝 간 데를 가보지 못하는 것은 공(公)의 그릇입니다. 비록 귀신이라 하더라도 도저히 엿볼 수 없고, 오채(五彩)가 찬란하여 일월과 더불어 서로 빛나는 것은 공의 기상이어서 천년을 지나도 오히려 쇠하지 않도다.

고금을 다 포괄하여 황제와 요순(堯舜) 보기를 뜰 앞을 보듯 하는 것은 공의 지식이로다. 뒷세상에서 다 귀감으로 삼을 것이요, 삼대에 이르러 스승으로 삼을 것이다.

배운 도는 공자가 아니면 주공(周公)이요, 맹세한 규모는 고요(皐陶)가 아니면 두려워 삼감이로다.
용감하게 조정에서 물러나와 한가히 지내는 것은 가히 경치 좋은 정자[卒泉]의 꽃나무와 푸른 들에서 시와 술을 즐기는 것보다 압도할 수 있도다.
나이 팔순이 지나도 붉은 뺨과 흰 머리로 지팡이를 짚고 산에서 놀며 촛불을 밝히고 바둑을 두었으니, 보는 이가 다 황석공(黃石公)12)이 하비(下邳)에 노는 것과 같다고 하였도다.

돌아보건대 소자(小子)는 늦게 공에게 알리게 된지라 아양곡(峨洋曲)이 있어 종자기(鍾子期)를 만난 것 같고, 코끝에 흙이 묻은 것을 큰 자귀로 찍어내는 것과 같았다.

나의 하찮은 글이 옛 문장가들의 울타리 안에 놀 수 있다고 하여, 고해(苦海)의 것을 다 끌어내어 한 편도 남기지 않고 약석(藥石)을 탐하듯이 가희(歌姬)에 가르치니, 만일 공의 상음(賞音)이 아

---

12) 황석공(黃石公): 진나라 말기에 살았던 인물이다.

니면 어찌 사관(絲管)에 올리고 금석(金石)에 새겨 찬연히 빛남이 북두칠성과 같이 오래토록 전하리오.

공이 이미 돌아갔으니 나를 아는 이가 누구인가.
아, 슬프다. 공의 사업은 마치 태산과 황하가 땅에 있어서 옮기지 않는 것과 같고, 공의 언론은 마치 금석과 백벽(白璧)이 보배 되는 것과 같아서 오래일수록 더욱 기이하니, 그 풍렬(風烈)이 죽고 사는 것을 따라 있고 없어지는 것은 아니니, 또 어찌 슬퍼하리오.

지금 내가 시끄럽게도 소리 내어 우는 것은 바로 내 사사로운 정에서 나온 것이로다. 한 잔 올려서 짤막한 글에 이 슬픔을 쏟나이다. 상향하소서.

2. 윤사성에게 제사지내는 글(祭尹司成文)

생각하건대 영령은 그 기운이 얼음같이 서늘하고 그 품성은 기린 같이 기이하도다.

문장은 일찍이 조정의 상서로움이 되었고. 언행은 반드시 충신스러웠도다. 혼금(渾金)과 박옥(璞玉)같음이여. 어디든지 쓰이지 못함이 없도다.

천록(天祿)과 석거(石渠)를 다 봄이여. 식견이 한이 없도다. 명망은 순반(荀班)보다 넘치고 은총은 연촉(蓮燭)을 받았도다. 크게 취해 시 3천 수를 높이 읊었으니, 이태백의 심간(心肝)을 연 것이요, 말 타고 다니며 고기 먹기로 40년이 되니 채공(蔡公)의 부귀에 처한 것이로다.

천자가 기용하여 거울로 삼고 학자가 산 같이 우러러 보았도다.

착한 사람에는 반드시 상서로움을 내리는 법이므로, 모든 사람들은 공이 젊을 때 재상이 되기를 바랐도다. 어찌 이렇게 어질면서 수(壽)를 못하고 문득 하늘나라의 시랑(侍郞)이 되었는가.

사람들은 다 좋은 사람[玉樹]이 묻힌 것을 슬퍼하고, 선비들은 또 사림(詞林)이 다 시들었다고 탄식을 하노라.

당상(堂上)에는 장길(長吉)의 어머니가 있어서 피눈물을 흘리고, 슬하에는 백도(伯道)의 아들이 없으니 가문을 누가 잇겠는가.

통석한 일이 이보다 심한 것이 없는데 하늘이 왜 모르는가.

우리들은 다행히 글 솜씨 좋은[風斤] 지기(知己)를 만나 옥순(玉筍)에 참예하여 비로소 중니(仲尼, 공자의 자)의 봉(鳳)에 붙었더니,

어찌 사안(謝安)13)의 닭을 꿈꾸었느냐.

이에 상여 줄을 잡고 새 무덤에 가서 슬픔을 옅은 잔에 붓노라. 끊어진 줄을 벽에 걸었으니, 이미 종자기(鍾子期)를 지음(知音)하는 이가 없고, 빠른 우레가 산을 깨뜨리니 다만 장강(長康)의 통곡하는 소리만 다하도다.

---

13) 사안(謝安, 373~396): 동진(東晉)의 정치가. 자는 안석(安石)이다. 지금의 하남성(河南省) 대강(大康) 사람이다. 왕희지(王羲之)·허순(許詢)·지둔(支遁) 등과 교유하면서 동산(東山)이란 산속에서 40년간 은거생활을 하며 풍류를 즐기다가 마흔이 넘은 중년에 비로소 중앙정계에 나아갔다. 효무제(孝武帝) 때 재상(宰相)의 자리에까지 올랐다.

임춘(林椿)

고려 중기(?~1175(?)) 문단을 대표하는 문인 중의 한 사람이다.
생몰연대는 정확하지 않으나 이인로와 동년배로 짐작된다.
자는 기지(耆之), 호는 서하(西河).
30대 중반에 세상을 떠났다는 기록은 있다.
이인로·오세재 등의 죽림고회(竹林高會) 벗들과 어울려 시와 술을
즐기며 현실에 대한 불만과 탄식을 하였다. 그러면서 자신의 큰
포부를 문학을 통하여 피력하였다. 가전체소설인
『국순전(麴醇傳)』·『공방전(孔方傳)』은 신하가 취하여야 할 도리에
대한 글로, 당시의 비리를 비유적으로 비판한 의인체 작품이다.

안사열에게 제사지내는 글, 매제를 대신하여
　행하다(祭安社悅文代妹行)

　생각하건대, 영령은 효제(孝弟)로써 몸을 삼가이 하고 돈화(敦和)로써 덕을 갖추었도다. 일찍이 아버지의 업을 계승하여 집에 있을 때는 편작(扁鵲)처럼 사람을 많이 살렸고, 세상에 나가서는 임금의 근심을 나누어서 사룡(士龍)과 같이 옥사(獄事) 판결을 잘 하였도다.

　이미 음덕을 쌓은 공이 또 두 대(代)나 있었으니, 상수(上壽)로 백 년을 살 줄 알았노라. 형제 중에 가장 어질어서 집을 보존하는 주인이라 불렸는데, 꿈결 사이에 문득 죽음의 슬픔을 일으키는구나.

　더욱이 타향에 우거(寓居)하여 있다가 죽으니 이것이 사람의 일로서 망극한 것이다. 부고를 처음 들으니, 실로 마음이 슬프구나. 어찌 천도(天道)가 무지하여 착한 사람에 대해서 이와 같이 하는가.

　유고(遺孤)를 돌아보니 다 어리고 또 지금 미망인은 먼 곳에 있도다. 혼은 슬프게도 어디로 돌아가는가. 길은 아득히 막혔구나. 내 자식을 보내어 너의 상(喪)에 집사(執事)하게 하니, 급하고 어려울 때 서로 생각해주는 정이 유명(幽明) 사이에 거의 저버림이 없을 것이다.

　왕사(王事)에 여가가 없으니, 살아서 국문(國門)에 들어가지 못한 것이 한 되고, 여자로서 시집을 갔기 때문에 장사(葬事)에 친히 상여 줄을 잡지 못한다.

　감히 깊은 정성을 피력하여 하찮은 제수를 올리니, 마치 와 있는 듯한 영혼은 나의 마음에서 우러난 정성을 흠향할지어다.

이규보(李奎報)

고려시대 학자이며 문신. 여주에서 출생(1168~1241).
이권에 개입하지 않은 순수하고 양심적인 관직자였다.
자는 춘경(春卿), 호는 백운거사(白雲居士). 만년(晩年)에는
시·거문고·술을 좋아해
삼혹호선생(三酷好先生)이라고 불렸다.
『동국이상국집(東國李相國集)』·『백운소설(白雲小說)』·『국선생전
(麴先生傳)』 등의 저서와 많은 시문을 남겼다.

1. 장학사자목(張學士自牧)에게 드리는 제문

모월 모일에 양온승 동정(良醞丞同正) 이ㅇㅇ는 삼가 맑은 술의 제물을 갖춰 태복경 보문각 직학사(太僕卿寶文閣直學士) 장공(張公)의 영전에 제사지내이다.

장씨(張氏)의 집안은 예부터 이름을 떨쳤으니, 공이 이 가세를 이어받아 꽃다운 후예로써 우뚝 뛰어나셨습니다. 시(詩)는 장고(張枯)에게서, 초서는 장지(張芝)에게서 얻었고, 필법은 장연국(張燕國)에게서, 문사(文辭)는 장구령(張九齡)에게서 얻었으니, 10년 동안 제고(制誥)를 맡아 임금의 모훈(謨訓)을 펼치는데, 그 내용이 법다워서 알차고 빛나고 아름다웠습니다.

아, 슬프도다. 벼슬이 겨우 시종(侍從)에 그쳐 삼공(三公)의 지위에 오르지 못한지라. 이 때문에 은택이 백성들에 못 미치고 시대에 두루 쓰이지 못하여 사람들이 다 탄식했으니, 어찌 나만의 슬퍼할 일이겠습니까.

내가 옛날 약관(弱冠)시절에 과감히 자부심을 가져 어떤 험한 길이 앞에 닥치더라도 돌아보지 않았으며, 심지어 남의 시비를 논하되 말을 거침없이 마구 하니, 당시 조관이나 사부들이 눈을 흘겨 두려워하는가 하면, 혹시 그들의 집에 가더라도 못 들어오게 문득 닫아버렸는데, 공은 처음 한 번 보고 전부터 친한 사람 같이 대해 주셨습니다.

마루에 올라 말을 나누매 서로가 마음을 털어놓아 간격이 없는지라. 급히 가동(家童)을 시켜 술과 안주를 베풀어놓고는, 담 너머로 어떤 손을 부르니 그는 피리를 잘 부는 사람이었습니다. 피리를 불고 흥을 도와 여러 번 잔을 주고받으며 달빛 아래서 어깨를 붙잡고 옷자락을 펄럭이며 춤을 추기도 했습니다.

이로부터 계속 뵙게 되었는데 뵐 때마다 누가 누군지 모를 정도로 술에 취해 시를 읊고 저를 후생(後生)이라 해서 혐의를 두지 아니하셨습니다.

저에게 시 3수를 주셨는데, 시가 마치 구슬소리처럼 쟁쟁하게 울리었으니, 시가 이렇게 호탕하고 글씨 역시 능숙하셨습니다. 꽃 피는 봄, 잎 지는 가을, 눈 내리는 저녁, 구름 컴컴한 낮에 언제나 저를 불러 그윽한 근심을 씻지 않을 때가 없었으니, 마음을 서로 비추고 정신을 서로 통함이 공을 제쳐놓고 그 누구에게 구하리오. 아, 슬프도다.

하늘이여, 우리의 문사(文師)를 빼앗아 갔으니 시단(詩壇)은 앞으로 누가 이끌어 가리오. 회포가 얽혀서 다하기 어렵고 하늘의 이치는 아득하기만 하구려. 길고 긴 이 세상에 노성(老成)한 이가 없으니, 내 누구와 함께 의논하리오.

눈물을 닦으면서 통곡하는 소리들을 공은 듣고 계십니까. 아마 공은 별이 되어 하늘에 계실 테지요. 어찌 이 세속에 묻혀 있으리오. 바라건대 왕림하셔서 나의 정성인 이 음식을 흠향하소서.

2. 외구(外舅, 장인)대부경(大府卿) 진공(晉公)에게 올리는 제문

모월 모일에 직한림(直翰林) 이ㅇㅇ는 돌아가신 장인[外舅, 글에서 장인을 일컫는 말] 대부경(大府卿) 진공(晉公)의 영전에 공경히 제사 지내나이다.

생각하건대 존령께선 침묵, 정숙하시어 말이 적으며, 빛이 바깥에 드러나지 않고 안으로 비치십니다. 그리고 보위(步緯) 천문(天文)·역수(曆數) 등에 밝은데도 스스로 표시하지 않고, 담기(膽氣)가 굳세어 그 어떤 환경에도 흔들리지 않으셨습니다.

아, 슬프도다. 지위가 구경(九卿)에 올랐으니 작은 벼슬이 아니었고, 나이가 칠십을 넘었으니 요사한 것이 아니시건만 갑작스런 병환으로 돌아가신 것이 이것이 슬픈 일이옵니다. 한 마디 말씀도 남기지 못한 채 눈을 감고 아주 가셨으니 말입니다.

옛날 제가 일찍 부모를 잃어서 저를 가르칠 이가 없었는데, 공에게 온 뒤로부터 직접 훈계와 격려를 받아 능히 분발하여 사람이 되었으니, 이것은 공의 도와주신 덕택이었습니다. 아, 슬프도다.

옛날엔 부인을 맞이할 때 부인이 남편 집으로 시집오게 되어, 그 부인의 집인 처가를 의뢰하는 일이 거의 없었는데, 지금은 장가갈 때 남자가 처가로 가게 되어 무릇 자기의 필요한 것을 다 처가에 의거하니 장인 장모의 은혜가 자기 부모와 같다 하겠습니다.

아, 우리 악공(岳公)이시여, 특히 저를 돌보아 주심이 미치지 않은 곳이 없으셨는데, 이제 버리고 가시니 저는 앞으로 누구에게 의지하리까. 어떻게 해서 명산 기슭에 터를 잡으시니, 우선 여기에 한 주먹을 덮어 영결합니다. 영혼이 계시거든 저의 소박한 제수를 흠향하소서.

3. 박생(朴生)의 아들을 애도(哀悼)하고, 겸하여 꿈속의 일을 기록하다.

임 선배 춘(林先輩椿)이 세상을 버린 지 24년이 지났다. 그런데 무오년 6월 25일 밤 꿈에 나의 친구 박환고(朴還古)가 와서 말하기를 "임 선생이 죽었으니, 그 묘지명(墓誌銘)을 선생이 아니면 누구에게 부탁하겠는가." 하고는 세 치쯤 되는 목참(木槧)을 내놓으면서 묘지명을 쓰라 했다.

나는 그 목참이 너무 좁아서 쓰지 않으려 하였는데, 박이 말하기를 "선생의 글이라면 한 자만이라도 만족하다."고 했다. 그래서 드디어 지(誌)하기를

'임모(林某)의 자(字)는 기지(耆之)인데 성질이 몹시 까다로워 재주를 퍽 자부(自負)하였으며, 여러 차례 과거를 보았으나 등과(登科)하지 못하고 모 월일(某月日)에 집에서 죽었다.' 하고, 이어 명(銘)하기를 '재주를 사용하지 못했으니 운명이로구나.' 하였다.

그때 옆의 스님이 주사(朱砂)를 갈아 묘지명을 써 주었다. 나는 그 꿈을 깨고서 대단히 괴상하게 여기며 '죽은 지가 오래 되었는데 박이 이제서야 묘지명을 지어 달라 하니, 이것이 무슨 징조일까.' 하고 생각했다.

그런데 그 이튿날 박생(朴生)이 왔기에 내가 꿈 얘기를 자세히 했더니, 박이 손가락을 퉁기며 한참 있다가

"참으로 이상한 꿈이오. 어제 내 아이가 죽어서 임춘의 무덤 옆에 장사지내고, 지금 선생의 시 한 수를 청하여 위로해 주려고 여기에 왔으니, 이런 일이 있을 징조가 아니었겠소." 하였다. 그래서 나는 그 꿈을 이상히 생각하고 또 그 일에 감동되어 시를 지어 애도해 주었다.

꿈이 어찌 징조가 없을소냐
일에는 미리 참언(讖言)도 있는 것일세
돌이켜 생각하니 어제 한밤중에
한단침(邯鄲枕)14)에 잠이 깊이 들었는데

자네가 꿈속에 남의 묘지명을 부탁했었지
깨고 나니 참으로 너무 이상했네
자네가 뜻밖에 아들 죽은 것을 이야기하니
눈물 흔적이 늙은 뺨에 남았구려

따라서 꿈속의 일을 생각해 보니
이것이 아마 정신의 감동인가 보네
자네 아들이 겨우 여섯 살인데
얼굴이 꼭 자네를 닮았었지

어떤 자가 빼앗아 갔단 말인가
아마도 귀신의 못된 장난이겠지
현리(玄理)를 강론한 동오(童烏)15)가 죽었고

---

14) 한단침(邯鄲枕): 인생의 영고성쇠(榮枯盛衰)가 모두 꿈결처럼 헛되고
   덧없는 것을 말한다. 이필(李泌)의 「침중기(枕中記)」에 "당 현종(唐玄
   宗) 개원(開元) 19년에, 도사(道士) 여옹(呂翁)이 한단(邯鄲)의 여관에
   서, 노생(盧生)이란 한 곤궁한 소년이 신세타령하는 것을 보고, 자기
   베개를 빌려 주면서 '이 베개를 베고 자면 그대가 많은 부귀영화를
   누리게 될 것이다.' 하였다. 그래서 노생이 그 베개를 베고 잤는데
   과연, 꿈속에 청하(淸河)에 사는 최씨(崔氏)의 딸에게 장가를 들고 또
   높은 벼슬을 두루 역임하여 부귀영화를 일평생 누리고 살다가 꿈을
   깨어 본즉, 아까 여관 주인이 짓던 좁쌀 밥이 채 익지 않았다. 이에
   여옹이 웃으면서 '인간 세상의 일도 이 꿈과 마찬가지이다.'했다."
   는 고사가 있다.

외곽(外槨)이 없이 공리(孔鯉)를 염습했네16)

오래 살고 일찍 죽는 게 모두 천명(天命)이니
부디 자네는 너무 상심하지 말게나
자네 부인은 병이나 나지 않았는지
자식 많은 게 참으로 귀찮은 것일세

임군의 무덤 옆에 장사지냈으니
일찍 죽었어도 너무 서운할 게 없네.

---

15) 동오(童烏): 한(漢) 나라 양웅(揚雄)의 아들 신동(神童) 오(烏)를 가리
   킨다. 그는 무척 총명하여 일곱 살에 웅이 논한 현문(玄文)에 참여
   하였는데, 불행히도 아홉 살에 요절하였다.
16) 공리(孔鯉)를 염습했네: 공리는 공자(孔子)의 아들인데, 그가 죽었을
   적에 가난하여 외곽(外槨)이 없이 내관(內棺)만 사용하여 장사지냈
   다.

4. 아내에게 지내는 제문(祭妻文)

열여섯 나이에 나에게 시집왔는데, 그 때 벌써 본받음과 행실이 익숙하고 가르침이 아담한지라. 내가 말하는 대로 잘 따랐고, 시부모를 섬기되 조그마한 허물도 없었다오.

게으름 없이 제사를 정성껏 모셨고, 모든 어려움과 험한 일을 함께 겪어왔소. 살림살이가 조금 나아지자, 그러나 명(命)은 빌지 못해 문득 가버리니, 꽃이 홀연 졌구려.

하늘이 하시는 일이라 어찌 할 도리가 없도다. 창자가 찢어지고 눈물이 떨어져 작은 술잔을 한 잔 가득 채웠으니, 나의 정성인 줄 알고 한 번 마셔 주었으면 좋겠소. 아, 슬프도다.

원감국사(圓鑑國師)

고려 스님(1226~1292). 시호는 원감.
19세에 문과에 장원급제하여 일본에 사신으로 다녀옴.
후에 출가하여 조계산(曹溪山)의
6대 종주가 됨.
저서로는 『원감국사가송(歌頌)』, 『조계원감국사어록』 등이 있음.

1. 충경왕사(沖鏡王師) 제문

오직 영[沖鏡王師]께서는 자혜롭고 따사로우며 분명하고 너그러우며 행동거지가 자연스러워 도무지 꾸밈이 없고, 말씀하시고 웃는 것이 평소에 태연하고 우아하여 한결 같았습니다.

일찍 속세에 관심이 없어서 세상일에 벗어나[物外]17) 유유자적하면서 지식은 삼교(三敎)를 겸했고, 기운은 사방을 압도했습니다.

오랫동안 진감(慧諶, 1178~1234)의 문하에 노닐면서 깊이 소융(小融)18)의 집에 들어가 제자를 가르치는 기회가 오면 하루 종일 정연하여 게으르지 않으셨고, 지리(至理)를 연구하면 해가 다하도록 부지런하여 싫어하지 않으셨습니다. 사생(四生)이 의지하여 진량(津梁)19)을 삼았고 칠중(七衆)이 받들기를 북두칠성 같이 하였습니다.

생각하니 비루하고 졸렬한 나는 평소 국사에 마음 씀이 간절하였는데, 마침 화도(花都)20)의 조서에 응할 땐 잔초(剗草)21)를 구하셨고 송교(松嶠)22)에 법등(法燈)을 전하게 되어서는 구의(摳衣)23)의 자리를 얻으셨습니다.

귀부(龜阜)24)에서 물러나 쉬면서부터 계만(鷄巒)25)에 돌아가 늙

---

17) 물외(物外): 물표(物表)의 번역. 즉 세간의 일로부터 초월한 절대의 경지. 세상일에 관심을 가지지 않음을 말함.
18) 소융(小融): 수선사(修禪社) 3세인 청(淸) 진국사(眞國師) 몽여(夢如, ?~1252).
19) 진량(津梁): 강을 건너게 만든 다리. 즉 부처가 사람을 제도하는 일.
20) 화도(花都): 수도의 아칭(雅稱)인 듯. 여기선 임금의 뜻으로 생각됨.
21) 잔초(剗草): 삭발한다는 의미로, 승려가 됨을 말함.
22) 송교(松嶠): 송박(松髆).여기서는 수선사를 말함. 즉 현 송광사.
23) 구의(摳衣): 옷의 아랫도리를 걷어 올림. 즉 경예의 의미.
24) 귀부(龜阜): 자운사(慈雲寺), 파주목(坡州牧), 고적조(古跡條)에 자운사가 임진(臨津) 서안(西岸)에 있었다고 기록되어 있으나 이 사찰인지는 알 수 없음.

을 때까지는 걸음마다 항상 병석(缾錫)26)을 따랐고, 때때로 오랫동안 겸추(鉗鎚)27)를 쓰셨습니다.

나는 근기가 엷으니 어찌 가죽을 얻고 골수를 얻으리오마는, 사(師)께서는 자비가 깊고 간절하매 한갓 담(膽: 기백, 용기)을 토(吐)하고 심(心)을 토하는 수고로움을 하셨습니다. 이십 사년간의 은혜와 사랑 실로 천만 억 겁의 다행한 인연이더니 이제 버리시고 떠나시니 돌아가 의지할 바가 어디입니까?

겨울에 바지 입고 여름에 적삼 벗는 것[죽음과 삶] 우리 집안[佛家]의 유희(遊戲)요, 천당에 오르고 불토에 가는 것 또한 본분의 소요이거늘, 하물며 지위는 만승(萬乘)28)의 스승으로 존귀하고 연세는 팔십 세가 되었으며 이름은 이하(夷夏)29)에 넘치고, 도는 인천(人天)을 덮음이겠습니까?

교화의 인연이 사방에 두루 미치고 세상의 이치에 따라 원적하셨으니, 이미 광명이 전후에 있으므로 진실로 시종 유감은 없습니다. 그러나 차생(此生)30)의 오랜 이별은 따르기 어렵나니, 다시 어느 날에 만나기를 기약하겠습니까?

진실로 긴 대들보가 부러졌으니 조실(祖室)은 누가 지탱하며,

---

25) 계만(鷄巒): 산 이름. 계만은 현 전남 승주군 계족산(鷄足山)을 약칭해서 말한 것임.

26) 병석(缾錫): 병석(瓶錫). 병에 있는 물은 마시기도 하고 손을 깨끗이 씻는데 사용. 錫은 돌아다닐 때 사용하는 지팡이.

27) 겸추(鉗鎚): 겸은 달군 쇠를 집는 금속제의 기구이고, 추는 철추(鐵鎚)로서 모두 쇠를 달구어 기물을 만듦을 말함. 선자(禪者)의 혹독한 단련의 수단으로 비유해서 쓰는 말.

28) 만승(萬乘): 주나라 때 천자(天子)는 병차일만량(兵車一萬輛)을 내는 제도가 있었음. 따라서 천자나 천자의 자리. 대국(大國)의 뜻.

29) 이하(夷夏): 이적(夷狄)과 중국. 즉 중국과 주변의 나라들.

30) 차생(此生): 이 세상.

큰 노가 갑자기 물에 잠겼으니 고해를 어떻게 건널지 알지 못하
겠습니다. 그러므로 두 줄기 눈물을 금하기 어렵지만 어찌 한 몸
을 위해서이겠습니까?

다시 생각하니 지난번 사소한 일로 단연(檀筵)31)에 갔다가 드디
어 주실(籌室)32)을 뵙지 못했는데 갑자기 병중이라는 소문을 듣고
미친 듯이 달려가 뵈었으나 천신(遷神)33)에 이르러 조용히 간곡한
유훈을 듣지 못했습니다.

그러나 인연이 가장 두터움을 기뻐하므로 슬픔과 사모의 정이
점점 더해 감을 견딜 수 없습니다. 마침 단칠(斷七)34)의 때를 당
해 간략히 귀삼(歸三)35)의 자리를 베풀고, 겸하여 비전(菲奠)36)을
차리고 조금이라도 슬픈 충정을 표하나니 이 정성을 살피시어 받
아주시기 바랍니다.

---

31) 단연(檀筵): 시주(施主)를 베푸는 자리.
32) 주실(籌室): 수행인을 교화·지도하는 방장[和尙]을 주실이라 함.
     우리나라에서는 '조실스님'이라 함.
33) 천신(遷神): 승려의 죽음을 말함. 또는 사람의 죽음을 말함.
34) 단칠(斷七): 사람이 죽은 후 49일에 승려를 불러서 독경을 하는 일.
35) 귀삼(歸三): 귀삼보(歸三寶). 즉 불·법·승 삼보에 귀의한다는 뜻.
36) 비전(菲奠): 변변찮은 제물.

2. 충경왕사 소상재소(沖鏡王師 小祥齋疏)

　모든 부처님이 나타남은 중생을 위함이니, 널리 자비의 문을
열어 이끌어 주십니다. 석인(昔人)이 떠나신 오늘을 세속의 예절
에 따라 추모하는 재를 올립니다.

　생각하면 우리 충경 노인은[眞明國師 混元] 나를 각성시킨 첫 벗
으로 이미 화산(花山)의 법석을 이어받고 또 송교(松嶠)의 의발을
전해 받았습니다. 처음부터 끝까지 인연이 있는 것이니, 원수에는
두목이 있고 빚은 주인이 있는 것입니다. 죽음과 삶을 슬퍼하고
사모함은 하늘보다 땅보다 큽니다.

　이제 연상(練祥)37)을 당해 간단히 공양을 마련했사오니 한 마음
의 간절한 정성을 삼보께서는 증명하시리라 믿습니다.

　엎드려 원하오니 충경 왕사께서는 옛날의 향화[功德]를 모두 나
타내시어 걸음마다 부처의 길로 뛰어 오르시고, 본래의 원을 저
버리지 마시어 티끌마다 교화의 문에 다시 들어오소서.

---

37) 연상(練祥): 소상(小祥)과 대상(大祥).

3. 혜소국사(慧炤國師) 제문

어느 해 어느 달 어느 날 계족산(鷄足山) 정혜사(定慧社) 사문은 삼가 향과 차와 온갖 가지 재물로 이 사찰을 개창한 시조 혜소국사(慧炤國師)의 영전에 제사를 올립니다.

엎드려 생각하면 법은 스스로 퍼지는 것이 아니라, 큰 도량 있는 사람에 의해 퍼지며, 큰 도량 있는 사람은 세대마다 배출되지 않고 천년에 한 번 배출되는 것입니다. 오직 우리 국사께서는 원력으로 태어나셔서 타고난 자질이 뛰어나게 총명하고 혜해(慧解)38)가 정명(精明)39)하며 밤낮으로 부지런히 오직 도를 실천하셨습니다.

배를 타고 서쪽[중국]으로 가서 정인(淨因)40)의 진수를 얻고, 동토로 되돌아오니 교화가 한 시대에 두루 미쳤습니다. 천자는 북면(北面)41)하여 한 나라의 스승[國師]으로 삼으시니, 사중(四衆)은 의지하고 연작(燕雀)42)이 대하(大廈)에 기뻐하는 것 같았습니다.

덧없는 영화를 초개 같이 보고 숲속을 간절히 생각하셔서 이 사찰을 세우고 장차 돌아가 늙으려 했으나 그 뜻을 이루지 못하고 너무 일찍 세상을 떠나셨습니다. 제자들이 뒤를 잇고 이어 큰 도량을 이루었습니다.

근세에 이르러 매년 난리와 흉년으로 사찰이 황폐하게 되었으

---

38) 혜해(慧解): 지혜를 갖고 사물을 이해하는 일.
39) 정명(精明): 자성 청정심에 본래 지니고 있는 절묘한 명징을 말함.
40) 정인(淨因): 송나라 정인도진(淨因道臻, 1014~1093). 자는 백상(伯詳). 복주출신. 14세 때 두타행을 행하다 6년간 대·소 경론을 배움.
41) 북면(北面): 신하 및 제자가 앉는 자리. 전하여 신하·제자가 됨을 말함. 여기서는 임금이 혜소를 국사로 삼아 스승으로 섬겼기 때문에 북면이라 한 것임.
42) 대하연작(大廈燕雀): 대하연작상하(大廈燕雀相賀). 큰 건물을 짓게 되면 제비나 참새가 편안히 살아갈 집을 얻게 되므로 기뻐한다는 뜻.

니 유식한 사람으로서 어느 누가 탄식하고 애석하게 여기지 않겠습니까?

돌아보건대 이 소자[沖止]는 외람되이 남기신 발자취를 이어 자비의 음덕 입기를 바랐으므로 다시 이 사찰을 부흥시켜 본래의 원력을 떨어뜨리지 않고 많은 복을 기대했었습니다.

이제 원일(元日)을 맞이하여 애오라지 변변찮은 의식을 갖추나니 살펴주시기 바라옵고 오직 생각이 여기에 있나니 엎드려 흠향하기를 바랍니다.

4. 박량 최선사(泊良 崔禪師) 제문

　오직 영[崔禪師]께서는 성품이 온화하고 순진하며 행기(行근: 처신)는 공손하고 겸손하셨습니다. 젊은 나이에 승려가 되어 남종(南宗)43)에서 기세를 떨치었고, 취미는 세상밖에 뛰어나 이익과 명리(名利)를 침 뱉었으며, 표연히 한 지팡이로 새가 날으듯 구름따라 다녔습니다.

　중간에 환난을 만나 어렵고 험한 일을 겪으며 죽을 고비를 넘겨 살아나니 그 도 더욱 빛나 단련을 겪은 금처럼 갈수록 순일하고 굳세었습니다.

　여진(餘塵)44)이 다하지 않아 다시 치반(緇班)45)에 진출하니 지위는 고질(誥秩)46)에 올라 네 산[四山]의 주지를 지냈습니다. 가는 곳마다 오직 경영에 힘쓰면서 시종 절조를 지켜 옥처럼 깨끗하고 얼음처럼 맑았습니다.

　주머니에는 한 푼 없어도 제자들은 떼 지어 모였고 덕행은 오랠수록 더욱 새로웠습니다.

　어질고 후덕하여 장수하고 건강하리라 생각했는데 어찌 길을 탐하여 그 떠남이 그처럼 바빴습니까?

　나는 어린아이 때부터 그대와 같이 놀았는데 이제 손가락을 꼽아보니 사십 사년이 되었습니다.

---

43) 남종(南宗): 선종은 달마 이후 오조 홍인을 거쳐 육조인 혜능(638~713)때 와서 南宗禪(혜능)과 北宗禪(神秀 606~706)으로 분파되었다. 특히 육조 혜능은 선종의 발전에 획기적 기여를 하였다.
44) 여진(餘塵): 고인이 남긴 자취.
45) 치반(緇班): 불문(佛門).
46) 고질(誥秩): 고(誥)는 왕자가 아래쪽에 포고하는 글. 질(秩)은 관직. 그러므로 고질은 임금의 명령에 의해 임명된 관직. 진(秦)나라는 고(誥)를 폐하고 제조(制詔)로, 한(漢)나라는 고(誥), 당(唐)나라는 제(制), 송(宋)나라는 고(誥) 등으로 사용하였음.

평생에 사귄 교분이 형제와 같았는데 이제 부음을 들으니 애통함을 다 논할 수 있겠습니까?

　한 발우의 찬밥과 세 잔의 진한 차가 재물로서는 빈약하지만 정성은 두텁습니다.

　영혼의 감응은 어둡지 않나니 한 번 흠향하시기를 바랍니다. 다시 무슨 말씀을 하리오. 아, 내 마음이여!

5. 이오 상서(李敖47) 尙書) 제문

아! 때는 목양(木羊)48)으로 율(律)은 협종(夾鐘: 2월)에 응하는데
세 사람이 동행하여 오봉(烏峯)49)에 이르므로 어깨를 나란히 하고
옷소매를 맞대며 서로 따른 지 몇 해가 되었습니다. 이 때문에
교분이 오랠수록 굳어져 우애가 형제 같아 진출하거나 물러나거
나 다니거나 숨거나 시종 막역하여 난초 향기 그득히 향기로웠습
니다.

아! 하늘이 돕지 않아 운노(雲老)가 일찍 떠나셨으므로 단현(斷
絃)50)의 아픔이 아직도 폐장에 있거늘 어찌하여 오늘에 공[李敖]
이 뒤이어 떠나십니까? 슬프도다! 내 마음이여 어찌 슬픈 충정을
다 말하리. 머리 돌려 사방을 둘러보니 오직 나만이 남았습니다.
고요히 생각하니 어찌 슬프지 않으리요?

---

47) 이오(李敖): 일명 숙진(淑眞). 中書舍人으로서 1270년(원종 11) 삼별
    초가 강화를 포기하고 남쪽으로 이동할 때 낭장(郎將) 윤길보(尹吉
    甫)와 함께 구포(仇浦)에서 삼별초의 후미를 공격, 전과를 올렸다.
    이듬해 안렴사(按廉使)로 있을 때 부사(副使) 이이(李頤)를 죽인 방보
    (方甫) 등이 진안(珍雁)의 삼별초와 내응하려 하자 경주판관 엄수안
    (嚴守安)과 함께 그의 일당인 일선현령(一善縣令) 조천(趙阡) 등을 살
    해하고 방보의 항복을 받음으로써 그들을 토평(討平)했다.
48) 목양(木羊): 을미년으로 1295년(충렬왕 21)임. 그러나 이 제문을 쓴
    원감국사 충지는 1293년에 입적했으므로 1295년에 이 제문을 쓸
    리가 없다. 그러므로 목양(乙未)은 수양(癸未)으로 보아야 한다. 水羊
    (癸未)은 1283년이다. 목양은 수양의 誤잘못된 기록임에 틀림없다.
49) 오봉(烏峯): 충지가 이오(李敖)를 처음 알게 된 곳이 오합산(烏合山)
    의 사찰이다. 현재의 지명이 확실치 않으나 충남 어딘가에 비정된
    다. 오봉(烏峯)은 오합산을 말한 것으로 생각된다.
50) 단현(斷絃): 처(妻)의 죽음을 말함. 여기서는 슬픔이 지극함을 표현
    한 말.

공은 일찍 적환(謫宦)51)으로 서원(西原)52)을 와치(臥治)53)하면서 늙은 이 몸을 다시 맞아주시고 매일 같이 대화 나누면서 겨울에는 현암(玄巖)에서, 여름에는 화정(華井)이었습니다. 그때를 기억하노라면 완연히 눈앞에 있나니 이미 이 세상에서는 다시 대상(對牀)54)할 수 없습니다. 매양 생각이 이에 미치면 늙은이의 눈물을 어쩔 수 없습니다.

부음을 들은 지 얼마 안 되는데 백일이 이미 돌아왔습니다. 간단히 재석(齋席)을 마련하여 선유(仙遊)를 인도하고 겸해 초라한 재물을 베푸오니 밝게 흠향하기를 빕니다. 영혼이 어둡지 않다면 나의 간고한 마음을 헤아리소서.

---

51) 적환(謫宦): 적관(謫官). 죄를 짓게 되어 폄적좌천(貶謫左遷)됨을 말함.
52) 서원(西原): 청주 지방. 이오가 이곳의 안찰사로 있었음.
53) 와치(臥治): 자면서 다스린다는 뜻으로 힘쓰지 않고 다스림. 또 정치를 잘함을 말함.
54) 대상(對牀): 상(床)을 서로 대함. 책상을 마주하고 서로 대화하는 것. 즉 대상풍설(對牀風雪)의 뜻.

6. 천충경왕사소(薦沖鏡王師疏)

지혜의 거울이 빛을 드날리매 오랑캐와 한[胡漢]이 동시에 나타나고 세상의 등불이 빛을 숨기매 하늘과 땅이 하루아침에 갑자기 어두워집니다. 마땅히 자비의 관문을 두드려 보지(報地)를 장엄히 닦습니다.

생각하면 우리 스님은 세상에 나오셔서 본원(本願)을 타고 선(禪)을 넓히시니 인천에 교화가 흡족하여 일찍 삼한(三韓: 고려)의 표준이 되었습니다. 덕망이 조야에 가득하여 마침 이대(二代: 高宗, 元宗)의 스승이 되었습니다.

황가(皇家)의 복되고 이로움이여! 만 사람이 우러러 보는 바며, 조사의 도가 흥하고 쇠함이여! 일신에 매였는데 무엇 때문에 세상이 싫어서 떠날 길을 재촉했습니까?

총림이 삭막하거니 누구를 의지하며, 우주가 공허하니 어디에 머무리이까? 슬프고 슬퍼 땅에 주저앉음이 젖을 잃은 아이와 같고 가련하고 가련하여 길을 방황함이 집을 잃은 개[狗]와 같습니다.

생각하면 평생의 이력이 본지(本地)55)에 노닐 만 하지만, 이에 재(齋)56)를 폐하지 않는 것은 세상 풍속을 면할 수 없기 때문입니다.

사십구재에 이르자 삼보에 공양 올립니다. 등불은 변해서 광명대가 되어 법계를 두루 비추이고, 낱알들은 변해 묘향찬(妙香

---

55) 본지(本地): ① 본래의 모습이나 경지 ② 중생의 제도를 위하여 잠시 나타낸 수적의 몸에 상대하여, 그 본디의 몸인 부처나 보살을 이르는 말
56) 재(齋): 재의 원래 의미는 신·구·의를 정제(整齊)하여 악업을 짓지 아니함을 말함.

饌)57)이 되어 성공(性空)에 충만하소서. 구구한 이 마음 저 부처
님 거울에 비추소서.

　엎드려 원합니다. 운운.

　(沖鏡 王師께서는) 깨달음의 길에 오르사 모든 달자(達者)와 같이
노시다가, 다시 조문(祖門)에 들어오시어 한 사람의 중생도 제도
받지 않은 이가 없게 하소서.

---

57) 묘향찬(妙香饌): 아름다운 향기가 나는 음식.

7. 천박량최선사소(薦泊良崔禪師疏)

　가을 못에 달이 비추니 자연히 감응이 나타남은 사(私)가 없는 것이고, 밤구렁[夜壑]에 배를 옮기는데 짊어지고 가는 사람은 힘 있는 사람입니다.58)

　이 박릉(博陵)59)의 가신 영혼은 우리 성교(聖膊)60)의 고인(故人)으로 우거한 발자취(寓跡)가 각각 달라, 나고 머물고 가고 숨은 것을 같이 하지 못했으나, 사귀는 마음은 매우 깊어 평생에 잊지 못하리라 생각했습니다. 아직 이순(耳順)이 멀었는데 혼유(魂遊)가 그렇게 빠를 줄을 어찌 생각했겠습니까.

---

58) 『莊子』에 의하면, 배를 골짜기에 감추고 그 산을 못에 감추고서 그 것으로 튼튼하다고 하는 것이 상식일지 모르나 그 상식을 깨뜨리고 한 밤중에 장사(壯士)가 그것을 매고 달려가 버린다.
　어리석은 자는 그 도리를 모른다. 작은 것을 큰 것 속에 감춘다 해도 다른 데로 가지고 가버릴 데는 있는 것이고, 만약 온 세상을 그 대로 온 세상에 감춘다면 가져갈 데란 없게 된다. 이것이 만물의 진리다. 삶에 집착하여 그것을 빼앗기지 않으려고 별 수단을 다해봤자, 자연 앞에는 무력한 것이라 하였다.

59) 박릉(博陵): 중국의 명문인 최씨는 본관이 박릉이었는데, 우리나라에 서는 그것을 본떠서 최씨라면 박릉 최씨로 과장해서 말하고 있다. 여기선 최선사를 높여서 지칭한 것임.

60) 성교(聖膊): 성스러운 영남지방. 영남지방은 선종사에 유명한 조계 혜능(638~713)의 고향으로 광동성 新興縣(新州)에 있다. 혜능이 일 찍 河北 황매산에 머물러 있던 오조 홍인(602~675)을 방문하고서 부처되기를 요구하였다. 이때 홍인은 모욕적인 말로 그를 시험하였 다. "자네는 영남 사람에다가 또한 오랑캐인데 그런 주제에 어떻게 부처가 되겠나?"하니, 혜능은 "사람에게는 비록 남북이 있으나 불성 에 어찌 남북이 있겠습니까? 오랑캐의 몸과 화상의 몸이야 다르지 만 불성이야 무슨 차별이 있겠습니까?"라고 대답하였다. 참 재목을 발견한 홍인은 그를 제자로 받아들여 자신의 법맥까지 잇게 하였다. 여기선 최선사를 혜능에 빗대어 높여서 한 말임.

비록 뜬 인생의 떳떳한 이치라 하지만 우회(愚懷)가 침통함을 어찌 견디겠습니까? 마침 사십구재를 당해 삼보의 바다에 두루 공양을 올리오니 공덕의 인연은 비록 적지만 감응은 두루 하소서.

엎드려 원합니다. 운운. 새로운 선에 힘입고 묵은 훈습이 피어나 구품의 연화대 위에 한 걸음으로 곧장 올라 일곱 겹의 비단 그물61) 그림자 속에서 여러 성인들과 같이 놀으소서.

---

61) 일곱 겹의 비단 그물: 『아미타경』에 의하면 극락은 일곱 겹의 비단 그물 등으로 장엄하게 꾸며져 있다고 함.

8. 천망우이오상서소(薦亡友李敖尙書疏)

법신이 만물에 응하여 빛나는 것은 물 가운데 달과 같고, 환질(幻質)이 인연을 따라 멸하는 것은 허공 속의 꽃[空裏花]⁶²)과 같습니다.

생각하면 농서(隴西)⁶³) 이공을 알게 된 것은 오합산(烏合山)⁶⁴)의 사찰인데, 사람됨이 관후하고 부처를 믿음이 깊고 정밀했습니다. 선과 인(仁)을 좋아하므로 반드시 장수하고 귀하게 되리라고 생각했습니다만, 운명이 원수의 꾀에 빠져 두 번이나 한지(閑地: 좌천)에 있게 되었고, 또 도가 시대와 어긋나 한 번 외지에 귀양가게 되었습니다.

익새[鷁]가 바람 앞에 물러나매 메기가 대나무 위에 오르니[鮎魚上竹]⁶⁵) 지위는 겨우 삼품(三品)에 그쳤습니다.

나이는 육십 세도 안 되었으나 아직 팔좌(八座)의 반열에 오르지 못하고 갑자기 구천(九泉: 묘지, 황천)의 손님이 되었습니다.

평생에 사귄 정의는 그 누구가 노우(老愚: 沖止)보다 앞서겠습니까? 오늘 슬픔은 실로 형제에도 뒤지지 않습니다.

훌륭한 불사에 의지해 좋은 곳으로 가시기를 마침 백일재를 당

---

62) 공리화(空裏花): 공화(空華). 눈병이 있는 사람이 공중에 꽃이 있다고 잘못 생각하는 것 같이, 실체가 없는 것을 관념적으로 묘사하는 일. 사물의 없음에 비유.

63) 농서(隴西): 중국의 이씨 가운데 본관을 농서로 하는 이씨가 가장 유명하므로 이오(李敖)를 높여서 부른 말임.

64) 오합산(烏合山): 충남 어딘가에 생각된다.

65) 점어상죽(鮎魚上竹): 메기는 몸은 미끄럽고 비늘이 없지만, 대나무에 잘 뛰어 오른다. 즉, 입에 잎을 물고 높은 데까지 뛰어 오른다. 곤란을 극복하고 목적을 달성함을 비유.

해 시방의 부처님께 공양합니다.

　엎드려 원합니다. 운운.

　극락세계에 왕생하시어 여러 보살과 같이 노시고, 친히 무량광
불을 뵙고는 여래의 수기를 입으소서.

9. 천최사주소(薦崔社主疏)

밝은 구슬 널리 감응해서 응당 호(胡)와 한(漢)을 함께 빛낼 것이고, 큰 집이 갑자기 무너지면 제비와 참새가 어디에 의탁[66]하겠습니까?

조용히 생각하면 허공 속의 헛된 꽃이여 원래 낳고 죽음이 없으며, 거울 속의 환상이여 어찌 오감(去來)이 있으랴. 그러나 낳고 죽음이 없는 것이지만 낳고 죽음이 완연하고, 오감이 없는 곳에 오감이 역력하구나. 어찌 잘못되기는 했지만 범정(凡情)에 따라서 보지(報地)의 장엄함을 의지하지 않겠습니까? 그러므로 재를 올리는 때를 당해 간략한 불공을 베푸옵니다.

엎드려 원하옵나니 최씨의 존영이시여, 한 터럭이라도 불찰에 나타나시어 자씨(慈氏)[67]의 누각에 걸터앉으시고 만겁 동안 티끌 속에 들어가 보현(普賢)의 화림(花林)에서 같이 유희하소서.

---

66) 큰 집이 세워지면 제비와 참새가 집을 얻게 되어 서로 기뻐한다는
    말이 있다. 여기서는 최사주의 죽음을 큰 집이 무너져 제비와 참새
    가 거처할 집을 잃게 됨을 비유해서 한 말임.
67) 자씨(慈氏): 미륵보살. 이 보살은 석존의 부촉을 받아 56억 7천만년
    뒤에 이 세상에 나타난다고 함.

이 곡(李穀)

고려 말의 학자·문인(1298~1351). 자는 중부(仲父),
호는 가정(稼亭). 아들은 이색(李穡).
충숙왕 복위 2년(1333)에 원나라 제과(制科)에 급제한 후,
원제(元帝)에게 건의하여 고려에서의 처녀 징발을 중지시켰다.
충렬·충선·충숙왕의 실록 편찬에 참여하였으며, 죽부인을 의인화한
가전체 작품 『죽부인전』이 있다. 저서에 『가정집』이 있다

모친에게 제사 드린 글

　부모가 자식을 낳아 기름에 충신과 효자를 기대하나니, 참으로 그 뜻을 잇지 못한다면 양심을 지녔다고 누가 말하리이까. 생각하면 잔약한 이 소자는 자식의 도리를 어그러뜨렸나이다.
　아버님이 일찍 세상을 떠나시고 어머님 홀로 쓸쓸히 계시는데, 저는 벼슬과 배움을 구한답시고 어머님 곁을 멀리 떠났습니다. 남과 북을 어렵게 떠돌아다니다가 마침내 경사(京師)68)에까지 이르렀으나, 자그마한 벼슬 하나 얻지 못한 채 어머님과 이별만 하였나이다.

　돌아갈 생각이 어찌 없었겠습니까마는 포의(布衣)69)의 이 신세가 부끄럽기만 했습니다. 과거(科擧) 설행의 조서가 내린 뒤로부터 공부를 나름대로 열심히 하여 과장(科場)에서 기예를 겨룬 결과, 요행히 두 차례 합격한 뒤에 청삼(靑衫)70) 차림으로 어머님을 뵈었더니 어머님은 한 번 미소를 띠셨지요.
　삼 년 동안 한림에서 근무했으나 이는 낮은 말단의 직책이요, 운각(芸閣)에서 교서(校書)를 담당했으나 칠 년 동안 임시직에 불과했으니, 쓸모없이 허명뿐인 이들 관직이 자식의 직분에 무슨 도움이 되었으리오.
　그러다가 무진년에 이르러서야 어머님을 찾아뵐 수 있었는데 비록 늙고 병드셨다고는 하지만, 또한 너무나도 여윈 모습이었습니다. 이듬해 봄 하직하고 떠나야 할 적에도 감히 간다는 말씀을 드릴 수 없었으니, 이미 늙으신 어머님을 뒤에 두고서 어떻게 떠날 수가 있었겠나이까.

---

68) 경사(京師): 한 나라의 중앙 정부가 있는 곳.
69) 포의(布衣): 베로 지은 옷.
70) 청삼(靑衫): 예전에, 나라의 제향 때에 입던 남빛 웃옷.

그때에 어머님은 저를 격려하시기를 "네가 어찌하여 이렇게 더디 떠나느냐. 조석으로 내 시중을 드는 것은 며늘아기가 그동안 잘했는데 내 뜻을 받들어서 봉양을 하니 네가 또 주저할 것이 뭐가 있느냐. 너는 가서 열심히 노력하여 좋은 벼슬을 함께 나눠 받고 몸을 세워 이름을 날림으로써 효도를 끝까지 다하도록 하여라."

가르침을 받들고 길을 떠났으나 마음속으로 안 맞는 점이 있었습니다. 해와 달이 얼마나 흘러갔던가. 겨우 일 년밖에 지나지 않았을 때 꿈속에서 어머님을 생각하면서 마음과 혼이 치달리고 날아갔는데 부고가 홀연히 이르렀습니다.

이젠 영감(永感)[71]의 신세가 되고 말았으니, 누구를 의지하며 누구를 믿을까요. 모두 끝장이 나고 말았습니다.

아 슬픕니다.

아들 칠형제를 두어 베짱이처럼 번성하였나니, 착한 맏아들부터 강한 막내까지 부창부수하는 가운데 밭을 갈고 길쌈을 하면서 따뜻하고 시원하게 해 드렸지요. 그런데 저만은 그렇게 하지 못한 채 멀쩡한 사지를 게을리 하면서 강사(强仕)[72]의 나이를 넘기도록 공연히 배운답시고 헛수고만 하였을 뿐, 제가 받는 박한 봉급으로는 반찬 한 가지도 올리지 못했습니다.

뒤에 비록 저의 뜻대로 되어 만종(萬鍾)[73]을 받는다 해도 어디에 쓰겠습니까. 등에 지고 와서 드릴 곳이 없게 되었다는 옛사람

---

71) 영감(永感): 부모의 죽음에 대한 슬픔으로 오래 마음에 새겨 평생 잊지 못한다는 뜻.
72) 강사(强仕): 40세를 말한다. 『예기』 곡례 상에 '나이 사십을 강(强)이라고 하니, 이때에 벼슬길에 나선다[四十曰强而仕]'라는 말이 나온다.
73) 만종(萬鍾): 매우 많은 녹봉(祿俸).

의 슬픈 고백도 있습니다마는, 때는 두 번 다시 오지 아니하니 후회한들 무슨 소용이 있겠습니까.

　한 잔의 술을 바쳐 올리노라니, 사모하는 마음이 끝이 없습니다. 만약 어머님의 혼령이 계시거든 저의 슬픈 이 말을 들어 주소서.

나옹혜근(懶翁惠勤) 스님

고려스님(1320~1376). 호는 나옹, 법명은 혜근.
20세 때 친구가 죽는 것을 보고, 죽으면 어디로 가느냐고
어른들께 물었으나 아는 이가 없으므로 비통한 생각을 품고
공덕산 묘적암 了然 선사께 출가.
1344년 양주 회암사에서 4년 동안 좌선하여 깨달음.
1348년 중국 원나라 指空스님을 뵙고 契悟한 바 있으며,
平山處林스님으로부터 法衣와 拂子를 받다.
1358년 귀국하여 가는 곳마다 설법을 하다가 1360년 오대산으로
들어가다. 1376년(고려 우왕 2년) 왕명을 받아
밀양의 영원사로 가다 여주 신륵사에서 입적.
이색이 글을 지은 비와 부도가 회암사에 있다.

1. 지공화상 생일에

스님께서 화상의 진영 앞에 나아가 말씀하셨다.

얼굴을 마주 대고 친히 뵈오니
험준한 그 기봉(機鋒)에 모골(毛骨)이 시리다
여러분, 서천(西天)의 면목을 알려 하거든
한 조각 향 연기 일어나는 곳을 보라.

驀而相逢親見徹　機鋒嶮峻骨毛寒
諸人欲識西天而　一片香烟起處看

향을 꽂고는 한참을 잠자코 있다가 말씀하셨다.
"말해 보시오. 서천의 면목과 동토의 면목이 같은가 다른가. 비
록 흑백과 동서는 다르다 하나, 뚜렷한 콧구멍은 매한가지니라."

2. 지공화상 돌아가신 날에

1)
스님께서 말씀하셨다.

"왔어도 온 것이 없으니 밝은 달그림자가 강물마다 나타난 것 같고, 갔어도 간 곳 없으니 맑은 허공의 형상이 모든 세계에 나누어진 것 같다. 말해 보라. 지공은 도대체 어디 있는가."

향을 사른 뒤에 다시 말씀하셨다.

"한 조각 향 연기가 손을 따라 일어나니, 그 소식을 몇 사람이나 아는가."

2)
날 때는 한 가닥 맑은 바람이 일고
죽어가매 맑은 못에 달그림자 잠겼다
나고 죽고 가고 옴에 걸림이 없어
중생에게 보인 몸에 참마음 있다
참마음이 있으니 묻어버리지 말아라
이때를 놓쳐버리면 또 어디 가서 찾으리.

生時一陣清風起　　滅法澄潭月影沈
生滅去來無罣碍　　示衆生體有眞心
有眞心休埋沒　　　此時蹉過更何尋

3)
스님께서 향을 들고 말씀하셨다.
천검(千劍)을 모두 들고 언제나 활용하니
황제가 그를 꾸짖어 종[奴]을 만들었다
평소의 기운은 동쪽 노인을 누르더니

115

오늘은 무심코 한 기틀을 바꾸었다
바꾼 그 기틀은 어디 있는가.

千劒全提常活用　皇王嗎動作奴之
平生氣壓東方老　今日等閑轉一機
轉一機何處在

향을 꽂고 말씀하셨다.
"지공이 간 곳을 알고 싶거든 부디 여기를 보고 다시는 의심치
말라."

4)
스님께서 향을 들고 말씀하셨다.

푸른 한 쌍 눈동자에 두 귀가 뚫렸고
수염은 모두 흰데 얼굴은 검다
그저 이렇게 왔다가 이렇게 갔을 뿐
기괴한 모습이나 신통은 나타내지 않았다
혼자서 고향 길 떠나겠다 미리 기약하고서
말을 전해 윤제궁(輪帝宮)을 알게 하였다

떠날 때가 되어 법을 보였으나 아는 이 없어
종지를 모른다고 문도들을 호되게 꾸짖었다
엄연히 돌아가시매 모습은 여전했으나
몸의 온기는 세상과 달랐다
이 불효자는 가진 물건이 없거니
여기 차 한 잔과 향 한 조각 드립니다.

116

碧雙瞳穿兩耳　　髭須胡兮面皮黑
但恁麼來恁麼去　不露奇相及神通
預期獨往家鄉路　傳語令知輪帝宮

臨行垂示無人會　痛嗎門徒不解宗
儼然遷化形如古　偏體溫和世不同
不孝子無餘物　　獻茶一盌香一片

그리고는 향을 꽂았다.

3. 나라에서 주관한 수륙재(水陸齋)에서 육도중생에게 설하다

스님께서 자리에 올라 한참을 잠자코 있다가 말씀하셨다.
"승의공주(承懿公主)74)를 비롯하여 여러 불자들은 아는가. 여기서 당장 빛을 돌이켜 한 번 보시오. 지옥·아귀·축생·아수라·인간·천상을 막론하고 누가 본지풍광(本地風光)을 밟을 수 있는가. 그렇지 못하면 잔소리를 한 마디 하겠으니 자세히 듣고 자세히 살피시오.

승의공주여! 삼십육 년 전에도 이것은 난 적이 없었으나 과거의 선인(善因)으로 인간세계에 노닐면서 만백성의 자모(慈母)가 되어 온갖 덕을 베풀다가, 조그만 묵은 빚으로 고요히 몸을 바꿨소. 그러나 36년 후에도 이것은 죽지 않았으니, 인연이 다해 세상을 떠나 생애(生涯)를 따로 세웠소.

승의공주여! 사대가 생길 때에도 밝고 신령한 이 한 점은 그것을 따라 생기지 않았고, 사대가 무너질 때에도 밝고 신령한 이 한 점은 그것을 따라 무너지지 않소. 나고 죽음과 생기고 무너짐은 허공과 같으니, 원수니 친한 이니 하는 묵은 업이 지금 어디 있겠소.
이제 이미 없어졌으매 찾아도 자취가 없어 마침내 허공같이 걸림이 없고 세계마다 티끌마다 묘한 본체요, 일마다 물건마다 모두가 주인공[家公]이오.

소리와 빛깔이 있으면 분명히 나타나고, 빛깔과 소리가 없으면 그윽이 통하오. 때로 상황 따라 당당히 나타나고, 예로부터 지금

---

74) 승의공주(承懿公主): 공민왕비. 노국공주를 말함.

118

까지 참으로 오묘하오. 자유로운 그 작용이 다른 물건 아니며 상황 따라 죽이고 살림이 모두 그의 힘이라오.

승의공주여! 알겠는가. 만일 모르겠으면 이 산승이 공주를 위해 확실히 알려 주겠소."

죽비로 탁자를 치면서 악! 하고 할을 한 번 한 뒤에 말씀하셨다.

"여기서 단박에 밝게 깨쳐 묘한 관문을 뚫고 지나가면, 삼세(三世) 부처님네와 역대 조사님네와 천하 선지식들의 골수를 환히 보고, 삼세 부처님네와 역대 조사님네와 천하의 선지식들과 손을 잡고 함께 다닐 것이오."

또 한 번 내리친 뒤에 말씀하셨다.

"이렇게 해서 많은 생의 부모와 여러 겁의 원수나 친한 이를 제도하고, 이렇게 해서 세세생생에 함부로 자식이 되어 어머니를 해치거나 친한 이를 원망하는 이를 제도하며, 이렇게 해서 예로부터 지금까지 이승 저승의 모든 원수나 친한 이를 제도하나니. 그리하여 갖가지 고통을 받는 모든 지옥중생을 제도하고, 주리고 목마른 아귀중생을 제도하며, 축생계에서 고생하는 모든 중생을 제도하고 아수라계에서 성내는 일체 중생을 제도하며, 인간세계에서 잘난 체하는 모든 중생을 제도하고 천상에서 쾌락에 빠져 있는 모든 하늘 무리를 제도하시오."

다시 죽비를 던지고 말씀하셨다.
"언덕에 올랐으면 배를 버리는 것이 당연한 일이거니, 무엇하러 사공에게 다시 길을 물으랴."

4. 회향(廻向)

　스님께서 법좌에 올라 향을 사른 뒤에 죽비로 향대를 한 번 내리치고 말씀하셨다.

　"승의 선가(仙駕)를 비롯하여 여러 불자들은 끝없는 과거로부터 오늘에 이르기까지 깨달음을 등지고 번뇌와 어울려 여러 세계에 잘못 들었소. 그리하여 지옥·아귀·축생·아수라·인간 혹은 천상에 있으면서 떴다 가라앉음이 일정치 않고 고락이 같지 않았으니, 그것은 오직 그대들이 한량없는 겁을 지나면서 본래면목을 몰랐기 때문이오.

　승의선가여! 원수나 친한 이나 생사를 벗어나서 고해를 건너려거든 빛을 돌이켜 비추어 보아 주인공의 본래면목을 아는 것이 제일이오.

　승의공주는 인간에 태어났으되 왕궁에 태어나 삼십여 년을 인간 세상에 노닐면서 한 나라의 공주가 되어 만백성들을 이롭게 하였으니, 그것은 부모가 낳아준 면목이지만, 부모가 낳아주기 전의 면목은 어떤 것인가.

　지금 사대는 흩어지고 신령하게 알아보는 그[靈識]만이 홀로 오롯하고 텅 비고 밝은 그것[虛明]만이 혼자 비치어 멀고 가까움에 관계가 없고, 산하와 석벽도 막지 못하니 자, 어서 오시오. 지금 여기서 내 말을 분명히 듣는 그것은 무엇인가. 여기서 확실히 보아 의심이 없으면, 시방 불국토 어딜 가나 자유자재할 것이오. 그렇지 못하다면 이 산승은 또 공주를 위해 수륙재의 인연을 첨언할 것이니 잘 듣고 자세히 살피시오.

　물과 땅의 어둡고 밝은 큰 도량에서 티끌 같은 세계를 다 드러내오. 삼도(三途)에서는 법을 듣고 고통을 모두 떠나고, 육취(六趣)

에서는 은혜를 입어 법체(法體)가 편안하오. 원한 있는 마음은 끊기 쉬우나, 끝이 없는 성품은 헤아리기 어렵소. 이 집에 가득한 형제들이여, 알겠는가. 청풍명월이 곳곳에서 반짝이니 이 법회에는 여러 부처님께서 다 내려오셨고, 삼현 십성(三賢十聖)이 다 귀의하오.

마음을 편히 하고 공양을 받아 기쁜 마음을 내고, 금강(金剛)의 묘각(妙覺)으로 점차 들어가시오. 중생들이 항하수 모래만큼의 죄업을 두루 지으나, 한 마디[一句]에 다 녹이고 한 기틀을 돌리시오. 이러한 공덕 한량없거니, 승의선가는 정토로 돌아가오. 말해 보시오. 승의선가는 정토에 있는가, 예토에 있는가. 부처세계에 있는가. 이 세계에 있는가, 저 세계에 있는가."

또 한 번 내리치고 말씀하셨다.
"정토라 할 수도 없고 예토라 할 수도 없으며, 부처세계라 할 수도 없고 중생세계라 할 수도 없으며, 이 세계라 할 수도 없고 저 세계라 할 수도 없는 것이니, 어디라고도 할 수 없다면 결국 어디 있단 말인가?"

그리고는 죽비를 던지고 말씀하셨다.
"미혹을 모두 없애 한 물건도 없나니, 대원경지 속에서 마음대로 노닌다."

5. 장상국(張相國)의 청으로 영가에게 소참법문을 하다

"변숭(邊崇)의 영혼이여, 밝고 신령한 그 한 점은 끝없는 과거로부터 오늘에 이르기까지 끊어야 할 번뇌도 없고 구해야 할 보리도 없다. 가고 옴도 없고 진실도 거짓도 없으며 남도 죽음도 없다. 사대(四大)에 있을 때도 그러했고, 사대를 떠난 때도 그러하다.

지금 을묘년 12월 14일 밤에 천보산(天寶山) 회암선사(檜岩禪寺)에서 분명히 내 말을 들으라. 말해 보라. 법을 듣는 그것은 번뇌에 속한 것인가, 보리에 속한 것인가, 옴에 속한 것인가, 감에 속한 것인가, 진실에 속한 것인가, 허망에 속한 것인가, 남에 속한 것인가, 죽음에 속한 것인가. 앗[咄]!

전혀 어떻다 할 수 없다면 그것은 무엇이며, 결국 어디서 안신입명(安身立命) 하는가."

죽비로 향대(香臺)를 한 번 내리치고 말씀하셨다.

"알겠는가. 만일 모르겠으면 마지막 한 마디를 더 들어라. 영혼이 간 바로 그 곳의 소식을. 수레바퀴 같은 외로운 달이 중천에 떴구나."

다시 향대를 치고는 법좌에서 내려오셨다.

6. 빈당(殯堂)에서 영가에게 소참법문을 하다

스님께서 승의공주를 부른 뒤에 말씀하셨다.

"승의공주는 삼십육 년 동안 사대를 부지해 오다가 불과 바람은 먼저 떠나고 흙과 물만 남아 있소. 산승은 독손[毒手]으로 끝까지 헤쳐 놓고 한바탕 소리칠 것이니, 마음대로 깨치고 마음대로 쓰시오."

할을 한 번 하고 말씀하셨다.

"승의 선가는 허공을 누비되 앞뒤가 없고, 한 티끌도 붙지 않아 당당히 드러났소. 몸을 뒤쳐 바로 위음왕 밖을 뚫어, 크나큰 참 바람을 헛되이 간직하지 마시오."

주장자로 널을 세 번 내리친 뒤에 또 부르고는

"승의 공주여! 맑은 못에 비친 가을 달을 밟아 보시오. 온 천지에 얼음 얼고 서리치리니"하고 할을 한 번 하셨다.

7. 최상서(崔尙書)의 청으로 영가에게 소참법문을 하다

스님께서 법좌에 올라가 영혼을 부르며 말씀하셨다.

"나(羅)씨 영혼이여, 나씨 영혼이여, 아는가? 모른다면 그대의 의심을 풀어주겠다.

나씨 영혼이여, 육십삼 년 전에 사연(四緣)이 거짓으로 모인 것을 거짓으로 이름 하여 남[生]이라 하였으나 나도 난 적이 없었다. 육십삼 년 뒤인 오늘에 이르러 사대가 흩어진 것을 거짓으로 이름 하여 죽음이라 하나 죽어도 따라 죽지 않았다.

이렇게 따라 죽지도 않고 또 나지도 않았다면, 나고 죽고 가고 오는 것이 본래 실체가 없는 것이다. 나고 죽고 가고 옴에 실체가 없다면 홀로 비추는 텅 비고 밝은 것[虛明]만이 영겁토록 존재하는 것이다.

나씨 영혼을 비롯한 여러 불자들이여, 그 한 점 텅 비고 밝은 것은 삼세 부처님네도 설명하지 못하였고 역대 조사님네도 전하지 못했던 것이다. 전하지도 못하고 설명하지도 못했지만 사생 육도의 일체 중생들에게 각각 본래 갖추어져 있는 것이다.

본래 갖추어져 있다면 무엇을 남이라 하고 무엇을 죽음이라 하며, 무엇을 옴이라 하고 무엇을 감이라 하며, 무엇을 괴로움이라 하고 무엇을 즐거움이라 하며, 무엇을 옛날이라 하고 무엇을 지금이라 하는가.

삶과 죽음, 감과 옴, 괴로움과 즐거움, 옛과 지금이 없다고 한다면, 그 한 점 텅 비고 밝은 것은 적나라하고 정쇄쇄하여 아무런 틀[碼臼]이 없는 것이다. 그렇다면 온 시방세계는 안도 없고 바깥도 없을 것이니, 그것은 바로 깨끗하고 묘한 불토(佛土)요 더없는[無上] 불토며, 견줄 데 없는 불토요 한량없는 불토며, 불가사의한 불토요 말할 수 없는 불토인 것이다.

이런 불토가 있으므로 이 모임을 마련한 시주 최씨 등이 지금 산승을 청하여 이 일대사 인연을 밝히고, 망모(亡母)인 나씨 영가의 명복을 비는 것이다. 말해 보라. 영가는 지금 어느 국토에 있는가?"

한참을 잠자코 있다가 "티끌 하나에 불토 하나요, 잎새 하나에 석가 하나니라" 하고는 그 자리에서 내려오셨다.

8. 조상서(趙尙書)의 청으로 영가에게 소참법문을 하다

스님께서 법좌에 올라가 죽비로 향탁(香托)을 한 번 내리치고 말씀하셨다.

"채(蔡)씨 영가는 아는가. 이 자리에서 알았거든 바로 본지풍광 (本地風光)을 밟을 것이오, 만일 모르거든 이 말을 들으라. 오십여 년 동안을 허깨비 바다에 놀면서 온갖 허깨비 놀음을 하다가 오늘 아침 갑자기 사대가 흩어져 각각 제 곳으로 돌아갔다.

그리고는 밝고 텅 빈 한 점만이 환히 홀로 비추면서 멀고 가까움에 관계없이 청하면 곧 오는데, 산하와 석벽도 막지 못한다. 오직 이 광명은 시방세계의 허공을 채우고 하루 스물 네 시간을 찬란히 모든 사물에 항상 나타나고 있다. 그러므로 이렇게 말한 것이다.

'산하대지는 법왕의 몸을 완전히 드러내고, 초목총림은 모두 사자후를 짓는다. 한 곳에 몸을 나타내면 천만 곳에서 한꺼번에 나타나고, 한 곳에서 법을 설하면 천만 곳에서 한꺼번에 법을 설한다.

한 몸이 여러 몸을 나타내고 여러 몸이 한 몸을 나타내며, 한 법이 모든 법이 되고 모든 법이 한 법이 되는데, 마치 인드라망의 구슬처럼 서로 받아들이고 크고 둥근 거울[大圓鏡]처럼 영상이 서로 섞인다.

그 가운데 일체 중생은 승속이나 남녀를 가리지 않고, 지혜 있는 이나 지혜 없는 이나, 유정이나 무정이나, 가는 이나 오는 이나, 죽은 이나 산 이를 가리지 않고 모두 성불한다.'라고.

채씨 영가여, 아는가. 여기서 분명히 알아 의심이 없으면 현묘한 관문을 뚫고 지나가, 삼세의 부처님네와 역대의 조사님네와 천하의 선지식들과 손을 맞잡고 함께 다니면서 이승이나 저승에서 마음대로 노닐 것이요, 만일 그렇지 못하다면 마지막 한 구절을 들으라."

죽비로 향탁을 한 번 내리치고는 "한 소리에 단박 몸을 한 번 내던져 대원각(大圓覺)의 바다에서 마음대로 노닌다."하고 할을 한 번 한 뒤에 자리에서 내려오셨다.

9. 장흥사(長興寺) 원당(願堂) 주지의 청으로 육도중생에게 설법하다

스님께서 한참을 잠자코 있다가 죽비로 탁자를 내리치고 말씀하셨다.

"승의 공주 선가와 이씨 영가와 여러 불자들은 아는가. 사성육범(四聖六凡)이 여기서 갈라지고 사성 육범이 여기서 합한다. 그대들은 아는가. 만일 모른다면 내가 한 마디 하여 그대들을 집으로 돌아가게 하리니 자세히 듣고 자세히 살피라.

승의 선가와 이씨 영혼이여, 만일 이 일대사 인연으로 말하자면 지옥세계에 있는 자나 아귀·축생·아수라·인간·천상세계에 있는 자를 가리지 않고 각기 본래부터 갖추고 있는 것이다. 그리하여 아침에서 저녁까지 저녁에서 아침까지 다니고 서며 앉고 누우며 움직이는 동안 배고프고 춥기도 하며 선하기도 하고 악하기도 하며 괴롭기도 하고 즐겁기도 하면서 어디서나 갖가지로 작용하는데, 다만 미혹과 깨침의 차이가 있을 뿐이다.

그러므로 언제나 즐거움을 누리는 이도 있고 항상 지독한 고통을 받는 이도 있어 두 경지가 같지 않다.

불자들이여, 이 한 점 신령하고 밝은 것[靈明]은 성인에 있다 하여 늘지도 않고 범부에 있다 하여 줄지도 않으며, 해탈하여 의지하는 곳이 없으며 활기가 넘쳐 막히는 일도 없다. 비록 형상도 없고 처소도 없으나 시방세계를 관통할 수 있고 모든 부처의 법계에 두루 들어간다. 물물마다 환히 나타나 가지려 해도 가질 수 없고 버리더라도 언제나 있다.

한량없이 광대한 겁으로부터 나도 따라 나지 않고 죽어도 따라 죽지 않으며, 저승과 이승으로 오가지만 그 자취가 없다. 눈에 있으면 본다 하고 귀에 있으면 듣는다 하며, 육근에 두루두루 나

128

타나되 확실하고 분명한 것이다.

불자들이여, 과연 의심이 없는가. 여기서 분명하여 의심이 없으면, 바른 눈이 활짝 열려 불조의 혜명(慧命)을 잇고 스승의 기용(機用)을 뛰어넘어 현묘한 도풍을 크게 떨칠 것이다. 만일 그래도 의심이 있으면 또 한 가지를 들어 남은 의심을 없애 주리니 자세히 보아라."

죽비를 들고 "이것을 보는가?"하고 한 번 내리치고는, "이 소리를 듣는가? 보고 듣는다면 그것은 무엇인가. 그것은 무엇인가?" 하셨다.

그리고는 자리에서 내려오셨다.

10. 신백 대선사(申白大禪師)를 위해 영가에게 소참법문을 하다

"모든 법은 인연을 따라 생겼다가 인연이 다 하면 도로 멸한다. 육십삼 년 동안 허깨비 바다에서 놀다가, 인과를 모두 거두어 진(眞)으로 돌아갔나니, 근진(根塵)을 모두 벗고 남은 물건이 없어 손을 놓고 겁 밖의 몸으로 갔구나."

그 혼을 부르면서 말씀하셨다.

"신백 존령(尊靈)은 과연 이러한가. 과연 그러하다면 생사에 들고 남에 큰 자재를 얻을 것이다. 혹 그렇지 못하다면 마지막 한 마디를 들으라."

밤이 고요해 거듭 달을 빌리기 수고롭지 않나니
옥두꺼비(玉蟾: 달) 언제나 허공에 걸려 있네.

夜靜不勞重借月　玉蟾常掛大虛中

11. 정월 초하루 아침에 육도중생에게 설법하다

스님께서 말씀하셨다.

"불자들이여, 그대들은 마음을 씻고 자세히 들으라. 지금 사대는 각기 떠나고 영식(靈識)만이 홀로 드러났소. 비록 산하와 석벽에 막힌 것 같으나 이 영지(靈知)는 가고 옴에 걸림이 없어 티끌 같은 시방세계에 노닌다.

그러면서도 그 자취가 끊어졌으므로 멀고 가까움에 관계없이 눈 깜짝할 사이에 청하면 곧 온다. 지옥에 있거나 혹은 지옥·아귀·축생·아수라·인간·천상에 있거나 그들은 지금 계묘년 섣달 그믐날 다 여기 와서 분명히 내 말을 듣고 있다.

말해 보라. 지금 내 말을 듣는 그것은 산 것인가, 죽은 것인가? 멸하는 것인가, 멸하지 않는 것인가? 오는 것인가, 가는 것인가? 있는 것인가, 없는 것인가? 앗[咄]!

산 것이라 할 수도 없고 죽은 것이라 할 수도 없으며, 멸하는 것이라 할 수도 없고 멸하지 않는 것이라 할 수도 없다. 오는 것이라 할 수도 없고 가는 것이라 할 수도 없으며, 있는 것이라 할 수도 없고 없는 것이라 할 수도 없으며, 무어라 할 수 없다는 그것조차 될 수 없는 것이니, 결국 그것은 무엇인가?"

한참을 잠자코 있다가 말씀하셨다.

"빨리 몸을 뒤쳐 겁 밖으로 뛰어넘으라. 그때부터는 확탕(鑊湯)[75]도 시원해지리라."

스님께서 법좌에 올라 한참을 잠자코 있다가 말씀하셨다.

"불자들은 자세히 아는가. 여기서 만일 자세히 알면 지옥에 있거나 아귀·축생·아수라·인간·천상에 있거나 관계없이 불조의 스

---

75) 확탕(鑊湯): 끓는 솥에 삶기는 고통을 받는 지옥.

승이 될 것이다. 그렇지 못하다면 산승이 그대들을 위해 잔소리를 좀 하리니 자세히 들으라.

그대들은 끝없는 과거로부터 지금까지 망령되게 사대를 제 몸이라 여기고 망상분별을 제 진심으로 알아 하루 종일 일 년 내내 몸과 입과 뜻으로 온갖 악업을 지어 왔다.

그리하여 그 정도가 같지 않으므로 지옥에 들기도 하고 아귀나 축생이나 아수라에 떨어지기도 하며 혹은 인간이나 천상에 있기도 하는데, 지금 갑진년 섣달 그믐날 모두 여기 와 있는 것이다.

그대들은 모두 인연을 버리고 온갖 일을 쉬고, 여러 생 동안 지은 중죄를 참회하여 없애고 자심 삼보(自心三寶)에 귀의하라. 불·법·승 삼보는 그대들의 선지식이 되고 그대들의 큰 길잡이가 될 것이다. 삼세 모든 부처님과 역대의 조사님네와 천하 선지식들도 다 이것에 의하여 정각을 이루고는, 시방세계의 중생들을 널리 구제하여 다 성불하게 하였다.

그러므로 미래의 부처와 보살도 이것에 의하지 않고 정각을 이룬다는 것은 있을 수 없는 일이다. 만일 일체종지(一切種智)가 뚜렷이 밝고 십호(十號)가 두루 빛나기를 원한다면 반드시 자심 삼보에 귀의해야 할 것이다.

귀의란 망(妄)을 버리고 진(眞)을 가진다는 뜻이다. 말하자면 지금 분명히 깨닫는, 텅 비고 밝고 신령하고 묘한, 조작 없이 그대로인 그것이 바로 그대들의 불보(佛寶)요, 탐애를 아주 떠나 잡념이 생기지 않고 마음의 광명이 피어나 시방세계를 비추는 그것이 바로 그대들의 법보(法寶)며, 청정하여 더러움이 없고 한 생각도 생기지 않아 과거 미래가 끊어지고 홀로 드러나 당당한 그것이 바로 그대들의 승보(僧寶)인 것이다.

불자들이여, 이것이 그대들의 참 귀의처이며, 이것을 일심 삼보

132

(一心三寶)라 하는 것이다. 그대들은 철저히 알았는가? 만일 철저히 알아낸다면 법 법이 원만히 통하고 티끌 티끌이 해탈하여 다시는 삼도와 육취에 윤회하지 않을 것이나 만일 그렇지 못하다면 다시 옛 성인이 도에 들어간 인연을 예로 들어 그대들을 깨닫게 하겠다.

삼조 승찬(三祖僧璨)대사가 처음으로 이조(二祖)를 찾아뵙고, '저는 죄가 중합니다. 화상께서 이 죄를 참회하게 해주십시오.'하니 이조는 '그 죄를 가져 오라. 그대에게 참회하게 하리라.' 하였다.

삼조가 한참을 잠자코 있다가 말하기를 '죄를 찾아보아도 찾을 수 없습니다.'하니 이조가 '그대의 죄를 다 참회해 주었으니, 불·법·승에 의지하여 살아가라.' 하였다.

삼조가 다시 묻기를 '제가 보니 스님은 승보이지만 어떤 것이 부처와 법입니까?'하니 '마음이 부처요 마음이 법이니 부처와 법은 둘이 아니요, 승보도 그러하다.' 하였다. 삼조가 '오늘에야 비로소 죄의 본성은 안에도 있지 않고 밖에도 있지 않으며 중간에도 있지 않고, 마음이 그런 것처럼 부처와 법은 둘이 아님을 알았습니다.'하니 이조는 '그렇다' 하였다.

불자들이여, 죄의 본성은 안에도 있지 않고 밖에도 있지 않으며, 중간에도 있지 않다고 한다면 결국 어디 있겠는가?"

한참을 잠자코 있다가 말씀하셨다.

"일어난 곳을 찾아도 찾지 못한다면 그것은 죄의 본성이 공(空)하기 때문이다. 과연 의심이 없는가. 여기에 대해 분명하여 의심이 없다면 바른 안목이 활짝 열렸다 하겠으나 혹 그렇지 못하다면 또 한 마디를 들어 그대들의 의심을 풀어 주겠다. 옛사람들의 말에 '물질을 보면 바로 마음을 본다. 그러나 중생들은 물질만 보고 마음은 보지 못한다.' 하였다."

이어서 불자를 세우고는 "이것이 물질이라면 어느 것이 그대들

133

의 마음인가?"하시고, 또 세우고는 "이것이 그대들의 마음이라면 어느 것이 물질인가?" 하셨다.

그리고는 불자를 던지고는 말씀하셨다.

"물질이면서 마음인 것이 그 자리에 나타나는데, 요새 사람들은 형상을 버리고 빈 마음을 찾는다."

12. 육도중생에게 설법하다

스님께서 자리를 펴고 앉아 죽비를 가로 잡고 한참을 잠자코 있다가 말씀하셨다.

"만일 누구나 부처의 경계를 알려 하거든, 부디 마음을 허공처럼 깨끗이 해야 한다. 망상과 모든 세계를 멀리 떠나고, 어디로 가나 그 마음 걸림이 없게 해야 한다. 승하하신 대왕 각경 선가를 비롯하여 육도에 있는 여러 불자들은 과연 마음을 허공처럼 깨끗이 하였는가. 그렇지 못하거든 다시 이 잔소리를 들으라.

이 정각의 성품은 예로부터 지금까지, 위로는 모든 부처에서 밑으로는 여섯 범부에 이르기까지 낱낱에 당당하고 낱낱에 완전하며, 티끌마다 통하고 물건마다 나타나 닦아 이룰 필요 없이 똑똑하고 분명하다. 지옥에 있는 이나 아귀에 있는 이나 축생에 있는 이나 아수라에 있는 이나 인간에 있는 이나, 천상에 있는 이나, 다 지금 부처님의 가피를 입어 모두 이 자리에 있다. 각경 선가와 여러 불자들이여!"

죽비를 들고는 "이것을 보는가?" 하고는 한 번 내리치고 말씀하셨다.

"이 소리를 듣는가. 분명히 보고 똑똑히 듣는다면 말해 보라. 결국 그것은 무엇인가?"

한참을 잠자코 있다가 말씀하셨다.

"부처님 얼굴은 보름달 같고, 해 천 개가 빛을 놓는 것 같다."

죽비로 향대를 한 번 내리치고는 자리에서 내려오셨다.

13. 승하하신 대왕의 빈전(殯殿)에서 소참법문을 하다

스님께서 향을 들고 말씀하셨다.

"손 가는대로 향을 집어 향로에 사르는 것은 승하하신 대왕 각경 선가(覺瓊仙駕: 공민왕을 말함)께서 천성(千聖)의 이목을 활짝 열고 자기의 신령한 근원을 증득하게 하려는 것입니다."

그리고는 향을 꽂으셨다. 스님께서는 법좌에 기대앉아 한참을 잠자코 있다가 주장자를 들고 말씀하셨다.

"대왕은 아십니까. 사십오 년 동안 인간 세상에 노닐면서 삼한(三韓)의 주인이 되어 뭇 백성들을 이롭게 하다가, 이제 인연이 다해 바람과 불은 먼저 떠나고 흙과 물은 아직 남아 있습니다. 대왕은 자세히 들으소서.

텅 비고 밝은 이 한 점은 흙이나 물에도 속하지 않고 불이나 바람에도 속하지 않으며, 과거에도 속하지 않고 현재에도 속하지 않았으며, 가는 것에도 속하지 않고 오는 것에도 속하지 않으며, 나는 것에도 속하지 않고 죽는 것에도 속하지 않습니다. 아무 것에도 속하지 않는다면 그것은 지금 어디로 가겠습니까?"

주장자를 들고는 "이것을 보십니까?"하고 세 번 내리치고는 "이 소리를 들으십니까?" 하고 한참을 잠자코 있다가 말씀하셨다.

허공을 쳐부수어 안팎이 없어
한 티끌도 묻지 않고 당당히 드러났다.
몸을 뒤쳐 위음왕불(威音王佛) 뒤를 바로 뚫고 가시오.
보름달 찬 빛이 법상(法床)을 비춥니다.

향대를 한 번 내리치고 자리에서 내려오셨다.

14. 갑인 납월 16일, 경효대왕(敬孝大王) 수륙법회에서 영가에게 소참법문을 하다

스님께서 법좌에 올라가 한참을 잠자코 있다가 죽비를 들고 탁자를 한 번 내리치고는 말씀하셨다.

"승하하신 대왕 각경 선가는 아십니까. 모르겠으면 내 말을 들으십시오. 이 별[星兒]은 무량겁의 전부터 지금까지 밝고 신령하고 고요하고 맑으며, 분명하고 우뚝하며 넓고 빛나서 온갖 법문과 온갖 지혜와 온갖 방편과 온갖 훌륭함과 온갖 행원(行願)과 온갖 장엄이 다 이 한 점에서 나오는 것입니다.

이 한 점은 육범(六凡)에 있다 해서 줄지도 않고 사성에 있다 해서 늘지도 않으며, 사대가 이루어질 때에도 늘지 않고 사대가 무너질 때에도 줄지 않는 것으로서 지금 이 회암사에서 분명히 제 말을 듣고 있습니다.

말해 보십시오. 이 법을 듣는 그것은 범부인가 성인인가, 미혹한 것인가 깨달은 것인가, 산 것인가 죽은 것인가, 없는 것인가 있는 것인가, 결국 어디 있는가."

한참을 잠자코 있다가 탁자를 한 번 내리치고는,
"그 자리[當處]를 떠나지 않고 항상 맑고 고요하나 그대가 찾는다면 보지 못할 것이오."하고 죽비를 내던지고는 자리에서 내려오셨다.

15. 지여상좌(智如上座)를 위해 하화(下火)하다

세 가지 연[三緣]이 모여 잠깐 동안 몸[有]을 이루었다가 사대가 떠나 흩어지면 곧 공(空)으로 돌아간다.

삼십칠 년을 허깨비 바다에서 놀다가 오늘 아침 껍질을 벗었으니 흉년에 쑥을 만난 듯 기쁠 것이다.

대중스님네여, 지여 상좌는 어디로 갔는지 알겠는가. 목마를 세워 타고 한 번 뒤쳐 구르니, 크고 붉은 불꽃 속에서 찬바람을 놓도다.

138

16. 두 스님을 위해 하화하다

"혜징(慧澄) 수좌와 지인(志因) 상좌여!
밝고 신령한 그 한 점은 날 때에도 분명하여 남을 따르지 않고, 죽을 때에도 당당하여 죽음을 따르지 않는다. 생사와 거래에 관계없이 그 자체는 당당히 눈앞에 있다."

횃불로 원상(圓相)을 그리면서 말씀하셨다.
"대중스님네여, 이 두 상좌는 도대체 어디로 가는가. 오십칠 년 동안 허깨비 세상에서 놀다가 오늘 아침에 손을 떼고 고향으로 돌아갔다. 그 가운데 소식을 누가 아는가. 불빛에 함께 들어가니 감출 곳이 없구나."

17. 신백 대선사를 위해 뼈를 흩다

큰 들판에 재가 날으매 그 뼈마디는 어디 갔는가. 깜짝하는 한 소리에 비로소 뇌관(牢關)에 이르렀다.

앗! 한 점 신령스런 빛은 안팎이 없고, 오대산 하늘을 둘러싼 흰 구름은 한가하다.

18. 지보상좌(志普上座)를 위해 하화하다

　근본으로 돌아갈 때가 바로 지금이거니, 도중에 머물면서 의심하지 말아라. 별똥이 튀는 곳에서 몸을 한 번 뒤쳐, 구품의 연화대로 자유로이 돌아가라.

19. 각오 선인(覺悟禪人)에게 주는 글

생각이 일고 생각이 멸하는 것을 생사라 하는데, 나고 죽는 그 순간순간에 부디 힘을 다해 화두를 들어라. 화두가 순일하면 일고 멸함이 곧 없어지는데 일고 멸함이 없어진 그곳을 신령함[靈]이라 한다.

신령함 가운데 화두가 없으면 그것을 무기(無記)라 하고, 신령함 가운데 화두에 어둡지 않으면 그것을 신령함이라 한다. 즉, 이 텅 비고 고요하며 신령스럽게 아는 것은 무너지지도 않고 잡된 것도 아니니, 이렇게 공부하면 멀지 않아 이루어질 것이다.

20. 지공화상(指空和尙) 기골(起骨)

"밝고 텅 빈 한 점은 아무 걸림이 없어, 한 번 뒤쳐 몸을 던지니 얼마나 자유롭소."

죽비로 탁자를 한 번 내리치며 할을 한 번 하고는 '일으켜라!' 하셨다.

입탑(入塔)

스님께서 영골을 받들고 말씀하셨다.

"서천의 백팔 대(百八 代) 조사 지공 대화상은 삼천 가지 몸가짐을 돌아보지 않았는데 팔만 가지 미세한 행에 무슨 신경을 썼는가. 몸에는 언제나 순금을 입고 입으로는 불조를 몹시 꾸짖었으니, 평소의 그 기운은 사방을 눌렀고 송골매 같은 눈은 가까이 하기 어려웠다.

원나라에서 여러 해를 잠자코 앉아 인천(人天)의 공양을 받다가 하루아침에 고향으로 돌아간다는 말을 전하매 천룡팔부가 돌아오지 못함을 한탄하였다.

그러므로 나는 오늘 아침에 정성스레 탑을 세우고 삼한(三韓) 땅에 모시어 항상 편안하게 하려는 것이나 그 법신은 법계에 두루해 있다.

말해 보라. 과연 이 탑 안에 거두어 넣을 수 있겠는가. 만일 거두어 넣을 수 없으면 이 영골은 어디 가서 편안히 머물겠는가. 말할 수 있는 이는 나와서 말해 보라. 나와서 말해 보라. 없다면 산승이 스스로 말하겠다."

할을 한 번 한 뒤에 한참을 잠자코 있다가 말씀하셨다.

"수미산을 겨자씨 속에 넣기는 오히려 쉽지만, 겨자씨를 수미산에 넣기는 매우 어렵다."

143

백운경한(白雲景閑) 스님

고려 말기 스님(1209~1375). 법호는 백운(白雲).
초기 행적에 대해서는 전하는 바가 없고, 1351년 원나라의
석옥청공으로부터 전법을 받았다. 1353년 1월 端坐思念 끝에
도를 깨치다. 다음 해 법안 선인(法眼禪人)이 석옥청공의
사세송(辭世頌)을 가지고 해주의 안국사로 찾아왔기에
경한은 제자들을 불러 재를 올리면서 그를 추도 하였다.
1357년(공민왕 6) 왕의 부름을 받았으나 사양하다.
일생 청순한 수행을 하였으며 취암사에서 입적에 들다.
『백운록』 2권이 있음.

1. 죽은 승려를 보내면서

육십 년 세월 한바탕 꿈이런가.
행장(行裝) 거두어 고향으로 돌아갔네.
자, 말해 보시오. 고향이 어딘지를.

주장자를 들고 이르시길,

황금 거위 서쪽으로 빠지는 곳에
붉은 연꽃 못에 가득 향기롭구나.

2. 어머니에 대한 제문

법좌에 올라가 말씀하셨다.

"조사 문하에서는 불법을 간직하지 않고 선법당(善法堂) 안에선 인의(仁義)를 설하지 않소. 그렇다고는 하지만 일이란 한 방향만 있는 것이 아니오.

내 들건대, '슬프고 슬프도다. 부모님이 나를 낳느라고 수고하셨으니 그 깊은 은혜를 갚고자 해도 하늘처럼 크고 넓어 갚을 길이 없구나. 피부와 털과 살은 부모님께 받은 것이니 상하게 할 수 없도다.'라고 한 것은 공자의 효(孝)라고 들었소.

삼계를 윤회하면서 은애(恩愛)를 능히 끊어버리지 못하다가, 그 은애를 버리고 무위(無爲)에 드는 것이 진실로 은혜를 갚는 것이요. 그 때문에 우리 석가세존께서는 설산(雪山)에서 고행하고 마가다국에서 도를 이루신 뒤에 도리천(忉利天)에 가셔서 어머님을 위해 법을 설하셨으니, 이는 석가세존의 효라고 하겠소.

대 해탈을 얻고 대 신통을 부려서 손으론 금지팡이를 잡고 손바닥으론 용 발우[龍盂]를 들고 지옥문에 들어가 우뚝 서서 이리저리 살피다가 자애로운 어머니를 발견하고서는 한량없이 슬피 울었으니, 이는 목건련(目犍連)의 효인 것이오. 그러면 납승의 효도는 어떤 것이겠소?"

입을 다무신 채 한참 있다가 말씀하셨다.

"산승이 오늘은 천당에도 올라가지 않고 지옥에도 들어가지 않고, 다만 선법당 속에서 보왕좌(寶王座) 위에 올라 어머님을 위해 법을 설하여 그 수고하심에 보답하겠소. 자, 말해 보시오. 우리 어머님은 지금 어느 곳에 계시오?"

이내 말씀하시길

"우리 어머니는 생전에 착한 인연을 많이 지었기에 부처님께 물어 볼 필요도 없이 반드시 천상계나 인간계에 나셨을 것이오. 연세는 고금에 드문 구십 세에서 한 살 모자라오."

법좌에서 내려오셔서는

"성가시겠지만 대중들께선 향 하나를 피워 산승이 은혜 갚는 것을 도와주시오. 이미 산승의 어머니라면 무엇 때문에 대중들에게 성가시게 굴면서 향을 사루게 하는가? '동쪽 집에 일이 있으니 서쪽 집에서 애도하여 돕는다.'고 하는 말을 듣지 못하였소."

그리고는 손으로 가슴을 치면서

"슬프고 슬프구나."

하시고는 법좌에 오르셔서 말씀하셨다.

"사람마다 구족해 있고 낱낱의 사물마다 원만히 이루어져 있거늘 어찌해서 노승을 괴상히 여기는가. 노승이 오늘 부득이 형제들에게 일전어(一轉語)76)를 노래해 보리니 들으시오. 형제들이여, 학의 다리는 길고 오리 다리는 짧소. 감초는 달고 황련(黃蓮)은 쓰오. 이 말이 그대들의 마음에 흡족한가?"

하시고는 법좌에서 내려오셨다.

---

76) 일전어(一轉語): 심기(心機)를 일전시켜 깨닫게 하는 힘있는 말. 미망 (迷妄)을 전환시켜 깨닫게 함.

3. 기함(起函)

　붉은 해 마침내 서쪽으로 넘어가니
　알 수 없네, 영혼은 어느 곳에 갔느뇨.

　"자, 말해 보시오. 이 덧없는 일[無常之事: 죽음을 말함]은 와도 온 곳이 없고 가도 간 곳이 없는데 무엇 때문에 보지 못하는 지를. 온 곳도 없고 가는 곳도 없기 때문에 여래라고 이름 붙인 것이오. 이를 알아보는 사람은 불성(佛性)이라 하고 모르는 사람은 정혼(精魂)이라 하고 있소."

4. 하화(下火)

불을 들고 말씀하셨다.

"세 가지 인연이 화합해서 사대(四大)를 이루었다가 흩어지면 도로 공(空)으로 돌아간다. 자, 말해 보시오. 무엇이 이 침(琛) 상좌의 주인공인가를."

불을 붙이면서 말씀하셨다.

"이 속에서 달마 조사가 서쪽에서 온 뜻을 알고 싶은가? 불 속의 지네가 큰 벌레를 삼키누나."

"대중들이여, 오늘 장작을 나르라고 널리 청한 것은 오직 죽은 승려를 태워버리기 위해서요. 자, 말해 보시오. 이 속에 태워지지 않는 것이 있음을 대중들은 보고 있소? 보고 있소?"

말씀하시길,

오온(五蘊)의 뜬구름 부질없이 오가는데
한 점 신령스런 밝음[靈明]은 태워도 타지 않네.

5. 해주(海州) 안국사(安國寺)에서 재를 베풀고
   간략히 이야기를 하시다

사세송(辭世頌)

흰 구름[白雲] 모두 사고 맑은 바람[淸風] 팔았더니
집안 사사로움 모두 버려 뼛속까지 가난구나.
남아 있는 한 칸 띠집은
길 떠남에 병정 동자에게 건네주노라.

선사께서 향을 들고 말씀하셨다.
"오늘 나는 스승님의 재를 베풀었소. 대중들이여, 나의 스승이 과연 오셨소? 자, 말해 보시오. 오고 안 오고를 무엇으로 증명할지를."
다시 말씀하셨다.

사 버린 흰 구름은 비를 끌고 오고
팔아 버린 맑은 바람 얼굴을 스쳐오네.

"대중들은 이것으로 증거를 삼으시오."
그리고는 다시 말씀하셨다.
"길을 여시오, 길을 여시오. 내 스승께서 오십니다."
이렇게 향을 사르면서 축원을 하자 곧 비가 동이로 붓듯 쏟아져 이튿날 오후가 되어서야 그쳤다. 그 해는 봄부터 여름 중반까지 크게 가물었는데 이 비로 인해 곡식이 크게 자랐다.
스승께선 '사세송'을 들고 말씀하셨다.
"우리 스승님은 평소 굳세고 강직했으며, 눈은 사해를 굽어보고 기개는 사방을 압도했소. 사십여 년 간 산림 속에 자취를 감

150

추고, 그림자조차 산을 나서지 않고 은밀히 닦아 나갔소. 일찍이 일언반구도 남에게 주신 적이 없었는데 무엇 때문에 임종할 때 한바탕 눈을 부라리셨던가요. 비록 이렇게 보여 주셨지만, 이 소식은 선사께서 마지막 핵심을 움켜잡고 전적으로 활구(活句)를 들어 보이신 것이니, 대중들은 황급히 착안(着眼)하시오. 자, 말해 보시오. 무엇이 마지막 한 마디[一句]인지를."

그리고는 결연히 말씀하셨다.

"바람이 불어도 스며들지 못하고 물을 뿌려도 붙지 않는다. 하늘과 땅을 찬란히 비추고, 예나 지금이나 비추고 있소. 적나라(赤裸裸)하고 정쇄쇄(淨洒洒)하여 잡을래야 잡을 곳이 없소."

설법을 마치신 뒤에 축원을 하시면서 회향 하셨다.

"마지막 한 마디여, 소리 이전에 적나라하게 드러나 하늘과 땅을 덮고, 빛깔을 덮고, 소리를 타는구나. 석가세존도 이 한 가지를 얻고서 '도솔천을 여의지 않고 이미 왕궁에 내려왔으며, 어머니의 태(胎)에서 나오기 전에 이미 중생제도를 마쳤다.'고 하셨소. 또 한편 역대의 뭇 성인들도 이 한 가지를 얻어서 차례차례 드러내 보이신 것이오. 즉 왕궁에 내려와 어머니 태에 머물고, 어머니 태에서 나와 출가를 해 도를 이루고, 마군을 항복받고 법륜을 굴리시고는 열반에 드신 것이오.

대중들이여, 역대 성인들이 이러한 법[如是法]을 얻어 이렇게[如是] 드러내 보이셨기에 나 역시 지금 이러한 법을 설하는 것이오. 오로지 이러한 법만을 가지고 선사이신 석옥 노화상을 받듦으로써 그 깨달음의 길[覺路]을 장엄하겠소."

"엎드려 바라건대 스승께서는 자성(自性)을 지키지 마옵시고, 시방 티끌 수효의 찰토(刹土)에 색신삼매(色身三昧)를 두루 나타내시어, 다른 역대 성인들과 함께 부사의해탈경계(不思議解脫境界)에 드셔서 앞서의 생각들을 위해 주소서."

"갑오년 유월 사일 법안 선인이 하무산에서 배를 타고 와 한 통의 글을 내게 주었소. 나 백운이 꿇어 앉아 받아서 펼쳐 보니, 바로 나의 스승 하무산 천호암 석옥 노화상께서 열반에 드시면서 남긴 다음과 같은 사세송 이었소.

흰 구름 모두 사고 맑은 바람 팔았더니
집안 사사로움 모두 버려 뼛속까지 가난구나.
남아 있는 한 칸 띠집은
길 떠남에 병정 동자에게 건네주노라.

나는 재삼재사 펼쳐 보면서 그 뜻을 자세히 살폈소. 그것은 바로 스승께서 세상인연을 마치시고 열반에 들면서 평생 쌓아온 맑은 바람을 내게 전수한다는 법게(法偈)였소.

아, 하늘이 나를 돕지 않아 법의 깃발이 꺾이고, 법의 대들보가 무너지며, 법의 바다가 마르고, 법의 등불이 꺼지는구료. 하지만 그렇다 해도 이 게송은 선사께서 마지막에 은밀히 부촉하신 소식이오.

여러분들, 정신을 바짝 차리시오. 정신을 바짝 차리시오. 대중들은 생각지도 못했을 것이오. 나는 본래 무심하지만 바라는 바는 있었소. 그런데 바로 가섭으로부터 끊임없이 이어져 내려온 석가세존의 정법안장인 무상법보(無上法寶)가 오늘 자연스레 내게 이른 것이오. 그러나 소승은 진실로 감당키가 어렵소. 왜 그런가?

달마대사로부터 역대로 전해지면서 분양(汾陽) 선사에 이르렀는데, 분양 선사는 세 가지 사자구(師子句)를 다음과 같이 제시하였소.

'첫째는 종(宗)을 초월해 안목을 달리한 사자(師子: 스승과 제자), 둘째는 어깨를 나란히 하고 발자국을 함께 한 사자요, 셋째는 그 영향(影響)이 참되지 못한 사자다. 가령 종을 초월해 안목을 달리한 자는 그 지혜가 스승보다 뛰어나 법을 전해 받을 수 있으므로 바로 첫 씨앗[種]이 된다. 어깨를 나란히 하고 발자국을 함께 한 자는 지혜가 스승과 동등해 스승의 덕을 반감시키므로 법을 전해 받지는 못한다.'

분양 선사는 본래부터 순정(純正)하여 큰 역량이 있소. 그런 고인(古人)도 이렇게 말했거늘 하물며 말법시대 오탁악세(五濁惡世)에 사는 근기 낮고 지혜 모자라는 사람은 어떠하겠소. 가령 그 영향이 참되지 못한 여우, 도깨비 같은 무리들이나 나같이 무지한 자가 법을 전수받을 수 있으리오. 어찌하여 무상법왕(無上法王)의 무상법보를 전해 받을 수 있겠소.

나의 덕행을 살펴보건대 볼만한 덕도 볼만한 행도 없소. 행은 행 없는 행이고, 마음은 마음 없는 마음이고, 생각[念]도 생각 없는 생각이고, 말은 말 없는 말이고, 닦음[修]은 닦음 없는 닦음인데 어찌 무상법보를 전해 받을 수 있겠소.

내가 전해 받는다고 하는 것은 오히려 참된 자식의 직분을 그르치는 것이오. 하지만 옛 사람도 '그가 장부라면 나도 장부다. 어찌 스스로 업신여겨 물러서겠는가.'하였고, 부처님께서도 '나의 이 법은 생각을 해도 생각 없는 생각이요, 행을 해도 행 없는 행이요, 말을 해도 말 없는 말이요, 닦아도 닦음 없는 닦음이다. 이와 같은 사람이 부처의 씨앗[佛種]을 감당하리라.'고 하셨소. 즉 경솔하거나 스스로를 업신여기지 않아야 비로소 법을 받을 수 있는 것이오.

그러나 법은 본래 형상이 없고 마음은 본래 자취가 없거늘 전하는 것은 무엇이고 받아 얻는 것은 무엇인가? 사는 것은 무엇이

153

고 파는 것은 무엇인가? 하 하 하. 적나라하고 청정무구하여 잡을래야 잡을 곳이 없구나. 비록 그렇다 해도 설할 수 있는 법이 없다거나 전할 수 있는 마음이 없다고는 말하지 마시오.

설할 수 있는 법이 없는 그것을 바로 법을 설함[說法]이라고 이름하는 것이요, 전할 것도 없고 얻을 것도 없는 그것이 몸소 전하고[親傳] 몸소 얻는[親得] 것이오. 그래서 '전할 것도 없고 설할 바도 없는 것이 봄의 얼굴이요, 물속의 달이로다. 지금도 이 땅과 서 천축에서는 찬란한 꽃 한 송이가 다섯 잎을 피우누나.'라고 한 것이오."
그리고는 게송을 읊으셨다.

세존께서 든 한 송이 꽃 상근기에 보이시니
금빛 두타가 빙그레 미소 지었나니
달마는 면벽한 채 날카로운 근기 맞으니
팔 끊은 신광(神光)이 눈 속에 서 있노라.

세존과 달마는 설함 없이 설하셨고
가섭과 신광은 들음 없이 들었구나.
어느새 한 물건(一物) 크게 분명하거니
이렇듯이(如是) 천지와도 하나가 되네.

천지와 하나 됨이 어떤 모양새인가
어떤 형상이든 맞지 않음이 없네
가고 옴이 없으며 장애도 없고
이름도 없고 모습도 없어 일체를 벗어났나니.

홀로 위음왕불(威音王佛) 이전으로 뛰어나

공겁(空劫) 뒤에도 홀로 걷누나.
이를 '정법안장·열반묘심'이라 말하기도 하고
'본지풍광' '본래면목'이라고 부르기도 하네.

이것이 모든 부처의 아뇩보리(阿耨菩提)며
부처와 조사의 이어온 마음의 등불[心燈]이라네.
이 때문에 이 땅과 서 천국에선
지금도 한 송이 꽃에서 다섯 잎을 피우누나.

나의 스승 급암(及菴)조사 맨 처음 뵈옵고는
이 삼매와 계합해 법의 등불 전해 받았네.

은밀히 밟아나가 한계를 뛰쳐 났으나
산림으로 자취 감춘 사십 년 동안
한 마디도 남에게 알려주지 않으니
그 때문에 분명히 밝혀낸 이 없었도다.

나는 임진년 정월 첫 봄에
스승님 슬하에서 직접 훈습(熏習) 받다가
정월 보름 삼십 삼일 전에
무심무상(無心無上) 종지에 은밀히 계합했네.

부처와 조사를 삶는 큰 용광로에서
성인도 단련하고 범부도 단련하는 모진 집게로
억겁 동안 뒤바뀐(顚倒) 내 생각을 태워버려
아승지겁 지내지 않고도 법신을 얻었노라.

내 이제 법 전하는 게송[傳法偈]을 받아

깨치지 못한 이를 나처럼 증득케 하리.
이 같은 깊은 마음으로 티끌 세계[塵刹] 받들 때
이를 일러 부처 은혜 갚는다 하네.

바라건대 부처님과 조사님은 큰 자비심으로
저의 미혹을 모두 없애서
위없는 깨달음[無上覺]에 오르게 하고
시방세계 도량에 앉아 있어서
허공의 신이 소멸한다 해도
선정과 지혜의 둥글고 밝음
영원토록 잃지 않게 하옵소서.

6. 신묘년 지공(指空)화상께 올린 게송

드물고 드물도다
부처님 세상에 나오심이여
우담바라 삼천 년에 한 번 핌과 같아라.
지금은 말세의 운수이니
오탁(五濁)으로 오염된 나쁜 시절이라서
성현들은 숨어버리고
삿된 법만 번성하누나.

드물고 드물며 너무나도 드물구나.
서쪽 인도의 스승 자나복다(者那福多) 지공화상이
중천국 석종(釋種) 왕궁에서 나오셨네.
여덟 살 때 출가하여 번뇌의 속박을 벗어났고
발을 내디디매 세간을 뛰쳐났네.
근본 뿌리를 떨쳐 일으켜
한량없이 큰 역량과
용맹한 의지로 닦아 나갔네.

곧장 남방에 있는 길상산(吉詳山)으로 가서
처음 보명(普明) 스님 뵈옵고는
한 마디 말 아래 현묘한 뜻[玄旨]을 단박에 깨쳐
불과(佛果)의 덕에 계합한 것이
털끝만치도 틀리지 않았구나.

좌갈라파제(左羯羅波帝)의 삼과(三科)77) 법문 얻고서는
이 법 속에 있는

---

77) 삼과(三科): 오온. 십이처. 십팔계의 세 분류로, 만법을 총칭한 것.

157

삼현(三賢)·십지(十地)와 등각(等覺)·묘각(妙覺) 등
모든 단계[位]의 법문을 하나하나 모두 갖추었네.

한 번 깨치매 영원히 깨쳐
다시는 깨칠 것이 없으니
자유로운 공적영지(空寂靈知)는
원래부터 스스로 무심이라서
다시는 대치(對治)해서
인연을 잊으려고 하지 않았노라.

단박 깨치고 단박 닦아서[頓悟頓修]
행(行)과 이해[解]가 상응하여
정수리부터 밑바닥까지 꿰뚫으니
옛과 지금을 멀리 벗어났구나.

넓고 큰 눈(普眼) 활짝 열으니
큰 자비의 큰 눈으로
중생의 본래 청정함 두루 보았고
큰 지혜의 큰 눈으로
온갖 법 본래 청정함 두루 보았네.

조사의 인(印)을 높이 들어
큰 용광로를 열고서는
부처와 조사를 삶고
모진 집게와 망치를 들어
범부도 성인도 단련하였네.

숙세(宿世)의 원력에 편승해

크나큰 자비심 일으키고
단 하나의 아들이란 상념을 내어
반연 없는 자비심을 일으키었네.

이 땅의 인연 있는 중생들이
대승 근기 있음을 살피시고는
십만 팔천여 리를 걸으면서
위기와 죽음도 돌보지 않고
터벅터벅 서쪽에서 걸어오셨네.

구름을 뚫고 재를 넘으며
산을 헤치고 물을 건너고
바람을 맞고 맨 땅에 자면서
국경의 험한 산 꺼리지 않으니
온갖 고생 몸소 다 겪으셨네.

처음엔 운남(雲南)에 이르렀고
다음에 대원(大元)에 이르렀다.
끝내는 고려 땅에 도착해서
명산을 두루 편력하시며
근기를 살펴 머무시고는
법을 설해 중생을 이롭게 했네.

다시 대원으로 돌아가서는
묘총통(妙總統)과 함께 십 년을 지내면서
격렬한 논쟁으로 애를 쓰셨네.
또 십 년간은 문 닫고 입 다무신 채
근기와 법을 살펴봤으나

절반 정도 되는 사람도 찾지 못했네.

오랫동안 묵묵히 차갑게 앉아
오로지 바른 법령(正令)만을 들으시니
콧구멍[鼻孔] 하늘가에 닿을 때
도대체 무슨 행운이 닥쳤던고.
나는 본래 무심하지만 바라는 것은 있었으니
바로 법왕의 법보였노라.

위없는 그 법을 자세히 내게 설해 주셨지만
나는 근기 낮고 지혜 모자라
감당할 수가 없었으니
진실로 마음에 부끄럽구나.

그러나 이 희귀한 느낌 이기지 못해
향을 사르고 백 번 절하노니
바라노니 건병(巾甁)을 모시는
제자가 되게 하옵소서.

원컨대 자비를 베푸시어
천안(天眼)으로 멀리 살피셔서
이 정성 굽어 살피시고는
저의 바라는 마음 채워 주소서.
저의 바라는 마음 채워 주소서.

정몽주(鄭夢周)

정몽주(1337~1392)는 고려 때의 뛰어난 문장가다. 성리학의 시조로 평가받는 고려 말기의 충신. 호는 포은(圃隱). 고려왕조를 부정하고 새로운 왕조를 개척하는 데에 반대해 뜻을 같이하던 이성계를 찾아가 정세를 엿보고 돌아오던 중, 이방원의 자객 조영규 등의 습격을 받아 죽임을 당했다.

제김득배문(祭金得培文)

아, 하늘이시여! 나의 죄가 도대체 무엇입니까?

아아 하늘이시여! 그는 어떤 사람이었습니까? 이는 어떤 사람이 이리 만든 것입니까.

듣건대 선한 이에게 복을 내리고 악한 이에게 화(禍)를 주는 것은 하늘입니다. 착한 이를 상(賞)주고 악한 이를 벌(罰)주는 것은 사람이라 하니, 하늘과 사람이 비록 다르다 하더라도 그 이치는 하나입니다.

옛사람이 말하기를, "하늘의 뜻이 정해지면 사람을 이기고, 사람이 많으면 하늘을 이긴다." 라고 하였습니다. 하늘이 정하면 사람을 이긴다는 것은 과연 무슨 이치이며, 사람이 많으면 하늘을 이긴다는 것 또한 무슨 이치입니까.

지난날 홍건적이 침입하자 주상께서 어가를 타고 멀리 피난 가시니, 나라의 운명이 마치 실오리에 매달린 듯 위태로웠습니다. 오직 공께서 앞장 서 대의(大義)를 부르짖으니 온 나라가 호응하였고, 몸소 만 번 죽을 필사의 계책을 내어서 삼한(三韓)의 대업을 회복할 수 있었습니다. 무릇 지금 사람들이 이 땅에서 먹고 이 땅에서 잠잘 수 있는 것이 도대체 누구의 공로입니까?

비록 그 죄가 있다 하더라도 공(功)으로써 죄를 덮어주어야 옳습니다. 죄가 공보다 무겁더라도 반드시 죄를 자복(自服)[78]하게 한 뒤에 처형해야 옳습니다.

어찌하여 전쟁터에서 흘린 땀이 마르지도 않았고, 개선가(凱旋歌)가 끝나기도 전에 끝내 태산 같은 공을 도리어 칼날의 피가 되게 만든단 말입니까?

이것이 제가 피눈물을 흘리면서 하늘에게 묻는 것입니다. 저는

---

78) 자복(自服): 자기의 죄를 스스로 고백하게 함.

그의 충성스럽고 장한 혼백이 천추만세토록 반드시 구천(九泉)의 지하에서 눈물을 삼킬 것을 알고 있습니다.

아아! 운명이라는 것이 어찌 이러합니까? 어찌 이러합니까?

그리고 저승에 있을 김득배에게도 한 말씀을 지어 올린다.

서생(書生)이라 자처하셨으니 글이나 다듬는 것이 어울릴 텐데
어찌하여 삼군을 맡아 지휘를 하셨을꼬
충성한 혼 장한 기백 이제는 어디 계신지
머리 돌려 청산을 보니 흰 구름만 감도는구나.

* 위의 제문은 1359년, 1361년 두 차례의 홍건적 침입에 고려 사직(社稷)을 구했으나, 공민왕을 모시고 있던 평장사 김용(金鏞)이 여러 장수의 전공(戰功)을 시기하여 왕명을 사칭, 상주의 큰 인물 김득배(1312~1362) 비롯하여 안우(安祐)와 이방실, 세 사람을 참살(慘殺)했다. 효수(梟首)된 이들을 보며 슬퍼하지 않은 자가 없었다고 하는데, 이때 김득배의 나이는 51세였다.
정몽주는 간신들이 우글거리고 모두가 침묵하는 험악한 분위기에서도 억울하게 죽은 스승 김득배의 시신을 거두어 예장(禮葬)하며, 피눈물로 단장(斷腸)의 제문을 지어 왕을 꾸짖었다.

함허득통(涵虛得通) 스님

조선스님(1376~1433). 법호 득통, 당호는 함허.
21세에 관악산의 상암에서 스님이 되다.
이듬해 회암사에서 무학왕사의 법요를 듣고 크게 깨달음.
1431년 희양산 봉암사를 중수하고 세종 15년 봉암사에서 입적.
부도는 가평 현등사에 있음.
저서로 『원각경소』 3권, 『금경경오가해설의』 2권,
『현정론(顯正論)』 1권 등이 있다.

1. 원경왕태후(元敬王太后)의 선가(仙駕)를 위한 하어(下語)[79]

    생이란 한 조각 구름이 일어나는 것이요
    죽음이란 한 조각 구름이 사라지는 것이다
    뜬구름의 자체(自體)는 철저히 공(空)이거니
    허깨비 몸의 생멸도 또한 그와 같도다
    그 가운데 하나의 신령스런 물건은
    몇 겁화(劫火)를 지나면서 언제나 담연(湛然)하네.

    그러므로 '담담(湛湛)하기는 향수해(香水海)[80]와 같고 깊고 깊기는 보달산(補怛山)[81] 같다.'고 한 것이오.
    원경왕태후의 선가와 법계의 중생들이여, 원하노니 모두 향상(向上)의 눈을 뜨고, 불찰(佛刹)과 천당에서 마음대로 노시오.

---

79) 하어(下語): 선종에서 고칙(古則)·공안·수시(垂示)·상당(上堂) 등, 법문에 대하여 자기 견해를 드러내는 말. ① 스승이 학인들에게 가르쳐 보이는 말. ② 학인이 자기의 견해를 드러내는 말. ③ 착어(着語) 또는 일전어(一轉語)라고도 함.
80) 향수해(香水海): 수미산을 둘러싼 내해(內海)가 모두 향수의 바다라고 함.
81) 보달산(補怛山): 관음이 있다는 산.

2. 황태후 선가(仙駕)를 선도하는 법화제3회(法華第三會)

법좌를 의지해 향을 들고 말씀하였다.

"이 한 조각 향은 무영수(無影樹)[82]의 끝에서 캐었고 불맹지(不萌枝)[83] 꼭대기에서 꺾어 온 것이오. 산승은 오늘 원경왕태후(元敬王太后) 선가를 위해 마음대로 집어 향로에 사르노니, 원하옵건대 원경왕태후 선가의 그 지위는 마야(摩耶)[84]의 성후(聖后)보다 높으시고 그 깨달으심은 무구(無垢)[85]의 교주(敎主)와 같으소서.

이 한 조각 향은 그 뿌리는 공륜(空輪)[86]에 박혔고, 그 잎은 유정천(有頂天)[87]을 덮은 것이오. 산승은 오늘 주상 전하를 위해 마음대로 집어 향로에 사르노니, 원하옵건대 주상 전하께서는 길이 구오(九五)[88]의 높임을 받고 언제나 억조(億兆)의 돌아갈 곳이 되소서.

이 한 조각 향은 천지로 그 뿌리를 삼고 만물로 그 몸을 삼은 것이오. 산승은 오늘 주상 전하를 위해 마음대로 집어 향로에 사르노니, 원하옵건대 주상 전하의 그 금지(金枝)는 삼천 세계에 무성하시고 그 옥엽(玉葉)은 억만의 봄에 꽃다우소서.

이 한 조각 향은 그 뿌리는 깊고 깊어 헤아릴 수 없고 그 싹은

---

82) 무영수(無影樹): 그림자 없는 나무.
83) 불맹지(不萌枝): 싹트지 않는 나무는 모두 진리의 본체를 가리키는 말이다.
84) 마야(摩耶): 석가 어머니의 이름.
85) 무구(無垢): 석가를 말함.
86) 공륜(空輪): 四輪의 하나. 이 세계의 가장 밑에 있는 허공.
87) 유정천(有頂天): 비상비비상천(非想非非想天)이라고도 함. 삼계를 아홉으로 나누어 그 중에서 이 하늘은 최상천(最上天)이므로 존재의 맨 꼭대기를 의미함.
88) 구오(九五): 왕위를 말함.

아득하여 알기 어려운 것이오. 산승은 오늘 공비 전하(恭妃殿下)를 위해 마음대로 집어 향로에 사르노니, 원하옵건대 공비 전하의 그 도는 왕모(王母)보다 높으시고 그 공은 묘한 덕과 같으소서.

이 한 조각 향은 그 본체로 말하면 온갖 꽃다움을 두루 갖추었고 그 작용으로 말하면 사계(沙界)에 고루 미치는 것이오. 산승은 오늘 분향 각하(焚香閣下)를 위해 마음대로 집어 향로에 사르노니, 원하옵건대 분향 각하께서는 재앙과 장애가 모두 사라지고 복과 지혜가 원만하소서.

두루 원하노니 망망한 사사세계가 탕탕한 연꽃 나라로 변하고 굼틀거리는 사생(四生)이 외외(巍巍)한 조어사(調御師)[89]가 되소서.”

법좌에 올라가 한참 있다가

“산승의 지팡이는 오대산을 떠나지 않고 벌써 원경왕태후의 선가와 이 한 모임의 도속(道俗)들을 위하여 이 일을 모두 말하였소. 그런데 다시 나로 하여금 누른 것을 검다고 말하게 한다면 어찌 백운 만리(白雲萬里)일 뿐이겠는가. 대중 스님네는 흩어져 돌아가시오.”

하고 자리에서 내려오셨다.

---

89) 조어사(調御師): 부처의 십호(十號)의 하나. 부처가 큰 자비와 큰 지혜로써 중생을 제어한다는 뜻임.

3. 성령대군(誠寧大君)의 선가를 위한 하어

한참 있다가 한 번 호통 치시고는,

"성령대군 선가여, 정신을 똑똑히 차리시오."

하고 향을 드시고는,

"이 한 조각 향은 소경공(昭頃公)의 눈을 열어 작은 털끝도 걸리지 않게 할 것이오."

하고 또 향을 드시고는,

"이 조각 향은 소경공의 눈을 열어 만상이 단박 밝아지게 할 것이오."

하고 또 향을 드시고는,

"이 한 조각 향은 소경공의 눈을 열어 이량(理量)이 모두 사라지게 할 것이오. 그리하여 이 세 눈이 원만히 밝아진 외에 또 한 외짝 눈이 있으니 대중은 말해 보시오. 그 한 외짝 눈은 어떻게 열어야 하겠으며 또 그 눈은 어디 있는가."

하고 한참 있다가 다시 말했다.

"만일 그 속을 향해 안다면 바른 눈을 뜨고 무명을 부술 것이오. 성령대군 선가는 바른 눈을 떴는가. 또 무명을 부수었는가. 바른 눈을 뜨지 못했고 무명을 부수지 못했으면, 미타의 큰 원력을 받들어 바로 구품(九品)의 연대(蓮臺) 위에 가서 노시오."

4. 정단(正旦)에 소경공(昭頃公)의 선가를 위한 하어

"소경공의 선가를 위해 지금 신구(新舊)의 해가 바뀌는 때를 당하여 특이한 향로의 향을 피우는 것이오."

하고 향을 꽂은 뒤에,

"어제는 묵은해요 오늘은 새해요. 그 가운데 있는 한 글구는 신구의 아무 데에도 속하지 않았소. 소경공 선가는 신구에 속하지 않은 한 글구를 아는가?"

하고 한참 있다가 말했다.

"신구에 속하지 않은 그것을 알고자 하면, 모름지기 향 연기의 일어나는 곳을 보라."

5. 영혼을 맞이하는 하어

"새벽은 맑고 경계는 고요한데 구름은 엷고 바람은 가볍소. 번기(幡旗)의 꽃은 하늘을 덮고 범종 소리는 허공을 흔드오. 영가는 단(壇)에 오르고 효자는 땅에 엎드리오. 산문(山門)의 물상(物像)들은 빛을 더하고 불전 안의 금용(金容)90)은 얼굴빛을 움직이오.

우의정 춘곡 정상국(右議政春谷鄭相國) 선가는 그 면목이 어렴풋한데 그 거동은 방불하오.

그러나 어떤 것을 정상국의 면목이라 하는가?"

한참 있다가 다시 말했다.

"천진(天眞)의 면목은 어디로 가나 보이는 것이 다 그것이니 의심하지 마시오. 정상국 선가의 면목이 완전히 드러났소. 대중은 방울을 울리며 꽃자리에 맞이하시오."

---

90) 금용(金容): 부처의 얼굴.

6. 영혼을 보내는 하어

"날은 맑고 화하며 산문은 한적한데 수레와 일산은 산문을 나가고 대중은 일제히 일어서오. 지금 이것은 정상국 선가를 보내는 때가 아닌가. 정상국 선가가 숨을 바꾼 뒤로 이미 오십여 일이 되었는데 첫 칠 일에서 시작하여 마지막 사십구 일이 되었소.

그동안에 갖가지 장엄과 온갖 행사는 모두 상국 선가의 왕생의 길을 닦은 것이오. 왕생의 길이 없지 않다면 어떤 길이 왕생의 길인가. 보고 듣고 깨달음이 장애가 없고 소리와 냄새와 맛과 감촉이 언제나 삼매인 것인데, 만일 그 속을 향해 알 수만 있다면 다시 어떤 곳을 향해 왕생의 길을 따로 찾을 것인가. 정상국 선가는 과연 장애가 없고 언제나 삼매임을 아는가.

세상을 비추는 무심의 등불은 바람이 불어도 그 빛은 흔들리지 않고, 그 길은 원래 평탄하지만 다만 발을 내려놓기가 어려울 뿐이오. 상국 선가는 과연 발을 내려놓을 수 있는가. 만일 발을 내려놓을 수 없으면 내 지시를 따르시오."

주장자로 한 번 내리긋고는,
"만일 이 길을 밟으면 한 걸음도 떼지 않고 깨달음의 길에 오를 것이나 만일 이 길을 잘못 지나거든….″

손으로 무량수불(無量壽佛)을 가리키면서 말을 이었다.
"우선 무량수·무량광명 속을 향해 몸을 돌려 가시오."

7. 봉녕군(奉寧君) 선가를 위한 하어

한참 있다가 한 번 호통 치시고는,

"금강검(金剛劍) 아래서 한 번 몸을 뒤쳐 던지면, 많은 풍광(風光)이 여기서 생기오. 봉녕군 선가는 똑똑히 정신을 차리시오.

금강신(金剛身)은 물건마다 원만히 이루어 있고 무량수는 사람마다 두루 갖추어 있소." 하고 오른손으로 염주를 들고는,

"이것이 금강신의 바른 눈이오."

하고 다시 왼손으로 염주를 들고는,

"이것이 무량수의 자비의 광명이오. 자비스런 광명이 비치는 곳에는 오온의 뜬구름을 녹여 부수고, 바른 눈이 열릴 때는 삼천세계를 비추어 부술 것이오. 그것은 그만두고 대중은 말해 보시오.

어디로 가서 금강신을 받고 어디로 가서 무량수를 얻을 것인가." 하고 염주로 탁자를 한 번 내리치시며 말하였다.

"금강신도 남에게서 얻는 것이 아니며 무량수도 밖에서 오는 것이 아니오. 그러나 어떤 것을 금강신이라 하고 어떤 것을 무량수라 하는가."

한참 있다가,

"한 생각을 돌이키면 그 자리가 바로 그것이지마는, 미혹을 스스로 돌이키지 못하면 그림자를 잡으려는 원숭이와 같을 것이오. 만일 한 생각을 돌이키면 계단을 밟지 않고 바로 부처 자리에 오를 것이요, 만일 '그것'을 깨친다면 한량없는 묘한 작용이 구하지 않아도 저절로 얻어질 것이오.

만일 그런 경지에 이른다면 생사를 벗어야 할 것이 무엇이며 열반을 얻어야 할 것이 무엇 있겠소. 생사에 드나들면서, 큰 자재를 얻을 것이요 거꾸로 쓰거나 가로 들거나 아무 장애가 없을

것이니, 어찌 유쾌하지 않으며, 어찌 빛나지 않겠는가.

봉녕군 선가는 그런 경지에 이르렀는가. 혹 그렇지 못하다면 산승은 다시 간곡하게 방편을 보이겠소. 봉녕군 선가는 그 속에서 아주 쉬시오."

하고 향을 들고 다시 말했다.

"한 조각 향 연기가 향기로운 곳에서, 깨끗한 오분법신(五分法身)91)을 나타내시오."

---

91) 오분법신(五分法身): 대승·소승의 무학위(無學位). 즉, 부처나 아라한이 갖춘 다섯 가지 공덕으로 계신(戒身)·정신(定身)·혜신(慧身)·해탈신(解脫身)·해탈지견신(解脫知見身).

8. 정랑 이공전(正郎 李恭全)이 그 어머니 하씨(河氏)의 선가를 위해
   청하므로 육도(六道)를 보설(普說)하다

  법좌에 올라가,
  "하(河)씨 영가는 전생에 선근(善根)을 널리 펴서 대가(大家)에
태어났는데, 그 타고난 자질도 영민하여 보통 사람들의 상대가
아니오. 선고(先考)께서는 한 나라의 대신으로서 밖으로 좋은 덕
을 펴서 그 공명이 세상을 덮었고, 선비(先妣)께서는 나라의 대부
인(大夫人)으로서 안으로 가업(家業)에 힘써 자손들을 잘 길렀으며,
또 선군(先君)께서는 총제(摠制)로서 몸소 부인을 위하였었소.

  그 덕을 칭송한다면, 일찍이 아름다움을 질투하는 용렬한 태도
가 없었고 자못 가업을 일으키는 풍골(風骨)이 있어서, 가업을 새
롭게 하고 상하가 화합하였소.
  그러므로 선(善)을 쌓은 남은 경사로서 자손들은 집에 가득하고
노비들은 직물(織物)과 같아, 그 자리 밑에서 세상 사람들이 살았
으니 천만 가지에 하나도 부족함이 없었다 할 만하오. 다만 한스
러운 것은 돌아가시는 길이 너무 빨라 부귀를 오래도록 누리지
못하신 것뿐이오.
  그러나 '무상(無常)'이란 두 글자는 온 세상이 면할 수 없는 것
으로서 부처님 한 사람을 제하고는, 현명하고 지혜로운 사람으로
부터 그 이하의 아무도 그 무상의 삼킴을 피할 수 없는 것이오.
이로써 본다면 살거나 죽는다 하여 무엇을 기뻐하고 무엇을 슬퍼
하겠는가.

  지금 효자 정랑 이공전 등은 선가를 위해 재를 올려 명복을 빈
지가 이미 삼십오 일째 저녁이 되었소. 오늘밤에 특히 산승을 청
해 설법하게 된 것이오. 산승은 업의 뿌리가 아직 남아 있고 도

의 눈이 원만하지 못하여 남의 청익(請益)92)을 감당할 수 없소.

그러나 우러러서는 모든 부처님의 위신(威神)을 의지하며 가까이로는 효자의 지극한 정성을 업고 굳이 이 자리에 오른 것이니, 이미 지극한 정성을 업었다면 어찌 감히 말이 없을 수 있겠는가.

하씨 영가 및 모든 불자들은 지극한 마음으로 자세히 듣고 깨끗한 마음으로 들어 가지시오. 여기 모인 대중들은 각각 한 경계에 마음을 쏟아 모든 반연을 거두어 잡고 부디 다른 경계를 반연하지 마시오." 하였다.

법좌에 의지해 한참 있다가 죽비를 드시고는,
"이것을 보는가?"
하고 또 탁자를 한 번 내리치시고는,
"이 소리를 듣는가? 한 생각도 싹트지 않고 보거나 들음이 일어나기 전의 그 면목은 어떤 것인가.

이미 보거나 들었다면 그것은 또 어떤 면목인가? 그런 면목을 알고 그런 작용을 잘 아는 이는, 가만히 있으면 바다는 맑고 허공은 깨끗하여, 모든 인연을 따르면서도, 고요함에 합할 것이요, 움직이면 물결이 날치고 바다는 들끓으나 모두가 진체(眞體)로서 작용을 일으킬 것이오.

이런 때를 당해서는 더럽고 깨끗한 분별이 없겠거늘 어찌 성인과 범부의 차별이 있겠는가? 그런 경지에 이르지 못하기 때문에 더러움도 있고 깨끗함도 있으며, 범부도 있고 성인도 있는 것이오. 그러므로 '진여(眞如)의 깨끗한 법계는 완전히 비어 일찍이 없었는데, 더럽거나 깨끗한 인연을 따라 드디어 십법계로 나뉘어졌다.'고 한 것이오.

---

92) 청익(請益): 학인이 특별히 묻는 의식을 거쳐 스승에게 법익(法益)을 청하는 것.

십법계는 육범(六凡)·사성(四聖)으로 나뉘어졌으니, 육범이란 아귀·지옥·축생·수라·사람·하늘 등을 말하고, 사성이란 성문·연각·보살·부처 등을 말한 것이오. 그 더러운 것을 말하면 삼독(三毒)과 십악(十惡)이 있고 그 깨끗한 것을 말하면 삼승(三乘)·일승(一乘)·제연(諦緣)93)·육도(六度) 등이 있소.

한 생각이나마 사랑하는 마음이 있으면 지옥의 종자를 싹트게 하고, 한 생각이나마 탐하는 마음이 있으면 아귀의 종자를 싹트게 하며, 한 생각이나마 어리석은 마음이 있으면 축생의 종자를 싹트게 하고 한 생각이나마 성내는 마음이 있으면 수라의 종자를 싹트게 하며, 오계(五戒)를 굳게 지니고 십선(十善)을 두루 닦으면 사람과 하늘의 종자를 싹트게 하는 것이니, 이것이 육범이 일어나는 까닭이오.

제연(諦緣)을 들어 이승의 종자를 싹트게 하고 육도를 거느려 보살의 종자를 싹트게 하며 일승으로 인해 여래의 종자를 싹트게 하는 것이니, 이것이 사성의 일어나는 까닭이오. 사성·육범이 없는 것이 아니라면 대중은 말해 보시오." 하고 죽비를 들고는,

"이것은 한 개의 죽비인데, 이것은 지옥인가 아귀인가, 축생인가 수라인가, 사람인가 하늘인가? 또 이것은 성문인가 연각인가, 보살인가 부처인가?

부처라 해도 안 되고 보살이라 해도 안 되며 연각이라 해도 안 되고 성문이라 해도 안 되오. 또 하늘이라 해도 안 되고 사람이라 해도 안 되며, 내지 아귀·지옥·축생이라 해도 다 안 되며, 이 안 된다는 그것까지도 안 되는 것이오.

이미 그렇다면 이 한 개의 죽비를 무엇이라 해야 될까. 또 저 사성·육범의 법계는 어디 있는가?"

---

93) 제연(諦緣): 네 가지 진리와 열두 가지 인연.

하고 죽비로 탁자를 한 번 내리치시고는,

"부처도 없고 법도 없구나. 대천의 사계(沙界)도 바다 가운데의 거품이요, 일체의 성현들도 치는 번개와 같도다. 꿈속에서는 분명히 육취(六趣)가 있더니, 깨고 나니 텅 비어 대천이 없도다. 그러므로 '무엇이든 이 법계에서 흘러나오지 않은 것 없고, 무엇이든 이 법계로 돌아가지 않는 것 없다'고 한 것이오. 안녕히들 계시오."

하고 자리에서 내려왔다.

9. 여러 단월의 청으로 대령보설(對靈普說)하다

법좌에 올라가 말씀하셨다.

"이름을 적은 여러 영가와 이 회중의 여러 불자들은 자세히 들으시오. 법회의 자리를 만나기는 작은 겨자씨를 바늘 끝에 던지는 것과 같고 바른 법을 듣기 어렵기는 눈먼 거북이 나무를 만나는 것과 같소.

그러므로 옛 사람은 가르침을 중히 여기고 재물을 가벼이 여겼으니 금을 싣고 저자로 갔고, 법을 위해 몸을 잊었으니 눈에 서서 허리까지 빠졌던 것이오.

왜 그렇게 하였던가. 금이란 내 몸 밖의 뜬 티끌이요 목숨이란 한때의 물거품이기 때문이오. 금이 아무리 귀하다 하나 마침내는 와력(瓦礫)과 같을 것이니 어찌 지극한 가르침에 비할 것이며 목숨은 비록 사랑스럽기는 하나 잠깐 사이에 없어질 것이니 어찌 참 이치와 같을 것인가.

저 지극한 가르침과 참 이치로는 생사를 초월할 수 있고 범부를 성인으로 만들 수 있는 것이오. 그러므로 옛 사람들이 가르침을 중히 여기고 재물을 가벼이 여겨 법을 위해 몸을 잊은 것이 바로 이 때문인 것이오.

지금 아무 아무들이 누구누구의 영가를 위해, 모두 가진 재물을 내어 지성으로 그 명복을 빌되, 몇 번은 수륙재를 베풀어 추수(追修)[94] 하였고 몇 번은 대승경전을 읽어 천발(薦拔)[95] 하였지마는, 그래도 그 지극한 정성에는 만족하지 않았던 것이오.

그리하여 또 오늘의 이 날을 받고 이 산에서 다 같이 수륙 법회를 베풀어 왕생의 길을 닦고, 다시 산승에게 청하여 설법하라

---

94) 추수(追修): 죽은 이의 명복을 빌기 위해 선행을 함. 追善과 같음.
95) 천발(薦拔): 죽은 이의 명복을 빌어 괴로움을 벗어나게 함.

한 것이오. 청이 있으매 답하지 않을 수 없어 부득이 간단하게 편영(鞭影)을 보이는 것이오. 이름을 적은 영가와 여러 불자들은 자세히 듣고 잘 살펴보시오."

한참 있다가 말씀하셨다.
"여러 불자들은 산승의 이 깊고 깊은 뜻을 아는가. 마가다의 그때에도 이런 본보기가 있었고 비야리의 옛날에도 일찍 이런 말을 한 적이 있었는데, 산승도 오늘 그 소식을 붙잡아 여러 불자들에게 두 손으로 붙여 주는 것이니, 여러 불자들은 과연 이 짐을 감당할 수 있겠는가?

만일 감당할 수 있다면 곧 생사의 바다 가운데서, 짧은 것을 긴 것으로 만들고 추한 것을 묘한 것으로 만들며, 또 한 줄기 풀로 장륙 금신(丈六金身)을 만들고 장륙 금신으로 한 줄기 풀을 만들 수 있을 것이오.
그리하여 하는 일마다가 모두 자유로울 것이니 무엇하러 다시 많은 방편으로 몸을 빼낼 길을 구하겠는가.
여러 영가와 이 회중의 불자들이여, 만일 이 문을 잘못 지났거든 부디 아무아무 시주들의 천발하는 정성을 받고, 또 산승이 말하는 법요로 인하여 다 같이 고통의 바퀴를 벗어나 함께 보리를 증득하시오. 말해 보시오. 어떻게 하면 고통의 바퀴를 벗어나 보리를 증득하며 향상의 눈을 열어 범성(凡聖)의 견해에 떨어지지 않겠는가.
고통의 바퀴를 벗어나 보리를 증득하는 일이 없지 않다면 말해 보시오. 어떤 것이 향상의 눈인가."

오른손으로 염주를 드시고는,
"이 눈이 열릴 때에는 중생과 부처가 모두 없어져 죄와 복도

줄 곳이 없을 것이오."

하고 또 왼손으로 염주를 드시고는,

"이 눈이 열릴 때에는 모든 법이 함께 일어나 그 인과가 분명할 것이오."

하고 또 두 손으로 염주를 드시고는,

"밝고 어두움이 섞바뀌어 들매 검고 흰 것을 분간하기 어렵구나. 또 한 눈이 있으니 이 눈이 열릴 때에는 어디다 쓰겠는가? 저 행상의 눈은 이 세 눈에도 포섭되고 이 한 눈에도 포섭되는 것이오."

하고 한참 있다가 말하셨다.

"세 눈에도 한 눈에도 포섭하지 않는 것은 행상의 눈임을 알아야 하오."

염주를 던지고 자리에서 내려오셨다.

10. 영혼을 맞이하여 헌좌하는 하어

"하씨 영가여, 오십여 년 동안을 꿈 집에 머무르다가 지금 그 껍질을 벗었으니 시원하기 허공에 오른 것 같을 것이오. 이미 그렇다면 가고 옴에 무슨 장애가 있겠는가. 시원하기도 할 것이니 그러면 그 오가는 소식을 아는가? 만일 모른다면 산승이 가리켜 보이겠소. 몸은 옮겨도 걸음은 옮기지 않고 걸음은 옮겨도 몸은 옮기지 않을 것이니, 다만 이 빈 몸뚱이는 가고 옴에 구속이 없을 것이오.

이것은 그만두고 대중은 말해 보시오. 온 대지는 이 사문의 한 외짝 눈인데 지금 어디로 향해 하씨 영가에게 자리를 주어야 하겠는가. 과연 말할 사람이 있는가? 만일 없다면 산승이 스스로 말하겠소."

하고 부채로 영실(靈室)을 가리키면서 말하셨다.

"저 안에 두시오. 이 법이 법의 자리에 머물러, 세간의 형상들이 항상 머무르는 것이오. 지금 하씨의 영가가 저 안에 편히 머무른다 하여 항상 머무른다고 말할 수 있겠는가? 생(生)은 본래 생이 없는데 무엇으로 생이라 하며 멸(滅)도 본래 멸이 없는데 무엇으로 멸이라 하는가? 생멸은 원래 빈 것으로 실상(實相)만이 항상 머무는 것이오.

다시 할 말이 있소. 부디 높은 곳을 자세히 보시오. 저 꽃이 어지러이 떨어짐에 맡겨두라. 허공의 성품은 본래 남(生)이 없느니라."

11. 현등사(懸燈寺) 원당(願堂) 주인이 홍보(洪涉) 선가를 위해 청하므로 보설(普說)하다

법좌에 올라가 한참 있다가 한 번 호통을 치신 뒤에,

"홍상국 영가와 여러 불자들은 알겠는가. 만일 이 호통에 몸을 뒤쳐 한 번 내던진다면 무엇 하러 입을 열고 잔소리 하겠는가. 혹 그렇지 못하다면 이 산승은 잔소리꾼을 면하지 못할 것이오.

상공(相公)이 세상에 있을 때에는 부귀한 가운데 사는 몸으로 반운(槃運)96)의 괴로움을 겪지 않았고, 지위는 삼태(三台)97)를 역임하여 군문(君門)에 드나들면서 왕의 후설(喉舌)이 되어서는 총망(寵望)이 그 몸에 돌아갔고 왕의 고굉(股肱)98)이 되어서는 권형(權衡)99)이 그 손바닥에 있었으니 인간 세상에 있어서 천만 가지가 다 만족하다 할 수 있었소. 그러다가 지금 껍질을 벗고 손을 떼고 곧 돌아가셨으니, 생사의 언덕에서 과연 뜻대로 되는가, 못되는가? 옛 사람의 말에,

'상(相)에 집착하는 보시는 하늘의 복을 받지마는 그것은 마치 허공을 우러러 화살을 쏠 때, 그 힘이 다하면 화살은 도로 떨어지는 것 같아, 내생(來生)에 가서 뜻대로 되지 않는다.'하였소.

무릇 보시하는 사람은 인간과 천상의 훌륭한 과보를 받지마는, 만일 집착이 없는 보시가 되지 못하면 뜻대로 되지 못하는 것이어늘, 더구나 보시의 공덕이 전연 없고 또 집착이 없는 덕도 없다면, 그 내생의 과보는 보시가 어떻다는 것을 단연코 헤아릴 수 있을 것이오.

---

96) 반운(槃運): 나무를 나르고 물을 길음.
97) 삼태(三台): 삼공(三公)과 같음. 삼정승(三政丞).
98) 고굉(股肱): 다리와 팔. 신임하는 사람.
99) 권형(權衡): 저울추와 저울대. 곧, 저울이라는 뜻으로 ① 사물의 경중(輕重)을 재는 척도나 기준. ② 사물의 균형. 권칭.

홍상국 선가는 세상에 있을 때에 과연 보시하였던가, 또 보시하고도 집착이 없었던가. 만일 깨쳤다면 업장(業障)은 본래 공(空)한 것이 되지마는 깨치지 못했다면 묵은 빚을 도로 갚아야 할 것이오.

홍상국 선가와 여러 불자들은 깨쳤는가 어떤가? 만일 깨쳤다면 생사에 드나들어도 장애가 없겠지마는, 그렇지 못하다면 산승의 한 자루 부채의 위광(威光)을 빌어서야, 비로소 무명의 껍질을 부수고 지혜의 광명을 낼 수 있을 것이오. 홍상국 선가와 여러 불자들은 이 부채의 설법을 자세히 들으시오."

하고 부채를 드시고는,

"이 한 자루 부채는 본래 큰 광명장(光明藏)에 있는데 지금 홍상국 선가와 여러 불자들을 위해 큰 자비스런 마음을 움직여 광명장에서 나와 미묘한 게송을 말하오. 즉,

모든 행은 무상하나니
그것이 곧 생멸하는 법이다
생멸이 아주 멸한 뒤에는
적멸이 바로 즐거움 된다.

하오. 대중은 말해 보시오. 생멸법과 적멸 법은 같은가 다른가."

한참 있다가,

"배가 가는 것은 다만 노를 잡은 사람에게 있거늘, 누가 일러 파도가 땅에서 일어난다 하던가? 노 잡은 사람을 보매 반 푼의 값도 없다."

하고 부채를 내려 던지시고는 자리에서 내려오셨다.

12. 옥봉(玉峰)의 각령(覺靈)에게 향과 차와 밥을 드리며
수어(垂語)하다

"이 한 향로의 향은, 한 조각 마음에서 난 것이오. 바라노니 이 향 연기 밑에서, 본래의 참 광명을 내시오.

이 한 잔의 차는 옛날의 내 정을 표하는 것이오. 이 차는 조로(趙老)의 기풍을 머금었나니, 바라건대 그대는 한 번 맛보시오.

이 한 바리의 밥은, 향적(香積)100)의 음식보다 못하지 않소. 한 조각의 내 정성 받아, 선열(禪悅)에 배불리고 누워 주무시오."

---

100) 향적(香積): 갖가지 맛난 음식이 가득 쌓여 있다는 산 이름.

13. 또 하어하다

세 번 부르시고,

"나와 사형(師兄)은 도(道)도 맞았고 마음도 같았소. 그러므로 오늘 특히 와서 보는 것이오. 보기는 보지마는, 어찌 옛날의 자모산(慈母山) 중에서는, 당당한 오척의 장부의 몸이더니, 오늘 이 금강산 위에서는, 다만 하나 짧은 널조각의 사람이 되었는가. 오직 옥봉이란 아름다운 호는 남아, 예나 이제나 다름이 없소. 호에 이미 고금이 없다면 진신(眞身)에 어찌 오고 감이 있겠소.

그러므로 열반회상에서 여래님 금관(金棺)은 빛을 감추었으나, 가섭이 온 뒤에는 두 발을 내어 보이셨던 것이오. 산승도 오늘 가섭과 그 자취를 같이하는데, 어떻게 하여야 여래와 보조를 같이함이 되겠는가?"

하고 한참 있다가 두 손을 펴서 손바닥을 한 번 치시고는 말하셨다.

"사형은 무수히 수행하셨으니 산승의 수단을 빌어 신통을 나타내시오. 신통이야 없지 않겠지마는 어떤 것이 옥봉 사형의 참 면목인가.

오음(五陰)의 구름이 걷혀 천체(天體)가 드러나니 금강산이 푸른 허공에 우뚝 솟았네."

14. 진산(珍山)화상을 천도하는 제문

　정미년 구월 어느 날, 문인(門人) 아무는 특히 대 사형 진산 각령을 위하여, 향기로운 음식의 천도를 빌어 옛날에 사귄 정을 갚고, 법의 기쁨의 맛에 의해 최후의 공양에 충당합니다. 삼가 잡수시기를 바랍니다.

　오거나 오지 않거나 물속의 달처럼 자취가 없고, 가거나 가지 않거나 허공 속에서 불꽃을 내는 것입니다. 그러므로 왕궁에 강탄(降誕)하였으나 도솔천을 떠나지 않으셨고, 쌍림(雙林)에서 돌아가시고도 관(棺)에서 두 발을 보이셨던 것이니, 섶나무는 다했어도 불은 다하지 않는다는 비유가 그 까닭이 있는 것입니다.

　좋으면 나오고 나쁘면 들어가면서 편안함을 구하고 위험을 피하는 것은, 마음을 쓰면서 '이것'을 모르는 자의 하는 일이요, 마땅하게 오고 마땅하게 가면서 때에 편해하고 순리에 사는 것은 '이것'을 깨닫고 '나'를 잊은 이의 하는 일입니다.

　나를 잊은 이는 생사가 같고 오감이 하나이어서, 옳고 그름과 취하고 버리는 견해가 없고, 마음을 쓰는 자는 이와 반대입니다. 어떤 조사가 읊은 게송에는

　마음은 허공의 경계와 같아
　허공과 같은 법 보이었나니
　그 허공임을 증득할 때에는
　옳은 법도 그른 법도 다 없다.

　또 『금강경』에는,
　'바른 법에도 집착하지 말고 그른 법에도 집착하지 말라.'하였으며

186

야부도천(冶夫道川)스님은,

'금은 금을 부술 수 없고 물은 물을 씻지 못한다.'

하였으니, 이것은 다 옳고 그름이 없는 그 도리를 보인 것으로서 사람들의 얽매임을 푸는 말들입니다.

사람이 이 세상에 난다는 것은 꿈꾸는 것인지 깨는 것인지 다 모릅니다. 그런데 어찌 난다는 것이 깨는 것이 아니며 죽는다는 것이 꿈을 꾸는 것이 아닌 줄 알겠습니까. 꿈을 꾸고 있는 것이 아닙니다. 지금 진산 대 사형은 꿈을 꾸고 있습니까, 꿈을 깨고 있습니까?

내 스승님은 곧 사형의 스승입니다. 선사(先師)님이 진산이라고, 사형의 이름을 지은 것은 어찌 진산은 원래 있는 것인데, 그 이름만 진산이라 부른 것이 아니겠습니까.

이 건곤과 우주 사이에는 하나의 보배가 비밀히 형산(形山)101)에 감추어져 있었습니다. 그런데 건곤도 부서졌고, 형산도 거꾸러졌으니 그 보배는 어디 있습니까. 그것은 그만두고, 저 건곤이 부서지지 않고 형산도 거꾸러지기 전에는, 과연 그 보배를 끄집어내어 보시하되 끝이 없었고, 단련하되 단련할 데가 없을 데까지 단련하였습니까?

사형이 세상에 있을 때에는 어디로 가나 사형의 풍도를 사모하는 납자들이 모여든 지가 여러 해 되었으니, 틀림없이 그 보배를 끄집어내어 보시하였을 것입니다.

그러나 그 보배의 때가 묻고 때가 묻지 않은 것이나, 단련되고 단련되지 않은 것은 오직 사형만이 알 뿐이요 나는 모르는 것입니다.

생각하면 지금은 부스럼을 터뜨리고 종기를 짼 것처럼 근심이 없고, 빛나는 바람과 밝은 달처럼 그 정신이 깨끗합니까?

---

101) 형산(形山): 몸을 산으로 비유해서 말한 것.

시원하여라, 하늘에 올라 안개 속에 놀면서 티끌 밖에 소요하고, 흐뭇하여라 가나 있으나 자유로워 매달림에서 풀렸을 것입니다.

유쾌하고 만족하기는 하겠지마는 필경 어디로 향해 안심입명(安心立命)할 것입니까. 붙들어도 금전옥당(金殿玉堂)에는 머무르지 말고, 도리어 꽃피는 언덕에 와서 맑은 바람에 거니십시오. 아아, 사형은 이미 천진(天眞)으로 돌아갔는데 나는 여기에 얽매여 있습니다.

가고 있음과 살고 죽음이 한 가락일 때
봄바람에 제비 춤추고 또 꾀꼬리 노래하네
이에 머리 조아려 두 번 절하고 아룁니다.

15. 진산화상에게 향과 차를 올리며 수어하다

"마음은 비고 통하는 것입니다. 대선사 진산 대 사형은 듣지 않음으로써 들으시고, 말이 없는 내 말을 들으십시오.

산승은 어젯밤에 이 산 밑의 길에 들어서자마자 단(壇) 앞에 서기 전에, 벌써 눈썹을 맞대고 분명히 보았으며, 향을 피우고 차를 드렸으며'이 일'을 생각하였습니다. 그러므로 지금 와서 새삼스레 향을 피우거나 차를 올릴 필요가 없고 이 일을 생각할 필요가 없습니다. 그러나 일에는 일정한 것이 없고 이치에는 치우침이 없는 것이니, 다시 예를 드리거나 생각하는 것도 무방할 줄 압니다."

향을 드시고,

이 한 조각 향은 오분(五分)의 향에서 나온 것이라
이 한 조각 향에 오분의 향이 다 들어 있네
마땅히 이 한 조각 향을 사르되
한 번 살라 오분의 법신을 내어야 하네.

하고 향을 꽂으셨다. 또 찻잔을 드시고,

이 한 잔의 차는 한 조각 마음에서 나온 것이라
이 한 잔 차에 한 조각 그 마음이 담겨 있나니,
마땅히 이 한 잔 차를 한 번 맛보고
한 맛에 한량없는 즐거움 내어야 하네.

하고 곧 차를 올리셨다.

16. 영혼을 보내며 하어하다

"혜봉(惠峰) 각령은 육십 여 년 동안 인간에 살 때에는 몇 번이나 즐거운 장소에 오르고 몇 번이나 근심 바다에 빠지다가, 지금은 가죽부대를 벗어나 시원하게 집으로 돌아가는 길을 밟았소.

무릇 죽은 사람으로서 살아있을 때, 경전에 부지런하고 계율에 게으른 사람은 괴로운 세계에 빠지는 것을 면하지 못하나 또한 그것을 벗어날 기회도 있으며, 계율에 부지런하고 경전에 게으른 사람은 잠깐 천상에 오르기는 하나 구극의 결과는 얻지 못하며, 경전과 계율에 다 부지런한 사람은 한 번 뛰어 바로 여래의 땅에 들어가 부처와 조사와 손을 맞잡고 함께 다닐 것이요, 경전과 계율에 모두 게으른 사람은 언제나 괴로움의 바다에 빠져 영원히 헤어날 기회가 없는 것이오.

그런데 혜봉 각령은 살아있을 때 경전에 부지런하고 계율에 게을렀던가? 계율에 부지런하고 경전에 게을렀던가, 경전과 계율에 모두 부지런했던가 경전과 계율에 모두 게을렀던가?

나는 생각하건대 사형의 평소에 한 일은 아침저녁으로 대승 경전을 생각하면서 발원하고 회향하였으며 또 산승으로 인해 염불향사(念佛香社)를 만들어 오로지 미타를 생각하면서 그 이름을 불렀으니, 계율에는 게을렀다 할 수 있으나 경전에는 아주 부지런했던 것이오.

예를 들면 『장경』에,

'오역(五逆)[102]과 십악(十惡)을 모두 지은 범부라도 임종 때 십념(十念)만 해도 왕생할 수 있다.' 하였소. 그런데 오늘 혜봉 각령

---

102) 오역(五逆): 다섯 가지 역죄. 즉 아버지를 죽임, 어머니를 죽임, 아라한을 죽임, 교단을 파괴함, 부처님 몸에 피를 냄.

은 옛날에 부처와 경전을 생각한 자신의 공덕과 또 여러 제자들의 발천한 힘과 또 산승의 설법을 들었으니, 비록 높이 상품(上品)의 연대는 밟지 못한다 하더라도, 반드시 중품이나 하품에는 왕생할 것이오. 그러면 대중은 말해 보시오.

혜봉 각령은 틀림없이 구품 연대에 왕생하겠지마는 지금 혼을 보내는 한 글구를 어떻게 말해야 하겠는가.”

올 때도 한 자루 취모검(吹毛劍)이었는데
갈 때도 한 자루 취모검이었네
한 자루 취모 광명 혁혁하거니
가거나 오기에 아무런 장애 없네.

17. 안종수어(安鍾垂語)

 "바람은 부드럽고 볕은 밝은데 산은 우뚝 솟고 구름은 걷히도다. 일마다 기쁜 빛을 움직이고 물건마다 빛을 드날린다. 석종(石鍾)은 환히 빛나고 사중(四衆)은 엄숙히 벌려 섰나니, 이것은 바로 진산(珍山) 대사형의 문인들이 뼈와 종을 봉안하는 그 광경이 아닌가.

 진산 대 사형은 골격은 억세고 빼어났으며, 얼굴은 여위고 품위가 높았으며, 가슴에는 강과 살을 간직하였고, 기운은 사방을 눌렀었다. 일찍이 강월헌(江月軒)103)에 나아가 배웠고 다음에는 무학(無學)에게 배우매, 공부는 날로 새롭고 덕은 해를 따라 높아졌으니, 소리는 산중에 떨쳤고 이름은 궁중에까지 들리었었다.

 처음에는 회암사(檜岩寺)에 머물렀고 다음에는 대자산(大慈山)에 머물렀으니, 그로 하여 산문의 주인이 되었고, 모든 납자들의 우두머리가 되었었다. 밖으로 보호하여 인연을 맺고는 어려움에 나아가 어려움을 없게 하였으니, 다니거나 머물거나 안하는 일이 없었다.

 정미년 칠월 어느 날 그 문인들에게 말씀하시기를,

 '목숨이란 늘일 수 없는 것으로서 언제고 보장할 수 없는 것이오. 내 이 더러운 몸으로 이 어찰(御刹)을 물들일 수 없으니 다른 산으로 옮겨가야 하겠소.'하고, 그 달 하순에 하직하고 거기서 나와 이 산에 머물렀다.

 한 달이 차지 못해 과연 조그만 병으로 이내 무상(無常)을 보이어 세상을 떠나셨다. 일과 말이 맞고 앞과 뒤가 서로 맞았으니, 놀랍고 이상하였다. 사형의 덕은 여기서 나타났고 문인들의 숭앙은 여기서 더욱 두터워졌다.

---

103) 강월헌(江月軒): 나옹혜근 선사의 당호.

192

사형이 떠나신 뒤에 그 문인 아무아무 등은 화장을 마치고 다시 그 뼈를 봉안하고자 하여, 정성과 힘을 다해 모든 기구를 장만하고 석공(石工)을 청해 돌을 다듬으니, 그것은 지극히 묘하여 그 까닭을 알 수 있었다.

스승을 향하는 간절한 정성은 그 은혜를 갚으려 하였으나 길이 없었더니, 여기에다 정성을 붙이어 그 뜻을 이루게 되었으니, 현재의 높은 표본이 되고 후세의 밝은 거울이 될 만하다.

그러나 사람이 이 세상에 나면 몸의 근심을 면할 수 없는 것인데, 이 몸을 벗어나면 시원하기 허공에 오른 것과 같을 것이다. 그런데 지금 돌을 뚫어 뼈를 넣고 종을 만들어 그것을 덮는 것은, 들의 두루미를 가두고 날으는 말을 잡아 두는 것과 같지 않은가.

도로써 본다면 사람의 죽은 몸은 물속에 버려도 좋고 땅에 묻어도 좋으며, 한 데 두어도 좋고 어디에다 간직해 두어도 좋은 것이다.

한 데 두거나 어디에다 간직해 두거나 물속에 버리거나 땅에 묻거나 다 좋겠지마는, 세상에서 볼 때는 물속에 버리거나 한 데 두는 것은 그 정이 박한 것이요, 땅에 묻거나 어디에다 간직해 두는 것은 그 정이 후한 것이다.

정이 후한 것을 효도라 하고 정이 박한 것을 불효라 한다. 불효는 재앙을 불러오고 효도는 경사를 불러오기 때문에, 제자들로서 거기에 마음을 쓰는 것이 마땅하다.

이로써 본다면 사람의 자식된 이로써 죽은 사람의 버린 몸을 차마 그대로 볼 수 없어, 땅에 묻거나 어디에다 간직하는 것이 아니겠는가? 간직하기는 하지마는 무엇을 진산의 면목이라 하는가? 만일 그 해골을 진산의 면목이라 한다면 그 면목은 어디 있

는가? 또 만일 그렇지 않다 한다면 이 해골은 어디서 얻어 왔는
가.

　부디 법신은 항상된 것으로서 생멸이 없고, 육신은 무상한 것
으로서 생멸이 있다 하여, 법신과 육신에 대해 두 가지 견해를
가지지 말라. 만일 그런 견해를 가진다면 그것은 허공을 끊어 두
조각을 만들려는 것과 같은 것이다. 그렇다면 필경 어떻게 보아
야 하겠는가. 어떤 이는, '지금의 내 이 육신이 곧 상신(常身)이요
법신이다.'하였다.

　만일 이것이 상신이요 법신이라면 하늘도 그것을 덮을 수 없고
땅도 그것을 실을 수 없으며, 겁화(劫火)도 그것을 태울 수 없고
허공도 그것을 용납할 수 없는 것이다.

　내가 지금 이 완석(頑石)을 보매 그 구멍은 한 자밖에 되지 않
고 이 종은 한 발밖에 되지 않는데, 과연 광대하여 용납하기 어
려운 그 법신을 거두어 넣을 수 있는가. 만일 여기에 넣을 수 없
다면 어디다 그것을 두어야 하겠는가? 누가 말할 사람이 있는
가?" 하고 한참 있다가,

　"아무도 없다면 산승이 말하리라."
　하고 지팡이로 석감(石龕)104)을 가리키면서 "저 안에 두라."하
였다. 그리고 봉안한 뒤에
　"진산 대 사형이 이 생에서 부모에게 받은 한 줌의 뼈를 이 안
에 봉안하였으니, 이제는 무슨 말을 해야 할꼬."
　하고 한참 있다가,

　큰 바다를 털구멍에 넣는 것 원래 장애 없거니
　겨자씨 속에 수미산을 넣기가 무엇이 어려우랴

---

104) 석감(石龕): 석탑. 또는 불상을 넣는 석제(石製) 용기.

194

무봉탑(無縫塔)105)의 모양이 지금도 아직 있거니
부디 바깥 허공을 향해 거기서 찾지 말라.

이 종을 화산(華山)에 한 번 묻은 뒤로는
이 산과 이 종은 아주 친한 벗 되리
비록 이 산 무너져 평야가 되더라도
이 종과 이 이름은 없어지지 않으리라
없어지지 않는 것은 필경 누구 은혜의 힘인가.

하고 지팡이로 석종을 세 번 내리치셨다.

---

105) 무봉탑(無縫塔): 부도(浮屠)와 같은 말.

18. 상우상암(尙愚上菴)화상을 위해 하어하다

 "이제 막 세상을 떠나신 조계 대선사 상우상암 각령은 자세히 듣고 잘 살펴보시오. 이노담(李老聃)의 말에,
 '내게 큰 근심이 있으니 그것은 내 몸이 있기 때문이다.'하였소. 그는 비록 속인이지마는 그 말은 이치에 맞는 것으로서, 이른바 배 속의 창자를 기울여 쏟고 심장과 담을 토한 진실한 말이라 할 수 있는 것이오.

 무릇 사람이 세상에 난다는 것은 넓은 허공에 구름이 일고 거울 속에 흔적을 내는 것이며, 죽는다는 것은 넓은 허공에서 그 구름이 사라지고 거울 속에서 그 흔적이 없어지는 것이오.
 상암 각령은 팔십여 년 동안 환해(幻海)에서 놀다가 오늘 아침에 손을 떼고 고향으로 돌아갔으니, 그것은 새가 조롱에서 나와 아무 구속 없이 자유로이 사는 것 같고, 사람이 집에서 나와 사방으로 통한 거리에서 어디로나 다니는 것과 같소.

 상암 각령의 사대(四大)는 각기 흩어지고 홀로 드러난 영식(靈識)이 없지는 않지마는 과연 반연하는 생각과 허망한 마음마저 남김없이 모두 깨끗해졌다면, 가로 잡거나 거꾸로 쓰거나 옳지 않은 활동이 없을 것이며, 오고 가거나 갔다가 돌아오거나 무슨 장애가 있겠는가. 그런 경지에 이르러서는 옛 성인들과 손을 맞잡고 함께 다니겠거늘, 어찌 다른 사람이 길을 열어 주기를 기다리겠는가?
 그러나 혹 그렇지 못하다면 부득이 이 산승이 잔소리를 해야 하겠소. 즉 삼라만상이 모두 반야의 광명으로서, 본래부터 미혹된 사람과 깨친 사람이 따로 없는 것이니, 다만 지금 그것을 깨달아야 할 것이오. 말해 보시오. 그것을 깨쳤는가. 그것을 알았는가.

196

깨치는 것도 그것을 깨치는 것이요 아는 것도 그것을 아는 것이오. 그것은 분량이 허공과 같고 광명은 삼세에 뻗쳤으니, 신령스러워 헤아릴 수 없고 미묘하여 말할 수 없는 것이오. 그것을 모르면 억울하게 윤회를 받고 그것을 깨치면 해탈에 살 것이오.

상암 각령은 깨쳤는가, 못 깨쳤는가. 깨치기는 깨쳤더라도 저 영운(靈雲)[106]이 복숭아꽃을 보고 도를 깨쳤고 저 향엄(香嚴)[107]이 대를 치는 소리를 듣고 마음을 밝힌 것과 같은가.

옛 성인의 깨친 곳을 보면, 끝없는 과거로부터 흘러 고인 미세한 습기가 깨침에 의해 모두 녹아져, 다시는 버려야 할 흔적도 없었소. 그렇지 못하다면 그것은 옅은 깨침으로서 다만 문에 들어갔을 뿐이요, 아직은 옛 성인들의 아주 크게 쉰 경지에는 이르지 못한 것이오.

산승은 지금 깨쳤거나 깨치지 못했거나 또 밝혔거나 밝히지 못한 것은 묻지 않고 다시 각령을 위해 설명을 덧붙이겠소.

존형은 명민하기 사람에 지났고 견식은 남보다 뛰어났으므로, 조계에 발을 붙이매 그 이름이 치림(緇林)[108]을 흔들었소. 세상의 무상함을 관찰하여 지금까지의 그름을 갑자기 알고, 한 번 강월헌을 찾아 그 법요를 들은 뒤에는, 특히 마음이 열리어 결정적인 뜻을 세우고는 곧 그 스승 앞에서 큰 서원을 세웠으니,

'지금부터는 선을 따르고 악을 버리되 한결같이 스승의 가르침을 의지하겠습니다. 만일 그렇지 못하다면 현재에 큰 무간지옥에 떨어져 만 겁 동안 고생하되 나올 기약이 없을 것입니다.' 하였소.

---

106) 영운(靈雲): 중국의 영운지근(靈雲志勤, ?~820)선사.
107) 향엄(香嚴): 중국의 향엄지한(香嚴智閑, ?~898) 선사.
108) 치림(緇林): 치(緇)는 물들인 옷이란 뜻. 즉 스님을 말함. 치림은 불교 사회.

그 뒤로는 선실의 한방에서 정진하는 사람들을 따라 수마(睡魔)를 물리치고 이십일 일을 지내셨소. 마음 쓰기가 너무 지나쳐 불행히도 병이 생겼었소. 그로부터는 화두를 들고 참선하여 공부하였으나 그 공은 일궤(一簣)109)가 모자랐던 것이오.

그리하여 삼보(三寶)를 수리하거나 경영하기도 하고 불상을 만들거나 경전을 찍기도 하여 우선 내세에 가서 도를 얻을 인연을 지으면서 출가한 본뜻을 잃지 않을 뿐이었소.

이렇게 세월을 보낸 것이 육십여 년을 지났는데 지금 병이 나자 지금까지의 한 일을 돌이켜보고는, 부끄러워하고 스스로 꾸짖으며 후회하였으나 소용이 없었소. 병이 위독해지자 생사를 당적할 도력(道力)이 없었으므로 『화엄경』을 뒤지다가 현수품(賢首品) 안에 있는,

또 놓는 광명 이름 '견불(見佛)'이라 하나니
이 광명은 장차 죽으려는 사람을 깨우쳐
생각을 닦아 여래를 보게 하고
죽은 뒤에는 깨끗한 그 나라에 나게 한다.

는 이 게송을 보았던 것이오. 그리하여 한결같이 그 경문(經文)을 의지하고 또 서역(西域)의 법을 좇아 눈앞에 불상을 두고, 손으로는 번기(幡旗)의 다리를 잡고 입으로는 부처의 이름을 부르면서 부처를 따라 왕생하기만 생각하였었소. 얼마 후에 시자(侍者)의 염불하는 소리를 듣다가,

'그쳐라, 그쳐라. 염불할 것 없다. 생각하면 지금은 마음을 쓰는 마지막이다. 평소에 참선하던 공과 여러 성인들의 도우는 힘을 의지해, 자성(自性)의 미타를 보고 유심(唯心)의 정토를 통달하

---

109) 일궤(一簣): 한 삼태기. 아홉 길의 산을 쌓다가 한 삼태기의 흙이 모자라 공을 이루지 못했다는 고사에서 나온 말.

198

리라. 만일 자성의 미타를 보고 유심의 정토를 통달한다면 반드시 정신은 대방(大方)에 놀아 가거나 있거나 아무 걸림이 없을 것이다. 비록 그런 경지에는 이르지 못한다 하더라도 미타의 대비원력을 받들어 구품 연화 속에서 반드시 그 공을 따라 왕생할 것이다.' 하였었소.

상암 각령이여, 만일 정신이 대방에 놀아 가거나 있거나 걸림이 없거든, 다시 세상에 나와 원에 의해 중생을 제도하시고, 만일 구품 연화 속에 났거든 미타님을 직접 뵈옵고 친히 묘법을 들어, 무생(無生)을 크게 깨치고 부처님의 수기(授記)[110]를 받고는 다시 이 사바세계에 돌아와, 정각을 이루고 큰 법 바퀴를 굴려 헤매는 중생들을 두루 제도하시기를 간절히 바라오.
그것은 차치하고, 대중은 말해 보시오. 지금 어떤 한 글구로 상암 각령을 전송해야 하겠는가."

한참 있다가 읊었다

물은 흘러도 원래 바다에 있고
달은 떨어져도 하늘을 떠나지 않네.

---

110) 수기(授記): 부처가 보살이나 이승(二乘) 등에게 다음 세상에의 성불하리라는 것을 낱낱이 예언함.

19. 석실탑(石室塔)에 예배함

"산은 첩첩하여 사방에 둘러 있고 바위는 층층하여 묏부리를 장식했다. 그 가운데 석종이 홀로 서서 봉마다 비추어 환히 빛나니, 석실이라는 아름다운 이름으로 불리어 사방에서 오는 이들의 칭찬이 진동하였고, 강월헌의 종풍(宗風)을 떨치어 천고에 전해 더욱 빛났었다.

그러나 세상 바람이 너무 야박해, 와서 공양하는 이가 드물었으니, 도장이 몹시 거칠어 그 쓸쓸함이 못내 슬펐다.

산승은 예전에 간략히 공양을 베푼 일이 있었으나, 지금 이 단 앞에 서서 다시 붉은 정성을 표하는 것이오. 생각하면 대화상은 겁외(劫外)의 바람을 가슴속에 간직하고 강월헌 앞에 홀로 뛰어나, 부소산(扶蘇山) 아래 암자를 짓고 시름없이 세월을 보냈소.

그리하여 돌아가신 뒤에는 남은 자취 없으니 누가 강월헌의 적자(嫡子)임을 믿겠는가.

산승은 옛날 다행히 화장산(華藏山)에서 만나, 한 번 직접 보고는 그 가풍(家風)을 다 보았던 것이오. 그 뒤로는 늘 공양해 받들려 하였으나 인연이 어긋나 뜻을 이루지 못했던 것이오. 지금 한 잔 산차로 평생의 그리던 정을 다 펴는 것이니, 무용(無用) 대화상은 잡수십시오."

200

20. 기감(起龕)[111] 하어

"대지가 한 건곤인데 어디로 향해 가려 하는가. 법신은 가고 옴이 없거늘, 왜 구태여 억지로 발을 들려 하는가. 이미 그렇다면 지금 아무 영가는 여기 머물러 있겠는가, 다른 곳으로 향해 가겠는가? 산승은 그 한 가닥 길을 열어 아무 상좌로 하여금 나아갈 길이 있게 하리라."

하고 한참 있다가 읊었다.

누가 허공에 한 오리 털을 걸려 하는가
온갖 물은 저절로 큰 바다로 돌아가네.

---

111) 기감(起龕): 시체를 화장하기 위해 감실(龕室)에서 내어옴.

21. 망승(亡僧)을 위해 하어하다

"이 세상에 나서 삼십 나이도 채우지 못했으니, 돌아가는 길이 어찌 그리 너무 빠른고. 그리하여 사람들로 하여금 이처럼 젊어서 죽음을 한탄하게 하는가. 사람의 상정(常情)으로는 크게 탄식할 만한 일이오. 그러나 생사의 큰 꿈에 있어서야 어찌 젊음과 늙음의 다름이 있겠는가? 비록 늙고 젊은 나눔은 있다 하더라도 그 마지막은 하나인 것이오.

이 죽음이란 한 가지 일에는 불쌍히 여기고 가여워할 것도 있고 경사스럽고 기뻐할 것도 있소.

살아있을 때에 참선하여 도를 배우고 계율을 지니거나 염불하며 복을 닦고 선(善)을 지으면서, 항상 생사의 큰일을 오로지 생각함으로써 일과(日課)를 폐하지 않는 것으로써 일생을 잘 마치면 그것은 경사스럽고 기쁜 일일 것이며, 참선하여 도를 배우지 못하고 계율을 가지거나 염불도 하지 않으며, 복을 닦거나 선도 짓지 않으면서, 남의 보시를 헛되이 받고 부질없이 세월을 보낸다면, 그 죽음은 불쌍하고 가여운 일일 것이오.

그런데 그대의 일생을 보면 비록 참선하여 도를 배우지는 못했으나 분수를 따라 계율을 지니고 염불하였으며, 또 분수를 따라 복을 닦고 선을 지었으니, 그것은 경사스러운 일이요 가여워할 일이 아니오.

또 몸과 뼈를 괴롭히고 주림과 추위를 참으면서 집집마다 시주를 청하여 지금 운악산(雲岳山) 위에 승당(僧堂) 한 채를 지었으니, 그 공덕으로 후생에는 반드시 불조의 문중에 올라가 활보할 것이오.

여기 한 게송이 있소. 이것은 그대로 하여금 생을 뛰어넘고 죽

202

음을 벗게 하며, 범부를 고쳐 성인으로 만들 것이니 자세히 들으시오.

모든 행은 무상하나니
그것은 생멸의 법이다
생멸이 아주 없어지면
적멸이 바로 즐거움이 된다.

이것은 생을 뛰어나고 죽음을 벗어나는 길이며 범부를 고쳐 성인으로 만드는 묘한 약이오. 바라노니 그대는 이 길을 밟으면 천만의 성인들과 어깨를 나란히 하고 같은 수레를 탈 것이요, 이 약을 먹으면 곧 법신이 견고해지고 혜명(慧命)이 무궁할 것이오.

이 말은 그만두고, 오늘 그대는 살았는가 죽었는가. 꿈을 꾸고 있는가, 꿈을 깨어 있는가. 대개 죽이나 밥의 기운이 남아 있는 것을 생(生)이라 하고, 죽이나 밥의 기운이 끊어진 것을 죽음이라 하오. 그러나 이 생사는 모두 꿈속인 것으로서 꿈을 깨었다 할 수 없는 것이오.

이 일을 밝히지 못하면 비록 기운은 있으나 완전히 꿈속에 있는 것 같아서 죽었다 할 수 있고, 이 일을 깨쳤으면 비록 기운은 끊어졌으나 완전히 꿈에서 깬 것 같아서 살았다 할 수 있소. 그렇다면 지금 어떤 말로써 멀리 가는 그대에게 선물을 주어야 하겠는가?"

한참 있다가 말하셨다.

꿈속에는 분명히 육취(六趣)가 있지마는
깨고 나면 텅 비어 대천세계도 없네.

22. 혼령을 보내며 하어하다

"여러 해로 명성을 전하던 좋은 군자들, 오늘 아침에 운악(雲岳)에서 처음 만났소. 내게 한 가지 전어[一轉語]가 있어 이별에 다달아 잠깐 열어 보이는 것이니 자세히 들으시오.

　과거의 한 평생 일 돌아볼 때에
　마치 한단(邯鄲)112)의 베개 위의 일과 같구나
　육십구 년이 꿈속과 같아
　돌아보면 텅 비어 아무것도 없네.

아무 영가는 지금 꿈을 꾸고 있는가, 깨어 있는가. 꿈을 깨면 그 자리에서 해탈할 것이요 꿈을 꾸면 여전히 헤맬 것이니 삶과 죽음은 꿈과 깸과 같은 것이오.
　그것은 그만두고, 어떤 것이 해탈의 경지인가."
　손으로 길을 가리키면서 다시 읊었다.

　문 앞의 한 길이 활시울처럼 곧아
　가고 오기에 아무 걸림이 없네
　얼마나 많은 달자(達者)들이 이 길에 올라
　초연(超然)히 세상 밖에서 자유로이 다니는가.

　자유로이 다님이여
　시원하고 시원하여 참으로 시원하리
　아무 영가도 해탈의 경지에서 노닐고자 하거든

---

112) 한단지몽(邯鄲之夢): 서생(庶生)이 한단(邯鄲)에서 도사 여옹(呂翁)의 베개를 빌려서 베고 잠이 들었다가 부귀와 영화에 찬 한 평생을 꿈꾸었다는 고사.

모름지기 이 길을 향해 발을 내디디시오.

대중은 말해 보시오. 발을 내디디기는 내디디지마는 어떤 것이 발밑의 일인가?

한 가닥 트인 길이 하늘 끝에 통했나니
한없는 맑은 바람 걸음마다 일어난다.

23. 장례를 마친 뒤에 하어하다

"아무 영가여, 이 몸의 더럽기는 생선 가게나 뒷간으로도 비유할 수 없고, 이 몸의 허가(虛假)하기는 꿈이나 허깨비나 허공의 꽃으로도 견줄 수 없는 것이오. 그처럼 더러운데 왜 구태여 탐착(貪着)하며 그처럼 허가한데 왜 실로 거기에 걸리는가.

그 속에 하나의 영공(靈空)이 있어 밝고 또 밝으며 신령스럽고 또 신령스러워, 천지도 덮거나 실을 수 없으며 겁화(劫火)도 태울 수 없는 것이니 그것이 참으로 '나'인 것이오.

그것은 취하려 해도 취할 수 없고 버리려 하나 버릴 수도 없는 것이오. 그대는 그 속을 향해 자세히 보고 그 속을 향해 확실히 깨달으시오.

나는 지금 그대에게 묻겠소. 그대는 지금 저 현등사(懸燈寺) 문 밖에서 떠나 이 연하동(烟霞洞) 속에 와서 땅 속에 들어가 누웠는데, 어떤 물건이 그렇게 왔으며 어떤 물건이 이렇게 머무는가.

거기서 출발할 때는 맑은 바람이 걸음마다 일어났고
여기 와서는 맑은 바람이 얼굴을 스쳐 분다
맑은 바람 한 떼가 언제나 따르거니
또 무슨 뜨거운 번뇌가 있어 침노할 건가.

맑은 바람이 항상 따르고 뜨거운 번뇌가 침노하지 않아 이처럼 시원하거니 얼마나 자재한가. 평생의 생활이 다만 이와 같다면 천당과 불찰(佛刹)에서 재미있게 놀 것이오.

대중은 말해 보시오. 어떤 것을 천당이라 하고 어떤 것을 불찰이라 하는가. 편하고 고요한 것이 바로 천당이요 마음의 깨끗한 것이 바로 불찰인 것이오.

몸이 편하고 고요하지 않은 것은 사대가 있기 때문이요 마음이 깨끗하지 않은 것은 법수(法水)가 없기 때문이오.

지금은 사대가 각기 떠났으니 몸이 편안하고 고요할 것이요, 법수로 마음을 씻었으니 마음이 맑고 깨끗할 것이오.

이 경지에 이르러서는 천당에도 올라갈 수 있고 지옥에도 들어 갈 수 있으며, 천당에 있으면 천당과 한 몸이 되고 지옥에 있으면 지옥과 한 몸이 되어, 어디로 가나 다 옳을 것이오. 그러나 필경의 일을 어떻게 말할꼬."

한참 있다가 읊었다.

가고 오기에 아무 얽맴이 없어
마음은 시원하고 또 시원하네.

24. 뼈를 흩으며 하어하다

뼈를 다 흩은 뒤에,

"아무 영가는 자세히 들으시오. 대각(大覺)의 바다 가운데서 허망하게 오음(五陰)의 환구(幻軀)를 모은 것은, 큰 허공 속에서 갑자기 일어난 한 조각 뜬구름과 같은 것이오.

구름이 아무리 갔다 왔다 하더라도 허공은 오가는 모양을 뛰어났고, 몸이 아무리 났다 죽었다 하더라도 대각은 생멸할 때가 없는 것이오.

났다 죽었다 하고 갔다 왔다 하는 것은 다만 오음이 있기 때문이니, 만일 오음이 없어진다면 나고 죽음과 가고 옴이 무엇을 반연해 있겠는가.

오늘 아무 영가는 다행히 병정동(丙丁童)의 삼매의 힘을 빌어 색음(色陰)의 한 인연은 이미 사라져 남음이 없지마는, 수(受)·상(想)·행(行)·식(識) 등, 사음마저도 과연 다 깨끗해졌는가.

만일 아주 깨끗해졌다면 텅 비어 아무것도 잡을 수 없는 곳에 이르러 자유 자재하여 아무 장애가 없어, 마음대로 구품 연대에 가서 날 것이요, 마음대로 시방의 불찰에 가서 자유로이 놀 것이니, 어찌 시원하고 즐겁지 않겠는가.

그러나 오음이 다 깨끗해진 외에도 따로 하나의 통로가 있으니, 만일 불조와 함께 놀려 하거든 부디 그 길로 가시오. 아무 영가는 과연 그 길을 알았는가. 만일 알았다면 산승이 따로 지시할 까닭이 없고, 만일 알지 못했다면 다음의 최후의 한 게송을 들으시오."

하고 한참 있다가 읊으셨다.

만 리의 넓은 허공에 구름이 모두 흩어지고
천마산(天摩山)이 푸른 허공에 우뚝 솟았네.

208

25. 하화(下火)[113]

1.
횃불을 드시고 읊으셨다.

팔십여 년의 꿈속의 몸이
오늘에 껍질 벗고 전연 자취가 없네
부모에게서 받은 몸을 불에 붙이니
한 줄기 신령한 광명이 번쩍이며 빛난다.

2.
횃불을 드시고 읊으셨다.

유루(有漏)의 정(情)을 아직 버리지 못해
삼도(三途)에 떨어져 중유(中有)[114]에 머물까 걱정하여
지금 병정(丙丁)[115]의 삼매의 힘을 빌어
그대의 억겁의 무명(無明) 무더기를 살라 버린다.

---

113) 하화(下火): 화장할 때 시체를 태우는 섶이나 숯 무더기에 불을 붙이는 것. 하거(下炬) 또는 병거(秉炬)도 같은 말.
114) 중유(中有): 윤회전생 할 때에 이 생을 끝내고 다음 생을 받을 때까지의 중간 존재.
115) 병정(丙丁): 불을 말함.

26. 걸대(傑大) 영가의 뼈를 흩으며 하어하다

"걸대 영가여, 그대 이름을 크다[大] 하였으니, 그것은 무슨 뜻에 근거한 것인가. 산과 바다의 큰 것을 형용한 것인가, 하늘과 땅의 큰 것을 본 딴 것인가. 그러나 실지에 의해 보면 하늘이나 땅도 큰 것이 못되며 산이나 바다도 또한 그런 것이오. 하늘이나 땅이나 산이나 바다도 큰 것이 못 된다면 그대는 무엇 때문에 크다고 이름 하였는가.

어떤 물건이 천지보다 먼저 있으면서 형상도 없고 본래부터 고요한데, 이것이야말로 크다 하겠소. 법신은 몸뚱이 속에 숨어 있고 진지(眞智)는 반연하는 생각 속에 숨어 있어서, 가장 큰 것으로 가장 작은 몸을 이루어, 칠십여 년 동안 오음의 구역 안에 머물러 있었던 것이오.

젊어서 즐거운 마당에도 오르고 근심의 바다에도 빠지다가, 이제 비로소 오음의 구역을 벗어나 집에 돌아가는 길을 밟았으니, 얼마나 시원하고 얼마나 자유로운가. 그러나 현세에서 계율을 지닌 공이 없으므로 맑고 편안한 길이 없을까 염려되지마는, 평생에 염불한 공덕을 힘입어 구품의 연대 위에서 재미있게 놀기를 바라오."

뼈를 다 흩자 마침 솔바람이 고이 불었다. 그 소리를 고요히 듣다가,

"걸대 영가여, 그대는 저 솔바람 소리를 들으시오. 이 몸도 저 소리와 같아서, 고요한 가운데서 일어났다가 고요한 가운데로 사라지는 것이오. 오음이 모인 것을 생(生)이라 하고 사대가 흩어진 것을 죽음이라 하오.

생시는 꿈과 같아서 꿈속에서 분주하다가, 죽음은 잠을 깨는 것과 같아서 한 번 가면 모든 일이 끝나는 것이오.

걸대 영가여, 그대는 지금 물·불·바람 등은 이미 떠났고 땅의
요소만이 남아 있지마는, 오직 땅의 요소만이 아직 남아있을 뿐
아니라 미정(迷情)도 아직 남아 있을까 걱정스럽소. 지금 불의 삼
매의 힘을 빌려 땅의 한 요소까지 모두 사라져 버렸으니, 과연
미정과 망견(妄見)마저 모두 깨끗해졌는가."

진실을 찾아보아도 진실은 없고
허망을 찾아보아도 허망도 원래 없네
진실과 허망을 모두 버린 것
그것은 필경 어떤 물건인고.

하고 주장자로 한 번 내리치시고는 읊으셨다.
"바로 모든 성인의 눈을 활짝 열고 부디 중간에서 의심을 내지
말라."

211

27. 비돈(匪豚) 영가를 위해 하어하다

전비돈(全匪豚) 영가여,

생이란 한 조각의 뜬구름이 이는 것이요
죽음이란 한 조각의 뜬구름이 사라지는 것이다
뜬구름 자체에는 원래 알맹이 없는 것처럼
나고 죽으며 가고 오는 것도 또한 그러하나니
오직 한 물건이 홀로 항상 드러나
담연(淡然)히 생사를 따르지 않네.

비돈 영가는 과연 담연한 그 한 물건을 아는가.

한참 있다가 읊으셨다.

뜬 구름이 흩어지는 곳에는
만 리의 푸른 하늘이 활짝 열리고,
눈이 열릴 때에는 따로 한 항아리의 봄빛이 있소.

나는 새삼 알겠노니
불이 태우고 바람이 흔들어 천지가 무너져도
고요히 언제나 흰 구름 속에 있네.

김종직(金宗直)

밀양출신(1431~1492)의 성리학자다. 자는 계온(季溫)·효관(孝盥),
호는 점필재(佔畢齋)이며, 시호는 문충(文忠). 두루 벼슬길에
올랐으나, 이 무렵부터 제자들과 함께 사림파를 형성해 훈구파와
대립했다. 연산군 4년 제자 김일손이 사초에 수록한 「조의제문」, 즉
세조의 즉위를 비판하여 지었다는 내용이 문제가 돼 부관참시
당했다. 이 사건이 무오사화로 이어졌다.

망처 숙인에 대한 제문[祭亡妻淑人文]

  ○월 ○일에 남편인 모관(某官) 김종직은 삼가 청작(淸酌)과 시수(時羞)의 전(奠)으로써 감히 망실(亡室) 조씨(曹氏) 숙인(淑人)의 영전에 슬피 고합니다.

  아 숙인이여!
  어이 그리 빨리도 나를 버리는고. 백년해로 하자던 그 약속이 겨우 삼분의 일만이 지났는데, 삼십 년 동안 함께했던 배필과 하루아침에 영결을 하는구려. 지난 일들을 거슬러 생각하면 어찌 차마 말을 할 수 있으랴.
  아 슬프도다!
  그대는 명문의 가문에서 태어나 유자인 나의 배필이 되어 유순하고 착하고 너그럽고 인자하며 마음속에 정한 척도가 있어 선비를 공경하여 받들었고, 만년엔 더욱 온화하고 너그러우니 선비(先妣)께서 매양 이르시기를, "내 며느리가 사랑스럽다" 하였네.

  나의 누님과 나의 누이동생도 기뻐하며 서로 보호하였고, 크고 작은 동서들 사이에도 전혀 서로 거슬림이 없었거니와 향리의 친척들에 대해서도 누구에겐들 호오(好惡)를 치우쳤으랴. 덕은 어이 그리 온전하고도 수(壽)는 어이 그리 갖추지 못했던고.

  아 슬프도다.
  나는 본디 비둘기처럼 졸렬하여 항아리 곡식이 자주 떨어졌으나 그대 또한 가난을 잘 견디고 영리(營利)를 전혀 일삼지 않았으며, 거친 음식과 거친 의복으로 끝내 조금도 변함이 없었네.
  손님 접대나 제사를 지낼 적엔 의물을 반드시 준비하되 그대가 간을 맞추어 조리했는데 명아주 잎 콩잎도 맛이 좋았지.

214

오희(五噫)116)의 맹광(孟光)117)과 시상의 책씨(柴桑翟氏)118)를 그
대가 실로 닮았었기에 내가 그대를 깊이 의지했었네. 이제 막 벼
슬살이를 그만두고 나물이나 캐고 낚시질이나 하며 백발의 늘그
막에 서로 의지하면서 여생을 보전하려고 계획했는데, 이 계획을
거의 이뤄가는 가운데 어찌하여 갑자기 이 지경에 이르렀나.

아 슬프도다!

그대는 세상에 난 이후로 간난함과 액운이 겹치어서 나이 십여
세도 되기 전에 모친이 병환으로 작고하시자 외증조 내외분께서
불쌍하게 여겨 길러 주었는데, 미처 십오 세가 되기도 전에 의지
할 곳을 여의고 외조모 밑에서 성장하면서 여자의 법도를 이어받
았으나 외조모 또한 작고하시니 그 침통함을 어찌 견디리오.

---

116) 오희(五噫): 오희는 가사(歌詞) 끝에 탄식하는 뜻으로 '희(噫)'자를
    붙인 것을 말한다. 후한 때의 은사였던 양홍(梁鴻)은 경사(京師)를
    지나면서 수많은 토목공사에 백성들이 시달림을 받는 것을 보고서
    비통한 뜻을 담아 다섯 마디로 된 마디 끝마다 '희(噫)'자를 써서
    오희가(五噫歌)를 지었는데 숙종(肅宗)은 그 내용을 보고 슬퍼하여
    찾으려 하였으나 그는 끝내 만나지 않았다.
117) 맹광(孟光): 남에게 자기 아내를 낮추어 일컫는 말. 후한(後漢) 시
    대 양홍(梁鴻)이라는 사람의 처 맹광(孟光)은 맹광은 뚱보인데다 얼
    굴이 추하고, 게다가 얼굴빛이 새까맸다. 하지만 미녀에게는 없는
    것을 가지고 있었다. 그녀는 손쉽게 돌절구를 들어 올릴 정도로
    힘이 세었다. 매일 가시나무 비녀를 꽂고 무명 치마를 입고서 남
    편을 따뜻이 맞았으며, 밥상을 눈썹 높이 들어 공손히 남편에게
    식사를 권했다.
118) 시상의 책씨(柴桑翟氏): 시상(柴桑)은 산명인데 진(晉) 나라의 고사
    (高士) 도잠(陶潛)이 살던 곳이고, 책씨는 바로 도잠의 부인을 가리
    킨다. 백거이(白居易)의 증내시(贈內詩)에 "도잠은 생산을 경영하지
    않아서 책씨가 손수 나무 해다 밥 지었고 양홍은 벼슬하려 하지
    않으니 맹광은 베치마를 만족히 여겼네."하였다. 『후한서(後漢書)』
    에 나오는 고사다.

나에게 시집온 이후로는 길흉화복이 덧없이 이르러 즐거움은 눈에 차지를 않고 재앙은 더욱 크게 받았는데, 두 차례나 삼년상을 치를 적에는 제사 범절에 있는 힘을 다하였네.

나는 도를 깨치지 못했기에 온갖 귀신이 침범해 와서 딸 둘과 아들 다섯이 서로 잇따라 넋이 되어 올라가니, 그대 이 때문에 가슴이 찢기어 묵은 병이 점점 더하게 되었네.

아 슬프도다!

전에 그대가 병을 얻은 것은 실로 아이 해산에서 기인했는데 풍사(風邪)와 어혈의 독이 몸 안에 항상 돌고 돌아 십 년 동안 약을 복용한 끝에 뭉친 것은 모두 제거되었고, 이따금 다시 아프기는 하나 그 증세 또한 경미하였기에 오래 가면 의당 완전히 나아서 무사해지리라 여기고 있었네.

그래서 마침내 내버려두고 치료하는 일을 힘쓰지 않았더니 끝내 이것으로 세상을 하직하여 나를 몹시도 부끄럽게 하는구려.

아 슬프도다!

그대의 아버지께서는 건강하게 생존하시니 좋은 때 좋은 명절이 오거든 누가 축수(祝壽)의 잔을 권한단 말인가. 그대의 두 딸 가운데 작은 애는 아직 집에 있으니 후일 그 애가 시집을 가게 되면 누가 혼수를 마련한단 말인가.

그대의 여러 아우들은 명성이 모두 훌륭한데 수염 태우며 죽 끓여 주는 걸 그 누가 받아서 마실런고. 뜰에 가득한 노비들은 의지를 잃고 허둥지둥하는데, 또 좌우로 일 부리는 것은 누가 그것을 주장할 건고.

이제 새로 지은 집에는 정원이 있고 연못도 있는데 그대가 머물러 살지 않으니 누구와 함께 배회한단 말인가

아 슬프도다!

적막하고 쓸쓸한 서합(西閤)은 그대가 바로 있을 곳이라. 옷과 이불과 목욕 도구들을 그대의 평상시대로 갖추었고 음식 등의 여러 가지 공구들도 또한 적의함에 따라 준비하였네.

그대가 옛날 그렇게도 수고했건만 끝내 자식이 하나도 없으니, 집상(執喪)할 사람이 그 누구인고. 아 이제는 그만이로다.

나는 병으로 사직을 하고서 그대 위해 장기(杖期)를 입으려 했더니 잘못 성상의 돌보심을 입어 약을 하사하여 치료해 주시니 그 은명(恩命)을 저버리기 어려워서 장차 경사(京師)로 가려고 한다오.

그대 장사 지낼 일로 인하여 내가 장차 빨리 돌아오리라. 유명(幽明)이 서로 간격이 없나니 의당 나의 슬픈 마음을 알리라.

아 슬프도다!

미곡(米谷)의 언덕에는 소나무와 가래나무[楸]가 무성한데 옥과(玉果)의 두 무덤을 그 한가운데에 안치하였고, 그대의 어머니와 그대 자식은 두 무덤의 동편에 있는데 그대의 택조(宅兆) 경영하는 일은 겨울철로 날을 가려서 하리니, 저승에서 가족이 서로 만나면 그 즐거움이 진진[融融]하겠네.

죽은 사람은 그렇게 되겠지만 산 사람은 누구를 따른단 말인가. 단술 올리고 이렇게 고하면서 끝없이 부르짖어 통곡하노라.

아 슬프도다.

홍유손(洪裕孫)

(1431~1529). 자는 여경(餘慶), 호는 조총(篠叢)·광진자(狂眞子)이다. 김종직을 스승으로 모시고 학문을 닦았다. 세조가 단종을 몰아내고 왕위에 오르자 세속적인 일에 뜻을 잃고 남효온, 이총 등과 모임을 가지며 노자, 장자 등의 학문을 공부하였다. 때로는 시와 술을 곁들여가며 토론하여 청담파라고 불리었다.

김수온(金守溫)·김시습(金時習) 등과 교유하며 시율(詩律)로 화합하여 이름을 떨쳤다. 무오사화 때 제주에 유배되어 노예가 되었다가 중종반정 이후 풀려 나왔다. 76세에 처음으로 아내를 맞아 아들을 낳고 이름을 지성(志誠)이라 했다.

술친구 김시습을 보내며

　공이 세상을 떠났다는 말을 인편에 전해 듣고 모두들 크게 놀라고 슬퍼 콧등이 시큰하고 눈물이 흐르려 했으니, 슬픈 심정 어찌 끝이 있겠습니까! 그러나 달려가 곡하려 해도, 가는 길이 너무도 멀기에 이렇게 제문을 보내어 멀리서 조문을 드리며 평생의 감회를 말하고자 합니다.

　아! 우리 공께서는 세상에 태어난 지 겨우 다섯 살에 이름이 크게 알려졌으니, 삼각산(三角山) 운운한 절구 한 수를 짓자 노사(老師) 숙유(宿儒)들이 탄복하였습니다. 온 세상이 놀라 떠들썩하였으며, 이에 사람들은 "중니(仲尼)가 다시 태어났다."고들 하였습니다.

　그러나 공은 벼슬하기를 좋아하지 않아 머리를 깎고 불문(佛門)에 몸을 의탁하여, 공맹(孔孟)의 밝은 도에 통하는 한편 천축(天竺)의 현묘한 학설을 공부하였습니다. 그리하여 공무(空無)의 가르침에서 물아(物我)를 모두 잊고 일월(日月)과 같은 성인과 성정(性情)이 같은 경지에 올랐습니다.

　이에 문하에 더욱 많은 사람들이 몰려들어 인과(因果)와 화복(禍福)의 설을 물었으나, 공은 이윽고 그 설이 허탄함을 싫어하고 술에 의탁하여 화광동진(和光同塵)하였습니다. 이에 모르는 사람들은 미쳤다고들 했지만, 그 내면에 온축된 참된 세계에 탄복하였으니, 많은 벼슬아치들이 공과 어깨를 나란히 벗하여 격식을 따지지 않고 흉허물 없이 지냈으나 공은 오연히 세상 사람들을 굽어보았습니다.

　그리하여 우리 동방의 인물은 공의 안중에 드는 이가 없었으니, 마치 구름이 걷힌 하늘처럼 아무도 인정할 만한 사람이 없었습니다. 저 명산대천들이 공의 발길이 닿지 않은 곳이 없어, 기암괴석과 빼어난 하천(河川)들이 공의 품평에 의해 그 이름이 더욱 알려지곤 했습니다.

만년에는 추강(秋江)과 서로 뜻이 맞아 지극한 이치를 유감없이 담론하였으며, 그리하여 함께 월호(月湖)에서 소요하였는데, 헤어지고 만남이 언제나 약속한 듯 변함이 없었습니다. 그러다 추강이 공보다 먼저 세상을 떠나 공은 그만 둘도 없는 지기(知己)를 잃고 말았습니다.

슬프다! 오늘 공이 시해(尸解)119)하심은 어찌 황천(黃泉)으로 추강을 만나러 간 것이 아니겠습니까. 생각건대, 구천(九天)에서 두 분이 어울려 맘껏 시를 창수(唱酬)하고 너울너울 춤도 추면서, 필시 이 티끌세상을 굽어보고 손뼉을 치며 껄껄 웃고 계시리라 믿습니다.

평소 저자 거리에서 공과 함께 술을 마시던 술꾼들이 다들 곡하며 몹시 슬퍼하고 있습니다. 아! 다시는 공과 만나지 못하다니, 길이 유명(幽明)을 달리하시고 말았습니다.

생각하면, 공의 말씀은 그저 심상하여 전혀 색은행괴(索隱行怪)120)를 하지 않았으니, 비록 내면의 온축을 드러내 보이지는 않았지만 누군들 평소의 깊은 수양을 알지 못하겠습니까. 공은 비록 세상에 숨어 살았어도 그 마음은 실로 오묘했나니, 공을 알기로는 우리만한 이가 없을 것입니다.

아아! 공이 이렇게 멀리 떠나신 것은 어쩌면 거짓으로 가득한

---

119) 시해(尸解): 도가(道家)에서 수련이 깊은 사람이 육신을 남겨둔 채 진신(眞身)이 빠져 나가는 것으로, 여기서는 죽음을 미화한 말이다.

120) 색은행괴(索隱行怪): 『중용』에 나오는 말로, 일반적으로 남들이 하지 않는 괴이한 행위를 하는 것을 말한다.

세상 사람들을 미워해서가 아닐는지요. 그러나 죽음이 오히려 삶보다 나으니, 만세(萬世)의 오랜 세월도 찰나에 불과합니다. 공이야 세상을 떠나고 세상에 머무는 데 조금인들 연연하겠습니까. 마치 낮과 밤과 낮이 바뀌는 것처럼 삶과 죽음을 인식하여 조용히 받아들이실 뿐입니다.

상주불멸(常住不滅)하는 공의 본모습을 뉘라서 보리요. 몽롱한 육안(肉眼)을 비웃을 뿐입니다. 환술(幻術)을 부려 기행(奇行)을 일삼는 것은 진실로 우리 공이 미워하던 바입니다.

공이 떠남이야 사사로운 정이 없겠지만 사람들이 슬퍼함은 사사로운 정이 있습니다. 애오라지 세상의 습속을 벗어나지 못하여, 다시금 멀리서 제문을 보내 길이 사모하는 마음을 올립니다.

공의 정신은 허공에 두루 찼으니, 지금 이 작은 정성을 응감(應感)하소서!

허응보우(虛應普雨) 스님

(1515~1565). 조선스님. 호를 나암(懶庵)이라고 함.
중종22년(1530년) 금강산 마하연암으로 출가.
참선과 경학연구에 전념, 1950년 선·교 양종을 부활시킴.
1551년 선종 판사가 되어 3백여 사찰을 국가공인
정찰(淨刹)로 하고, 도첩제에 따라 2년 동안 4천여 명의 승려를
뽑고 승과를 설치함.
문정왕후가 죽자 배불상소(排佛上疏)와 유림들의 기세에 밀려
승적을 박탈당하고 제주에 유배 중 장살(杖殺)됨.
저서에 『허응당집』, 『선게잡저(禪偈雜著) 등이 있음.

222

1. 어머니를 천도하기 위하여 인출한 경문의 발문

우리 부처님은 주나라 소왕[周昭王] 때 건묘월(建卯月)[121]을 당해 서천의 가유라성(迦維羅城)에서 금구(金軀)가 탄생하셨고 한나라 명제(漢明)의 꿈에 들어가던 날 밤에 법수(法水)가 진단(震旦)[122]으로 흘러들어 왔으니, 이것이 부처님께서 세상에 나오신 경위요, 경전이 동방에 전해진 시초이다.

부처님께서 경을 말씀하신 뜻을 자세히 생각해 보면 사람의 성품은 본래부터 있었음을 말씀하신 것이요, 사람의 성품은 본래부터 없었다고 말씀하신 것은 아니었다.

성품이 본래부터 있었다는 것은 다른 이유에서가 아니라, 그것은 즉 임금이 되어서는 어질고 아비가 되어서는 사랑하며 신하가 되어서는 충성하고 자식이 되어서는 효도하는 것이다.

사람에게 이러한 성품이 있는 것이 마치 거울에 밝은 성품이 있는 것과 같으니, 저 사단(四端)[123]과 오전(五典)[124]은 만물과 만

---

121) 건묘월(建卯月): 건(建)은 지금의 동짓달인 자월(子月)로 세수(歲首)를 삼았으므로 묘월(卯月)은 주나라에는 4월이 되고 현재에는 2월이 된다.

122) 진단(震旦): 인도에서 말하는 중국의 칭호. 진(震)은 동방의 뜻이니 인도에서 중국이 동방이기 때문. 또 우리나라의 다른 호칭으로 진단(震檀, 또는 震壇)이라고도 한다.

123) 사단(四端): 인(仁)·의(義)·예(禮)·지(智)의 단서가 되는 네 가지 마음씨. 곧 인의 발로인 측은지심(惻隱之心), 의의 발로인 수오지심(羞惡之心), 예의 발로인 사양지심(辭讓之心), 지의 발로인 시비지심(是非之心)이 그것이다.

124) 오전(五典): 오상(五常)의 가르침. ① 사람으로서 항상 지켜야 할 다섯 가지 도리. 곧 인(仁)·의(義)·예(禮)·지(智)·신(信). 또는 부의(父義)·모자(母慈)·형우(兄友)·제공(弟恭)·자효(子孝). ② 오륜(五倫). ③ 불교에서 오계(五戒).

사의 이치로서 어디에서나 두루 있는 것이지만, 다만 그 기운은 어둡고 욕심은 왕성하기 때문에 그 본래의 착한 성품이 어두워져서 마땅히 해야 할 직분을 행하지 못하므로 금수(禽獸)와의 차이가 크지 않는 것이다.

이에 대각 자존(大覺慈尊)께서 큰 자비의 문을 열어 중생들의 근기에 따라 갖가지 경전을 설하셨으니 이는 곧 의사가 병에 따라 약을 쓰는 것과 같아서 천하의 사람들로 하여금 자연히 그 성품의 덕을 알아 임금과 부모에게 충성하고 효도하되, 양생송사(養生送死)125)와 신종추원(愼終追遠)126)의 일에 지극한 마음을 쓰지 아니함이 없으셨으므로 그 임금과 부모로 하여금 살아서는 뜻을 잘 받들어 모시는 기쁨을 누리고 죽어서는 천상에 태어나는 천도를 받게 한 것이다. 이 경전의 공덕 바다의 그 깊이를 어찌 예측할 수 있겠는가.

지금 우리 전(全)씨는 특별히 슬픈 마음을 내어 작고하신 아버님 아무개와 돌아가신 어머님 아무개 영가로 하여금 성품의 하늘에 구름이 걷히고 마음의 달 고고하게 밝아 어두운 거리에 떨어지지 말고 바로 보배의 처소에 오르시게 하기 위하여 삼가 상자에 쌓아 두었던 재물을 기울여 『지장경』·『참경(懺經)』127)·『법화경』·『은중경(恩重經)』 각 한 권씩을 인쇄하여 책으로 만들고, 재를 갖추어 작고하신 어머님의 소상(小祥)을 지내는 자리에 약간 명의 운석(韻釋)을 청하여 번갈아가며 읽게 하여 마치옵니다.
그리하여 작고하신 어머님 영가로 하여금 지장보살의 신통한 힘

---

125) 양생송사(養生送死): 윗사람에 대하여 생전에는 잘 모시고 사후에는 정중히 장례하는 것.
126) 신종추원(愼終追遠): 장사를 정중히 하고 제사를 엄숙히 지내면서 과거를 사모함.
127) 참경(懺經): 화엄경을 말함.

을 입어 유관(幽關)이 본래 공한 것임을 비추어 보고 자씨(慈氏)의 서원을 힘입어 몸과 마음의 장악(章嶽)을 무너뜨리고 일승(一乘)의 묘한 법을 깨치시어 삼계의 화택을 벗어나 천당과 부처님 세계에서 마음대로 소요하시게 된다면 전씨가 그 부모에게 효도한 것이 어찌 다만 살아 계실 적에 맛있는 음식으로 봉양한 것뿐이겠는가.

죽은 뒤에도 극락세계로 천도하였으니, 그야말로 경전에 말씀하신 것처럼 부모의 깊은 은혜를 크게 갚음으로써 자식으로서의 도리를 다한 것이 아니겠는가.

아아, 부모에게 효도해야 한다는 것을 그 누가 모르랴마는 이 천지에 전씨처럼 효성을 다한 사람이 몇이나 되겠는가. 뒷날 이 발문을 보는 사람은 반드시 전씨의 행실에 감동되어 부모에게 효도할 마음이 일어남을 막을 수 없을 것이니, 이른바 성품의 덕이 저절로 밝아지기를 함부로 바랄 수 없다는 것이다.

아아, 지극하여라.

2. 인종대왕(仁宗大王) 기신재소(忌辰齋疏)

저 부처님의 해[日]가 나오신 것을 생각하면 오래인 듯하고 만고에 뻗쳤으되 항상 현재요, 내가 천붕(天崩)을 제사한 것을 생각하면 어제 같건만 이십년이 지나 이미 옛날이 되었거늘 어찌 자비로운 은혜를 우러러 이 슬픈 심정을 토로하지 않을 수 있겠습니까.

엎드려 생각하오면, 제자 등은 다행히 숙의(淑儀)[128]의 칭송으로써 외람되게 엄위(嚴位)의 사랑을 받았습니다.

두 정(鄭)가와 한 윤(尹)가가 비록 그 이름과 모양은 다르지만 셋의 뜻과 외로운 충성은 실로 몸과 마음이 다름이 없습니다.

거룩한 은택에 몸을 적셨사오니 비록 몸이 가루가 되더라도 갚기 어렵고 임금의 얼굴[天顔]이 눈앞에 아른거리니 자나 깨나 어찌 쉽게 잊겠습니까.

그리하여 기신(忌辰)의 재일을 당하여 특별히 선원(仙源)의 공양을 차려놓고 한 가치 향을 사루며 시방에 운대(雲臺)를 펴고 두어 점 등불을 밝히고 모든 사찰에 빛의 그물[光網]을 베풀어 놓았습니다. 바라옵나니, 꾸밈없는 이 조그만 정성이 사심 없는 큰 거울에 비치소서.

삼가 원하옵건대, 인종 대왕 선가시여! 이 훌륭한 인연으로 저 묘각(妙覺)에 올라서 항하 모래와 같이 많은 국토와 세계에 나시어 원한 품은 친족의 무리들을 두루 구제하시고 진묵겁(塵墨劫) 동안 소원대로 생을 받아 인천(人天)의 중생들을 널리 제도하소서.

---

128) 숙의(淑儀): 조선시대 종2품 내명부의 품계. 소용(昭容)의 위, 소의(昭儀)의 아래.

또 원하옵나니, 중종 대왕(中宗大王) 선가와 선왕(先王)·선후(先后) 및 조종의 여러 선가여! 여래의 과체(果體)를 더욱 증득하고 보살의 만행을 다시 행하시어 중생들로 하여금 모두 극락세계에 오르게 하고 온 나라 모두를 오래 살게 해주소서.

또 원하옵건대, 주상 전하께서는 음양의 악한 기운 사라지고 연월의 액운이 없어지며, 해와 달[二曜]처럼 밝으니, 아름다운 빛 천고에 짝이 없고 하늘과 땅[兩儀]처럼 장수하시니, 성한 업은 백왕(百王)보다 뛰어나시며, 금지(金枝)는 상서(祥瑞)를 낳아 빨리 새로워지고 옥엽은 상서가 엉키어 길이 무성하시며, 전쟁은 그치어 주기(珠基)가 땅처럼 오래가고 우양(雨暘)이 때를 맞추어 국가의 복[寶曆]이 하늘처럼 길게 하소서.

왕비 전하께서는 때때로 백 가지 해로운 재앙이 없고 날마다 천 가지 상서로운 경사가 있으시며, 도는 문후(文后)와 같고 덕은 마야(摩耶)보다 훌륭하시며, 수명의 셈[算]은 영춘(靈椿)[129]보다 길고 휘음(徽音)은 성세(盛世)에 드러나시며, 빨리 거룩한 아드님을 낳아 나라의 계획을 길이 빛내소서.

성렬 인명(聖烈仁明)하신 대왕대비 전하께서는 재앙의 싹은 눈처럼 녹고 선한 싹은 구름처럼 일어 앞날에 안락하시어 주고(周誥)[130]의 억만 년에 응하고, 수(壽)하고 편안하시어 기주(箕疇)의 구오복(九五福)[131]을 누리시며, 길이 왕의 덕화를 가만히 돕고 언제나 하늘의 도움을 현재에 입으소서.

---

129) 영춘(靈椿): 나무 중에 가장 오래 산다는 참죽나무.
130) 주고(周誥): 서경의 대고(大誥), 강고(康誥), 주고(酒誥), 소고(召誥), 낙고(洛誥)를 말함.
131) 구오복(九五福): 임금의 벼슬자리.

227

공의왕대비 전하께서는 복의 별이 항상 비추고 수(壽)의 별이 길이 빛나, 몸은 가볍고 기운은 순조로워 모든 병의 근원 완전히 사라지고 침식이 평안하사와 만년의 즐거움을 길이 누리소서.

남은 물결이 가는 곳마다 온갖 마른 것이 고루 젖도록 금선(金仙)을 우러러 대하는 것입니다.

3. 죽은 젊은 아들을 천도하는 소

1.

부처가 된 것은 중생을 제도하려는 것이 본래의 생각이거늘 그들이 믿거나 비방하거나 간에 평등하게 구제하고, 부모가 되어서는 자식을 사랑하는 것은 천성이기 때문에 그들이 죽거나 살았거나 간에 똑같이 가엾게 여긴다.

우러러 깊은 정성을 드러내어서 원종(圓宗)의 힘을 입어 죽은 자식의 영혼에 말하노라.

네가 어린아이였을 적에 온갖 장난이 범상하지 않은 것을 보고는 석씨(釋氏)가 안아 보내었다 생각하였고, 한 문중에 경사가 있으리라 믿었기에 천족의 후예라 생각하였었다. 그러므로 눈동자보다 더 소중히 보호하였고 황금 잔보다 더 아끼었었다. 그러나 어찌 뜻하였겠는가.

조물(造物)의 시기가 많아 나를 가엾게 여기는 정이 깊기도 하였고 또 성글기도 하였구나.

비록 말하기는 아름다운 그릇이라 하여 사람들은 진실로 완전하게 지키려 하였으나 하늘은 기어코 빼앗아 갔으니, 지극한 슬픔의 정이라 어찌 감히 잊을 수 있겠는가.

두 눈에서는 눈물이 줄줄 흐르고 오장(五臟)은 칼로 에어내는 듯 하구나. 그러나 한갓 슬퍼하는 탄식만이 어찌 유익하리요. 다만 천도하는 재를 올려야 하겠구나.

이에 사십구일의 재일을 당하여 특별히 일승의 묘한 법을 펴고 잇달아 좋은 날 밤을 가려 삼가 삼단의 훌륭한 자리를 공경히 베푸는 것이다. 그리하여 하늘에는 사화(四花)가 나부끼고 땅은 육서(六瑞)가 진동하며, 우향(牛香)은 코를 스치고 어산범패[魚梵]의 소리 귓가에 가득하다.

중생과 부처의 이치는 서로 융화되는 것이라 이는 곧 모든 시냇물이 큰 바다로 돌아가는 것과 같고, 어미와 아들의 정은 막힘이 없는지라. 마치 아침 해가 높은 산을 비추는 것 같나니, 이 마음 이처럼 슬픔을 너 또한 밝히 알리라.

삼가 바라노니, 어린 아들 아무개 영혼은 이 오묘한 힘을 받들어 저 극락세계의 구품 연지(九品蓮池)에 태어나고 여러 성인(聖人)의 인도를 친히 받아 많은 아이들이 불사르는 삼계의 화택을 영원히 떠나라.

천당에 올라가 소요한다 말하지만 인간 세계에 내려오는 것도 또한 자유로울 것이다. 묘한 변화는 헤아릴 수 없으니 허깨비로 오는 것이 무엇이 어려우리.

돌아와서는 다시 내 아들이 되어 너의 아버지에게 효도를 마치고, 여기 와서 나거든 부디 나라의 보배가 되어 우리 임금님께 충성을 다하라. 나머지 물결은….

2.

삼반(三般) 경전의 권(權)·실(實)의 교리는 불가사의한 묘한 법이라 비록 반게(半偈)만 들어도 부처의 인연이 되고, 하룻밤 명양(冥陽)의 재는 장애가 없는 깨끗한 제단이라. 십류(十類)로 하여금 고과(苦果)를 벗게 하나이다. 구부려 슬픈 정성을 베풀고 우러러 자존(慈尊)을 욕되게 하나이다.

생각하면, 아무개 영혼은 그 얼굴이 옥처럼 윤이 나고 그 자질은 난초처럼 향기롭습니다. 나이는 겨우 네 살이었으나 말은 유순하고 소리는 가락에 맞아 지혜가 성동(成童)132)을 초월했고, 어머니가 세 번 이사하지 않았으나 행동은 위의에 맞고 예의는 학사와 같았습니다. 어찌 나만이 홀로 그 빠른 지혜를 사랑했겠습니까. 남들도 생지(生知)133)가 아닌가 의심했습니다.

그러므로 항상 하늘이 친히 안아 보낸 것이라 여겨 내 눈동자보다 더 보호하였고 또 부처가 변화해 내려왔다 생각하여 황금잔보다 더 아꼈습니다. 그러나 어찌 뜻하였겠습니까.

역신(疫神)의 모진 횡포가 갑자기 태을(太乙)의 후예와 모자의 정과 친지의 성품을 빼앗아갔습니다.

슬프다, 땅에 뒹굴매 많은 친구를 잃은 외로운 송아지와 같고, 길이 헷갈렸을 적에 지팡이를 잃은 뭇 장님과 무엇이 다르겠습니까. 가슴을 치며 스스로 슬퍼하고 눈물을 삼키면서 언제나 슬퍼합니다.

아아, 좋은 인연인가 나쁜 과보인가. 어두운 방에 뒹굴며 근심에 얽혀 한밤중에 우뚝 선 채 탄식하나니, 땅이 갈라지고 하늘이 기우는 듯 심장과 간장이 찢어지고, 날이 가고 달이 오건만 아침 저녁으로 그 얼굴을 볼 수 없습니다. 그러나 부질없이 슬퍼만 한들 무엇 하겠습니까. 오직 천도하는 재를 닦는 것이 유익할 뿐입니다.

창고에 간직한 곡식을 다 털고 상자에 쌓아 둔 재물을 쏟아 『연경(蓮經)』·『참경(懺經)』·『지장경』을 각 스물한 권씩 인쇄하여 봉은사(奉恩寺)·봉선사(奉先寺)·청평사(淸平寺) 등에 나누어 보내 같은 날에 펼쳐 보게 하니, 도량으로는 피차 다름이 있지만 능감(菱鑑)은 본래 멀고 가까운 다름이 없는지라 한 거울이 비치는 곳

---

132) 성동(成童): 열다섯 살 된 소년.
133) 생지(生知): 배우지 않고도 사물의 도리에 능함.

231

에 어찌 두 경계가 있겠습니까.

삼가 원하옵건대, 시방에 항상 계시는 삼보자존(三寶慈尊)님과 천지의 신과 명부의 시왕(十王)과 여러 영재님들은 이 애달픈 정성을 굽어 살피시고 특별히 자비심을 내시어 죽은 자식 아무개 영혼으로 하여금 그 정신 변하지 않고 그 몸이 고쳐지지 않은 채 금강(金剛)의 큰 길을 따라 빨리 우리 집에 와서 다시 태어나게 하소서.

그리워하는 정이 특별히 깊으매 모자의 지극한 원을 다시 맺게 하소서. 그리하여 병이나 재앙을 두려워하지 않고 수복(壽福)과 뛰어난 재능이 현재에 늘어나며, 몸은 항상 경사스런 집안에 살고 발은 위태로운 기미가 있으면 밟지 않게 하시며, 마침내 구품 연지에서 여러 성인의 인도를 친히 받들어 삼계화택에서 여러 아이들의 불 살림을 길이 면하게 하시며, 천당의 소요함을 하직하고 인간세계의 자유로움에 내려와 그 아버지에게 효도를 마치어 한 집안의 보배 나무가 되고 우리 임금님께 끝까지 충성하여 한 나라의 유명한 신하가 되며, 경사를 후예에 전하고 광명은 선조를 드러나게 하소서.

남은 물결이 이르는 곳에는 먼 친척이 모두 즐거워하며, 또 본신(本身)의 부모는 구하는 대로 다 이루고 원하는 것은 모두 이루어 왕성하고 번창하며 길이 재난의 침노가 없고, 복이 많고, 오래 살도록 자손의 쇠망을 보지 않게 하고자 우러러 대하는 것입니다.

4. 세자를 천도하기 위하여 약사여래에 정근하고 점안하는
   법석(法席)의 소

　약사여래의 중생을 인도하겠다는 큰 서원은 말세가 될수록 더욱 깊고 국모 심씨(沈氏)가 아들을 생각하는 지극한 슬픔은 달이 갈수록 더욱 간절합니다. 특별히 규심(葵心)134)의 지극한 정성을 기울여 수월(水月)의 비밀한 도움을 우러러 비나이다.

　삼가 생각하오면, 내 아들이 세상에 나온 것은 실로 성모께서 안아 보내주신 것입니다.

　총명은 때로 왕성하여 그 마음은 순(舜) 임금의 효도와 같았고, 뜻은 요(堯) 임금의 인(仁)과 같았으며, 예지는 날로 늘어나 무왕(武王)의 공을 생각케 하고 문왕(文王)의 덕을 사모토록 하였으니, 무릇 어묵(語默)과 동정(動靜)은 다 제왕의 행동[威儀]과 같았습니다.

　주기(珠基)는 땅처럼 오래여서 모든 관료들이 우러러 보았고 보력은 하늘처럼 장구하여 어떤 사람이든 믿었었습니다. 그러하온대 어쩌다 나라의 운수가 불행하여 무단히 하늘의 부름을 갑자기 당하였습니까.

　해도 참담해 하고 바람도 슬퍼하며, 산이 꺼지는 듯 들이 갈라지는 듯 하였으며 구중(九重)135)은 입을 다물고 팔표(八表)136)는 간장을 찢었습니다.

　태자궁[鶴禁]에서는 봄이 왔건만 스승을 높여 존경하는 성대한 예식이 있다는 말은 다시 들을 수 없고, 용루(龍樓)에서는 새벽이

---

134) 규심(葵心): 임금이나 어른의 덕을 간절히 사모함.
135) 구중(九重): 구중궁궐의 준말.
136) 팔표(八表): 팔방(八方)의 구석.

된다 한들 어찌 시선(視膳)[137]하고 문안하는 화기 넘친 얼굴을 다시 볼 수 있겠습니까.

　대보(大寶)를 전할 데 없고 근심하는 마음 다함이 없었으니 비록 하늘이 영원히 버리지 않으리라 믿기에 내 아들을 다시 돌려보내시리라 생각하오니, 부처님의 큰 구제가 있어 반드시 빨리 내 마음에 부응해 주시기를 우러러 바라지 않겠습니까.

　그리하여 내당에서 백 천 가지 온갖 보배의 깨끗한 재물을 내시어 특별히 동방의 열일곱 구의 온갖 덕을 갖춘 거룩한 불상을 만들었으니, 여든 가지의 묘호(妙好)와 서른두 가지의 형상은 연꽃처럼 찬란하고 가을 달처럼 밝습니다.

　특별히 온갖 상성(千祥) 깃들인 좋은 날을 가리어 삼가 오안(五眼)을 여는 빛나는 자리를 베풀고 이내 육화의 고승을 청하여 칠일 동안 훌륭한 법회를 계속해 베풀었습니다.

　이에 향과 꽃은 불전에 가득하고 번기(幡旗)와 일산(日傘)은 뜰을 메웠으며 사선천계(四禪天界)의 훌륭한 음식과 삼도선원(三嶋仙源)의 특이한 맛을 보배그릇에 가득 채우고 성품의 궁전에 두루 넘치게 하였습니다.

　바라옵건대, 이 진실한 정성이 저 묘하게 밝은 거울에 이르게 하소서. 삼가 원하옵건대, 삼신(三身)·사지(四智)·오족(五族)의 여래님과 새로 만들고 다시 수리한 열두 분 대원약사유리광불(大願藥師琉璃光佛)과 여러 보살님들께서는 연목(蓮目)을 함께 돌려 승조(承祧)의 소중함을 굽어 살피시고 타심(他心)을 같이 운전하여 주기(主器)의 존귀함을 굽어 생각하소서.

　그리하여 빨리 사명(司命)의 관리를 명하시고 급히 재록(宰祿)을 담당한 부서를 염(念)하여 곧 순회세자(順懷世子)의 영혼으로 하여

---

137) 시선(視膳): 아들이 어버이를 봉양하는 예의.

금 학가(鶴駕)를 타고 다시 내려와 중위(中闈)의 경사가 거듭 나타
나고 다시 원량(元良)이 돼서 종사(宗社)의 빛을 재삼 빛내게 하시
어 즐거워 뛰고 춤춤이 멀거나 가까운 곳에 고루 퍼지고 노랫소
리는 안팎에 들끓게 하소서.

그렇게 하시면 제자로서 감히 금상(金相)을 우러러 보고 영문
(靈文)을 펴서 더욱 간절한 정성으로 감응하시는 그 힘에 다시 감
사하지 않겠습니까.

옛 사람은 한 끼의 밥을 받고도 오히려 제 몸을 버릴 수 있었
거늘 지금 우리는 여러 부처님들의 은혜를 입었사온데 어찌 머리
털만 팔겠습니까. 마침내 수기를 주셔서 부촉하시는 자비를 길이
베푸시도록 우러러 대하나이다.

5. 시왕(十王)에게 예수(預修)하는 재의 소

지팡이를 떨치고 염주를 굴리며 한량없는 중생을 제도하려는 것은 오직 대성의 자비한 서원이요, 원인을 미루어 결과를 정하여 안건을 결정하되 사심이 없는 것은 여러 왕의 총명한 지혜의 거울이니, 무릇 이끌어 도와주는 힘을 입으려 하는 사람이라면 어느 누가 귀의하는 정성을 다하지 않겠습니까.

삼가 생각하오면, 제자 등은 전생의 좋은 인연을 함께 받들어 금생의 묘한 과보를 함께 얻었습니다.

구중궁궐 안에서 옷은 넉넉하고 음식은 풍족하여 비록 각기 임금의 은혜를 입은 것은 차이가 있다 하더라도 일생 동안 생활함에 편안했던 것은 실로 다 알지 못하는 사이에 자비를 받았기 때문임은 의심이 없는 일입니다.

나서 자라는 것은 천지의 덕화처럼 무거운데 그것을 갚기에는 털끝만한 공도 없으니 몸은 비록 영화 속에 있으나 마음은 실로 즐겁지 않습니다. 그러므로 마음마다 생각마다 항상 공경을 보내려는 예의를 생각하고, 아침마다 저녁마다 부지런히 마음을 다하여 재물을 준비하셨습니다.

삼가 나암(懶庵) 화상에게 명하여 청평(清平) 도량으로 가서, 과교(科教)의 의식에 의하여 예수(預修)의 법회를 베풀게 하였사온데, 이 보잘 것 없는 정성이 위에 이르러서 가만히 타감(他鑑)에 통하리라 생각하옵나이다.

원하옵건대, 제자 등은 여러 성인들의 가엾게 여기심을 받잡고 여러 임금님의 도움을 입어, 몸은 항상 안온하여 마침내 음양의 어긋남이 없고, 수명은 오래 연장되어 소나무나 참죽나무처럼 오래 살게 하며, 여러 생 동안 수많은 죄를 멸하고 여러 겁 동안 이어온 업장을 모두 없애 현재로부터 미래의 끝에 이르도록 신근 (信根)은 더욱 굳혀 생마다 이 법문을 실천하고, 지혜의 거울은 뚜렷이 밝아 세상마다 이 법을 널리 펴서 팔만 사천의 지옥을 면하게 하소서.

비록 우리들의 죄가 산처럼 쌓였더라도 우리들의 고통은 눈처럼 녹게 하시어 과보가 다 없어지는 저녁에는 다 같이 아미타불을 뵈옵고 목숨을 마치는 아침에는 극락세계에 함께 나서, 십층의 누각에서는 제각기의 원을 따라 소요하고 칠보의 연대에서는 여러 부처님과 더불어 유희하게 하소서.

6. 어머니를 천도하기 위하여 점안하는 수륙재의 소

오래된 부처의 그림을 수리하는 묘한 감응은 헤아리기 어려우니 그 이치가 본래 그런 것이요, 자모의 은혜를 생각하고 효도하려는 생각이 끝이 없음은 성품이 본래 그러한 것입니다. 그러므로 귀의하는 정성을 다해 제장(提奬)의 자비를 우러러 도움을 받으려는 것입니다.

삼가 생각하오면, 선비(先妣)의 영가는 능히 훌륭하고 현숙한 위의를 행하여 완화의 덕을 이루었으니 그 은혜는 척원(戚苑)에 참여하고, 화족(華足)의 영화를 높이 빛내었으니, 그 벼슬은 훈과(勳科)에 보탬이 되었으며, 봉부(封府)의 아름다움을 크게 받았으니 살아서는 순탄하고 죽어서도 편안하실 것입니다.
어머님을 천도하려는 정성이 지극하거늘 어찌 명복을 비는 정이 간절하지 않겠습니까. 그러므로 일찍이 보탕(寶帑)을 기울여 수륙의 훌륭한 자리를 여러 번 베풀었고 상자의 보배를 자주 털어 인천의 바른 길을 거듭 닦았던 것입니다.

무릇 자식된 직분으로 마땅히 해야 할 것은 성인의 교훈을 그대로 좇으면 반드시 극진해질 것입니다. 그리하여 굽어보나 우러러보나 천지에 한 점 부끄러움이 없고 자나 깨나 밤낮으로 항상 편안할 것입니다. 그러나 다시 생각하오면, 헤아리기 어려운 부모님 은혜는 하늘 위의 하늘이요, 말할 수 없는 불법의 힘은 단비 중의 단비입니다.
그러므로 지극한 정성을 거듭 품고 신비한 도움을 다시 우러러 빌면서 부처님의 묘한 탱화를 수리하고 특별히 점안(點眼)의 맑은 재를 베풀고서 하늘의 깨끗한 음식을 갖추어 따로 염구(焰口)[138]

---

138) 염구(焰口): 아귀의 다른 이름.

에게 법회를 열었사오니, 이 마음 미치는 곳에 다른 거울 곧 두루 비칠 것입니다.

삼가 원하옵건대, 먼저 가신 어머님 영가께서는 이 묘한 인연을 받들고 저 비밀한 힘을 입어, 몸소 여러 성인의 참 모습을 뵈옵고는 칠보대 가운데서 한가로이 노시고, 업으로 삼은 삼계의 환구(幻軀)를 버리시어 일성우(一性宇) 안에서 소요하소서.

또 이 몸은 부처님의 보호를 받고 하늘의 도움을 입어, 때때로 일어나는 온갖 해로운 재앙 없어지고 날마다 갖가지 상서로운 경사가 있기를 바라며, 왕의 교화를 도와주기를 하늘처럼 길게 하며, 임금의 몸을 보호하여 보력을 땅처럼 오래 가게 하여지이다.

또 원하옵건대, 법계의 망혼들은 부처님의 도우심을 입어 모두 어두운 지옥세계에서 벗어나게 하소서. 또 원하옵건대, 바람과 비는 순조로워 온갖 곡식이 잘 익어 항상 풍년이 들게 하고, 용과 귀신들이 기뻐하여 백성들은 항상 편안한 태평세월이 되게 하소서.

7. 부친을 천도하는 소

경전은 곧 부처를 이루는 바른 길이니 그 공덕은 생각으로는 헤아릴 수 없고, 아버지는 나를 낳으신 하늘이니 그 은혜를 실로 갚기 어렵도다. 어찌 법력의 훌륭한 이익을 힘입어 대야(大爺)께서 저승에 노시는데 천도하지 않아서야 되겠습니까.

삼가 생각하오면, 선고(先考)의 영가께서는 타고난 성품이 온유하시고 마음 씀이 진실하고 정직하여 이웃을 대할 때는 화목하였으니, 일찍이 흘기는 눈으로 보는 사람이 없었고, 나라를 충성으로 받들었으므로 언제나 목숨을 다하는 길을 걸을 뿐이었습니다.
그 인과 의를 행함으로써 반드시 오래 사시고 편안하시리라 생각하였사온데, 어찌 환세(幻世)가 무상하여 진향(眞鄕)으로 돌아가심이 그리도 빠르셨습니까.

피눈물을 흘리며 슬피 우니 더욱 오장만 찢어지는데, 빠르게 흐르는 세월이라 어느새 소상의 날이 닥쳤습니다. 그러나 주먹을 불끈 쥐고 슬퍼만 하는 것이 차라리 명복을 비는 것만 같지 못하리이다. 그러므로 망극한 규심(葵心)을 다하여 특별히 약간의 향기로운 공양을 차렸습니다.

낮에는 사종(四種)의 영문(靈文)을 연설하옵나니, 말마다 모두 중생을 구제하는 비결이요, 밤에는 삼단의 성대한 모임을 베푸오니 모두 아버지를 천도하는 빛나는 자리입니다. 간절한 이 정성 거울같이 밝게 감응하소서.

삼가 원하옵건대, 돌아가신 부모님께서는 이 착한 힘을 받들어 저 극락세계에 나셔서 만덕의 자비스런 성인을 뵈옵고 일승의 묘

240

한 말씀을 함께 들으시어, 환화의 몸을 여의고 부질없는 정을 버리소서. 그리하여 관음과 벗하여 소요하시고 세지(勢至)와 짝하여 유희하시며, 항하 모래와 같은 많은 나라에 소원대로 태어나 인천의 중생들을 널리 구제하시고, 진묵겁(塵墨劫) 가운데서 인연을 따라 나시어 원친(寃親)의 무리들을 두루 제도하소서.

또 원하옵건대, 자신에게는 항상 경사스러운 집안에 살면서 위험한 지경을 밟지 않게 하시고 일생 동안 언제나 즐기다가 마침내 구중의 영화를 누리며, 온 몸은 항상 편하여 잠깐 동안의 걱정도 없게 하소서.

또 원하옵건대, 바다와 산은 상서를 내고 하늘과 땅은 상서를 빚어서, 주기(珠基)는 땅처럼 오래 가고 보력(寶曆)은 하늘처럼 길며, 비와 바람 순조로워 노랫소리가 중외(中外)에 들끓고 사람과 귀신이 다함께 기뻐하여 춤추며 좋아함이 멀거나 가까운 곳에 균등하게 하며, 남은 물결이 이르는 곳에 괴로워하는 무리들이 모두 소생하게 하소서.

8. 어머니를 천도하는 소

『지장경』·『자비참(慈悲懺)』[139] 양반(兩般)의 법문은 말씀마다 다 중생을 제도하는 비결이요, 김씨(金氏)의 딸 부수심(富壽心)의 온갖 효도와 예절은 일마다 모두 어머니를 극락세계로 천도하는 것이니, 마땅히 묘한 훈도에 의하여 길한 도움을 우러러 빌어야 하겠습니다.

가만히 생각하오면, 아무개 영가의 쌓인 기운은 어질고 깨끗하여 그 성품은 온후하고 인자하며 부드러워 열 달 동안 아이를 배어 수고하신 은혜는 두텁기가 땅과 같사오며, 삼년 동안 무릎 밑에서 기르신 덕은 그 높이 하늘과 같습니다.

어머니로서 그 아들을 사랑하고 아들이 되어 그 어버이에게 효도하는 것은 하늘 이치의 당면한 것이니, 어찌 인정의 우연이라 하겠습니까. 그러므로 부모님께서 편하거나 위태한 동기는 내 몸의 약한 바탕에 달린 것이요, 아침저녁으로 숙수(菽水)[140]로 받들어 모심은 어머님께서 오래 사시기를 바란 것이었사온데, 어찌 수풍(樹風)[141]이 무상하여 갑자기 해로(薤露)[142]가 이처럼 쉽게

---

139) 자비참(慈悲懺):『자비참』또는『양황참(梁皇懺)』. 양나라 무제가 옹주 칙사로 있을 때, 그의 아내 치씨가 매우 질투심이 많았는데 죽은 뒤에 큰 뱀이 되어 후궁에 들어가 임금의 꿈에 나타나 공덕을 많이 쌓아서 제도해 주기를 애원하였다. 이에 임금이 대장경을 두루 보고『자비참』을 지어 고승들을 청하여 죄를 참회케 하니, 치씨는 천인으로 화생하여 공중에서 임금에게 하늘에 태어나게 되었음을 사례하였다. 임금은 그 뒤로는 일생 동안 다시 황후를 맞지 않았다 함.『자비참』은 자비도량참법을 줄여서 한 말이다.

140) 숙수(菽水): 콩과 물. 즉 변변치 못한 음식.

141) 수풍(樹風): 자식이 부모를 봉양하고자 해도 부모가 오래 기다려 주지 않는다는 뜻(樹欲靜而風不止의 줄인 말).

142) 해로(薤露): 상여가 나갈 때에 부르는 노래. 사람의 목숨이 부추

떨어졌습니까. 비록 생사에는 운명이 있다고 말하지만 이처럼 끝 없는 슬픔을 어찌 견딜 수 있겠습니까.

슬픈 눈물은 줄줄 흘러 아침저녁으로 조금도 그치지 않고 자비 스런 모습은 그립고 그리운데 어찌 자나 깨나 잠깐인들 잊을 수 있겠습니까.
하늘에 부르짖고 땅을 두드리면서 부질없이 애통해 하고 상심 하며, 쓸개를 부수고 간을 찢는 아픔은 한갓 슬픈 느낌만 더할 뿐입니다. 어떤 사람인들 망극한 어머니의 덕이 없겠습니까마는 누가 끝이 없는 내 마음과 같겠습니까.

점쟁이나 무당에게 점쳐보고 물어 보았으나 그 덕을 갚을 방법 을 듣지 못하였고, 벗이나 친척에게 물어 보아도 그 은혜를 갚을 방법을 알지 못하였습니다. 설움을 삼키면서 오래도록 슬퍼하기 보다는 복을 닦아 길이 유익하게 하는 것만 같지 못 하리이다.

그리하여 혹은 불상을 그려 구제되기를 희망하고 혹은 왕에게 제사하여 가엾게 여기기를 구하였으니, 무릇 감응은 헛되지 않아 반드시 영향이 없어지지 않을 것이며 그 자녀의 정근(精勤)으로써 그 아양(婀孃)이 해탈하리라 생각하였습니다.

그러나 인도함이 지극지 못할까 두려워하고 천도함이 고상하 지 못할까 염려하여 다시 조그만 정성을 다하고 거듭 큰 서원을 세워 상자에 쌓아둔 세상 보물을 모두 기울여서 종이를 사고 먹 을 구하되 공경과 정성을 다하였으며, 산 속 깊이 사는 도인에게 삼가 명령하여 이 참문(懺文)을 인쇄하고 이 경전을 쓰게 하여 효

잎의 이슬처럼 쉽사리 없어진다는 뜻의 구슬픈 가사와 곡조로 되 었음.

도와 힘을 다해서 장황(粧潢)[143]이 이미 끝나 서원을 다 이루었으니, 특별히 경찬하는 훌륭한 자리를 베풀고 또 명양(冥陽)[144]의 법회를 열었습니다. 이에 백 천 만억 분신의 지장보살은 구름처럼 도량에 모이고, 팔만 사천의 성품을 덮은 진로업연(塵勞業緣)은 화굴(火窟)의 얼음처럼 녹습니다.

성모는 각화정여래의 형상을 받들었고, 양무(梁武)는 치씨 비(郗氏妃)의 고뇌의 몸을 구제하였으니, 비록 백 천 리 멀고멀다 하더라도 그 만분의 일에 불과하나이다.

이 한 마음의 간절한 정성을 삼보께서 증명하여 주실 것으로 생각하는 것입니다.

삼가 원하옵건대, 아무개 영가께서는 이 훌륭한 인연을 받들어 저 극락세계의 구품의 연대에 오르시어 항상 부처님 말씀을 듣고, 백 층이나 되는 누각 가운데서 언제나 옥호(玉毫)의 모습을 보소서.

또 원하옵건대, 자신에게는 수명의 셈[算]이 끊임없이 길게 하고, 녹(祿)과 지위는 더욱 높아지게 하며, 뜻은 소원과 함께 굳세고 마음은 서원대로 이루어지게 하며, 하늘처럼 영원한 봉궐(鳳闕)은 마침내 음양의 조그만 어그러짐도 당하지 않게 하고 땅처럼 장구한 용루(龍樓)는 항상 소수(巢燧)[145]의 큰 다스림을 볼 수 있게 하며 뚝뚝 떨어지는 남은 물결이 이르는 곳에는 보거나 들음에 기쁨이 따르고 모든 사람들에게 그 혜택 함께 젖게 하소서.

---

143) 장황(粧潢): 책이나 서화첩을 만드는 일.
144) 명양(冥陽): 명(冥)은 명계의 아귀 중. 양(陽)은 양계의 바라문 등 외도 중. 이 명계와 양계의 온갖 무리에게 널리 공양하는 법회를 명양회라고 함.
145) 소수(巢燧): 나무를 엮어 집을 짓고 살았다는 유소씨(有巢氏)와 나무와 부싯돌을 쳐서 처음으로 불을 얻어 살았다는 수인씨(燧人氏).

9. 임금을 축원하는 재의 소

수륙재의 공덕을 생각하기 어려우니 한우(旱雨) 중의 한우요, 군부의 은혜를 헤아릴 수 없으니 하늘 위의 하늘이라, 생성의 큰 은혜를 갚고자 할진댄 어찌 명양의 성대한 자리를 빌리지 않을 수 있겠습니까.

생각하오면, 아무개 등은 성대(聖代)에 함께 태어나서 인자한 물에 함께 목욕하였습니다. 빈부귀천과 여자와 남자의 겉모양은 비록 다르다 하더라도 승니(僧尼)·도속(道俗)으로 충정 효열(忠情孝烈)의 속마음만은 다르지 않습니다.

다행히 국가를 염려하고 선을 구하는 도인을 만나서 특별히 처자를 위해 상자에 쌓아 두었던 재물을 기울여서, 마침내 상서로운 좋은 날을 받아 삼가 삼단의 법연을 베풀었습니다.

궁전의 등불이 스스로 움직이고 스스로 밝은 것은 비록 금산(金山)의 옛 밤과는 다르다 하더라도 성(聖)·범(凡)과 인(人)·천(天)이 모여 온 것은 영취의 그때와 흡사합니다. 이 마음의 정성 이르는 곳에 그 거울은 두루 비칠 것입니다.

삼가 원하옵건대, 법계의 망령들은 주상 전하의 이 훌륭한 인연을 받들어 극락세계의 구품의 연대 위에서 함께 나서 항상 부처님의 말씀을 듣고 백 층의 누각 가운데서는 언제나 옥호의 모습을 보소서.

또 원하옵건대, 각각 소원을 가진 시주들과 연화(緣化)의 비구들에게는 때때로 일어나는 온갖 해로운 재앙이 없어지게 하고 날마다 갖가지 성스러운 경사가 있으며, 수명은 세월과 함께 무궁하고 쾌락은 진사(塵沙)로도 비유할 수 없게 하며, 구하는 것은 뜻대로 되고 원하는 것은 마음대로 이루게 하소서.

10. 세자 소상재의 소

1.

대각황(大覺皇)께서 최초로 가르침을 펴신 근본 목적은 널리 중생들로 하여금 모두 극락세계에 태어나게 하려 함이요, 이 보잘 것 없는 제자가 항상 가슴 속에 가득 채운 지극한 정성은 한결같이 죽은 사내로 하여금 동궁(東宮)으로 돌아오게 하려 함이었습니다. 그러므로 수륙의 특별한 법회를 의지하여 삼가 명양의 훌륭한 법회를 열게 되었습니다.

생각하오면, 순회 세자(順懷世子) 이씨(李氏) 영가는 성모께서 안아 보내 주신 사람이요 태을의 후예로서 그 효도는 하늘 끝에 닿았고, 그 어짐은 오직 본성 그대로였으며, 뜻을 기르되 순(舜) 임금과 같아지고자 하였고 만물을 사랑하되 요 임금과 같고자 하였습니다.

학문은 날로 나아갔고 총명은 때로 밝아졌으며 예악(禮樂)과 문장을 스스로 갖추었으므로 비잠동식(飛潛動植)[146]이 모두 기뻐하였고, 그 덕은 생성하는 천지의 덕과 걸맞았으므로 그 광명이 과거의 성인과 짝 할 만 하였습니다. 이 나라 백성들이 모두 기뻐하였으므로 부처님이 부촉하신 긴 목숨이라 여겼었는데 어찌 뜻하였겠습니까. 나라의 운수가 흉함이 많아 갑자기 이처럼 빨리 하늘의 부름을 맞았습니다.

비록 생사에는 운명이 있음을 알았고 오면 가는 것이 떳떳한 법칙임을 믿는다 하더라도 부모의 정으로야 얼마나 가슴 아프고 슬픈 일이겠으며, 대보(大寶)를 전할 곳이 없거늘 온 나라가 어디에 의지해야만 하오리까. 세월이 흘러가매 부질없이 자나 깨나

---

146) 비잠동식(飛潛動植): 날짐승, 물고기 등, 모든 동물과 식물.

슬픔만 쌓이고, 유명(幽明)이 멀리 막히었으니 다시는 보고 들을 기약이 없습니다.

오늘은 지난해와 다름이 없건만 부드럽고 성실한 안색과 아름 다운 얼굴은 어디에 있습니까. 생각이 여기까지 미치니 마음 달랠 길을 모르겠습니다. 그렇다고 부질없이 눈물만 삼키며 비통해 한들 무엇 하겠습니까. 다만 있는 정성을 다해 천도의 재를 올리는 것이 급한 일입니다.

그리하여 소상(小祥) 날을 당하여 특별히 큰 법회를 마련하였으니, 팔표(八表)의 양종(兩宗) 고승들은 뜰과 불전에 가득 차고, 삼덕(三德) 육미(六味)의 맛있는 공양은 그릇과 제단에 가득히 넘칩니다. 조그만 정성이 뚜렷한 곳에 커다란 거울 두루 비추소서.

삼가 원하옵건대, 시방 삼보의 자비로운 부처님과 삼계 사부의 여러 현인들께서는 특별한 큰 자비와 큰 서원으로 이 제자의 심정을 가엾게 여기시어 우리 순회 세자 이씨 곤령 선가로 하여금 이 천도하는 힘을 입어서 저 천초(天軺)[147]를 타시고 춘방(春坊)에 도로 내려와 다시 원사(元嗣)가 되시어 종사(宗社)의 큰 경사에 응하시고 신민(臣民)들의 모든 심회를 위로하게 해 주신다면, 이 제자가 감히 내조의 정성을 더욱 다하고 어찌 외호의 생각을 다시 내지 않겠습니까.

옛 사람은 한 끼의 밥을 받고도 오히려 그 몸을 잊었거늘, 지금 우리는 여러 부처님의 은혜를 입었사온데 어찌 머리털만 팔겠습니까. 우러러 대하나이다.

2.
불천(佛天)이 사람을 구제하려는 소원은 말세가 될수록 더욱 깊고 부모가 자식을 천도하려는 정성은 달이 갈수록 더욱 간절합니

---

147) 천초(天軺): 영구차.

다. 이에 귀의하는 정성을 다하여 접인(接引)의 자비를 우러러 비옵나이다.

생각하오면, 떠난 영혼은 바로 우리 세자로서 그 어묵과 동정은 스스로 법도에 맞아 삼백 고을 신민들의 환심을 얻었고, 학문과 사변(思辨)은 날로 발전하여 팔천년 종사의 큰 복에 크게 부응하였습니다.

그러나 어찌 뜻하였겠습니까. 나라의 운수가 어그러짐이 많아 학금(鶴禁)148)이 갑자기 꺾임을 당하였으니, 세자의 품부(稟賦)149)로 인하여 그리된 것입니까. 혹은 이 어미의 인과 때문에 그렇게 된 것입니까.

지난해부터 금년 가을이 되도록 하늘에 부르짖고 땅을 치며 슬퍼했으나 그 까닭을 알 수 없사와 무당에게 물어보고 점도 쳐 보았으나 그 징조를 아직도 알지 못했습니다. 그렇다고 부질없이 부르짖고 사모한들 무슨 이익이 있겠습니까. 오직 천도하여 영혼을 구제하는 것이 마땅한 일입니다.

이에 소상 날을 당하여 특별히 법회의 자리를 베풀었사오니 간절한 정성이 지극한 곳에 그윽한 감응 두루 비춰 주소서.

---

148) 학금(鶴禁): 세자의 궁전.
149) 품부(稟賦): 품성. 타고난 체질과 성질.

11. 청평사에서 임금의 춘추를 축원하는 수륙재의 소

　삼보를 받드는 제자, 사바세계 남섬부주(南贍部洲) 조선국 어느 도 어느 주 어느 산 어느 절 주지 도대선사(都大禪師) 아무개는 삼가 정성을 다하여 비옵나이다.

　엎드려 바라옵건대, 주상 전하에게는 거룩하신 몸 만세를 누리도록 하시고 음양의 나쁜 기운이 완전히 없어지고 몸과 마음의 병도 다 사라지게 하며, 하늘의 수명을 길이 받고 임금의 법을 크게 펴시며, 신경(神京)을 능히 넓히시고 종사를 크게 빛내시며, 빨리 거룩한 아들을 낳아 속히 태자로 세우셔서, 마침내 백성들로 하여금 모두 거룩한 교화에 돌아오게 하소서.

　왕비 전하에게는 어떤 재앙이나 장애도 없으시고 성수(聖壽)는 해와 같으며, 아름다운 덕은 선명(宣明)과 같으시고 어머니로서의 위의는 온 나라에 가득하시며, 정수리로 천종(天縱)을 낳으시고 옆구리로 생지(生知)를 낳으시게 하소서.

　성렬(聖烈)에게는… 공의왕대비 전하에게는… 전쟁이 그치어 사방에서 평안하고 우양(雨暘)이 순조로워 풍년이 들어 온갖 곡식이 마당에 쌓이며, 나라는 태평하고… 또 중종대왕에게는… 인종대왕에게는… 선왕 선후에게는… 깨끗한 세계에 바꾸어 나셔서 원종(圓宗)을 더욱 깨치게 하소서. 순회 세자 이씨 영가여, 도로 춘방으로 내려와 다시 태자가 되옵소서.

　다음에는 태조 강헌 대왕(康獻大王) 때로부터 지금의 우리 주상 전하에 이르기까지 조정에 충신·의사와 효자·순손(順孫)과 정남(貞男)·절부(節婦)와 양처(良妻)·선첩(善妾) 등은 예법의 도량에서 한가히 노닐면서 태평한 세상을 잘 마치게 하옵소서.

　일체의 명현(明賢)·석덕(碩德)은 오래도록 성의 정심(誠意正心)의 학문에 어두워지지 않아서 갈수록 입신양명의 공을 잊지 말고 의리 있는 임금을 가만히 도와서 끝없이 복을 누리게 하옵소서.

또 모든 난신적자(亂臣賊子)와 완처투첩(頑妻妬妾)과 은혜와 의리를 저버리고 간사하게 법을 어지럽히며 크게 교활하고 방자한 흉물들로 그 죄가 탄로되어 용서를 받지 못했거나, 오형(五刑)의 중죄를 범하여 마침내 나쁘게 죽은 무리들로서 스스로 뉘우칠 줄 모르고 도리어 독한 반역의 마음을 내어 원한을 품거나 이를 갈며 미워하다가 요사스럽고 귀상한 귀신이 된 자들이거나 혹은 부엉이 따위의 새가 여우 따위의 짐승이 되어 벽돌이나 기왓장을 던져 천궐(天闕)150)을 두렵게 하거나, 밤낮으로 울부짖어 궁궐을 놀라게 하여 안팎으로 하여금 두렵게 하여 정신이 헷갈리고 뜻을 잃게 하며 틈을 타고 기회를 엿보며 위를 넘보고 아래를 엿보면서 재앙과 화를 일으켜 태평세상을 어지럽히는 모든 원한 품은 자들이거나 또는 빚쟁이들의 넋들은 각각 빛을 돌이켜 서로 잘 비추어 보아 과거의 잘못이 자기를 그르친 것임을 뉘우치고 이제 하늘의 이치에 순종함이 옳다는 것을 깨달아 과거에 맺고 쌓은 울분을 버리고 앞으로 해탈의 도량에 나와서 다시 충효의 선비가 되어 태평성대의 교화에 일익을 담당하시오.

또 원하옵건대, 내 일을 듣고서 내 마음을 알아 기쁜 마음으로 충효의 마음을 일으키며 소원이 같고 따라 기뻐하는 여러 사람 등과 이미 돌아가신 부모와 고조·증조와 할아버지 아버지와 모든 원친(遠親) 및 법계의 망령들도 모두 극락세계에 태어나서 괴로운 중생의 세계에서 영원히 떠나시오.

특별히 큰 소원을 발하여, 금년에 처음으로 개간한 새 논에는

---

150) 천궐(天闕): 임금이 사는 궁궐.

언제나 농사를 지어 봄가을로 봉행하는 수륙재에 쓰고자 하였는데, 금년 가을에 그 논에서 난 백미 스무 석을 반으로 나누어 오늘의 깨끗한 공양에 쓰고 그 밖의 여러 가지 기구로서 뜻대로 되지 못한 것은 여러 시주들에게 거두게 하였더니 우리 공의왕 대비 전하께서 큰 시주가 되시어 갈료(獦獠)의 충성을 가엾게 여기시고 특별히 운소(雲霄)의 은혜를 내리셨습니다.

또 한 번 보거나 듣고 기뻐하는 서울 사람들도 같은 영향으로 멀리서 가만히 도와 이 소원을 두루 이루게 하시오.

이 달 어느 날을 가리어 깨끗한 음식을 갖추고… 이렇게 지극한 정성으로 다함이 없는 공덕을 비는 이들로써 삼가 다음과 같이 아뢰나이다.

바가범(婆伽梵)151)님의 십분 그윽한 감응은 만물을 이롭게 하는 가운데 삼심(三心)을 갖추셨고, 비구인 신(臣)은 한 조각 지극한 정성으로 임금을 축수하는 이외에 다른 마음이 없습니다. 그러므로 조그만 선행으로 큰 은혜를 입으려는 것입니다.

생각하오면, 제자는 석원(釋苑)에서는 외로운 근기요 선림(禪林)에서는 병든 잎사귀로서 외람되게도 두터우신 은혜를 받들어 영취의 법등을 거듭 밝히려고 주제넘게 큰 사랑에 젖어 다시 경운(慶雲)의 선찰에 앉았습니다.

여기 있거나 저기 있거나 하늘의 해와 똑같아서 다름이 없거늘, 멀거나 가깝다 하여 어찌 충성하는 마음 다름이 있겠습니까. 그러므로 여섯 시간의 만세의 산호(山呼)152)는 실로 두 곳의 꼭

---

151) 바가범(婆伽梵): 바가바(婆伽婆)·세존·중우(衆祐)·파정지(破淨地)라 번역함.
152) 산호(山呼): 임금에게 경축하는 뜻으로 부르는 만세. 한무제가 숭산에서 제사를 지낼 때 백성들이 만세를 부른 데서 나옴. 숭호(嵩呼).

같은 일용(日用)입니다.

옛 책에 '하늘이 보는 것은 내 백성들이 보는 데서 나오고 하늘이 듣는 것은 내 백성들이 듣는 데서 나온다.' 하였습니다. 화봉(華封) 사람이 저 요 임금 같은 어짐을 비는 데는 반드시 인지(麟趾)153)의 시가 우리 임금님께 어울리리라고 생각하였습니다. 그러하온대 어쩌다가 감응의 모순으로 드디어 정리(情理)가 어그러지게 되었습니다.

작년 가을에는 동궁(東宮)의 상사(喪事) 때문에 울어서 두 눈이 반쯤 어두워졌는데, 금년에는 대전(大殿)의 병환을 걱정하느라 양쪽 귀밑머리가 모두 희어졌습니다. 게다가 봄에 씨를 뿌릴 시기에는 가뭄이 화운(火雲)을 폈었고 가을 수확 때에는 천둥이 치고 비바람이 몰아쳤으니, 들에는 묵은 논이 질펀하고 마을 마당에는 쌓을 곡식이 없었습니다.

그리하여 세금을 낼 수 없는 백성들 열 중 여덟·아홉이 집을 버리고 흩어져 달아났고, 관리를 두려워하는 마을에는 백 집의 삼·사십 집이 모두 그 땅에 살 수 없게 되어 모두 이사 갔습니다.

이때를 당해서 만일 나라의 근본을 근심하는 깊은 심정이 있는 사람이라면 누가 나라의 바탕을 걱정하는 마음 간절함이 없겠습니까. 저와 같이 숲 속에 사는 이 미미한 소승(小僧)들은 더구나 임금님의 큰 은혜를 입었사온데 어떻게 음즐(陰騭)154)의 묘한 인

---

153) 인지(麟趾): 인지지화(麟趾之化). 주나라 문왕의 후비의 덕이 자손 종족까지 선화(善化)한 까닭에 시인이 인지지(麟之趾)의 시를 지어서 이를 칭송한 일로 인하여 황후·황태후의 덕을 기리는 말.
154) 음즐(陰騭) : 하늘이 은밀히 인류의 행위를 보고 길흉화복을 내림. 인민(人民)을 안정시킴. 음덕(陰德).

연을 구하여 특별히 하늘처럼 장구한 아름다운 복을 닦지 않겠습니까.

듣자오니, 저승이나 이승에 있는 성인이나 범부들로서 다 같이 이익을 얻으려면 진실로 수륙의 특별한 법회만큼 좋은 것이 없고, 죽었거나 살아있는 원수나 친한 이로써 평등하게 공덕을 입으려면 또한 명양의 훌륭한 법회보다 나은 것이 없다고 하더이다.

그러므로 양의 황제는 석가세존을 꿈꾸고 신비함에 감응하였고 진나라 임금은 영사(英師)에 애걸하며 구하였으니, 그 중생을 유익하게 하고 구제하려는 끝없는 정성을 어찌 말이나 뜻으로 헤아릴 수 있겠습니까.

그러나 혼자서 마련하기에는 힘이 없어 여러 시주를 구하였더니, 공의왕 대비께서 큰 시주가 되셔서 미미한 정성에 뚜렷이 응해 주시니 마치 맑은 못에 달이 박혀 있는 것 같고, 서원(瑞原) 부인께서 조그만 상자의 재물을 기울여 두 가지 소원을 가만히 도와주시니 빈 골짜기에 메아리가 울리는 것 같사옵니다.

이로 말미암아 두 김씨 혜(慧)·징(澄)과 여러 상궁·시녀들이 잇달아 백미를 따로 보내고, 혹은 각각 앞을 다투어 귀중한 패물을 주는 등 충성이 있는 사람들은 모두 공경하는 마음과 정성스런 마음을 내었습니다.

혹은 주영(珠纓)의 보결(寶結)에 부지런하고 혹은 금단(錦丹)의 운유(雲帷)를 마련하며, 어떤 이는 화룡(火龍)의 행기(行旗)를 수놓기도 하고 어떤 이는 사화(絲花)의 비봉(飛鳳)을 뜨기도 하며, 혹은 작은 바늘로 기꺼이 돕고 혹은 자리를 펴며 기꺼이 따랐습니다.

아래에서 이렇게 하였사오니 위에서 한 것이야 다 말할 수 있겠습니까. 중궁(中宮)과 자전(慈殿)에서는 차와 약과 패물을 뜻밖에 내려주시어 이 정성을 도우셨으니, 생각지도 않은 일이라 그 극진하신 덕을 우러러 감복하였나이다. 그리고 또 여러 가지 훌륭한 음식도 모두 궁중에서 나왔고 털끝만큼도 밖에서 얻은 것은 없사옵니다.

그리하여 하늘에서 재앙을 녹이고 상서를 내리는 좋은 날을 받아 우리 임금님을 오래 사시게 하고 우리나라를 복되게 하는 화려한 자리를 베풀었으니, 향기로운 공양은 비록 넓은 하늘에서 일어나는 조그만 구름 조각 같으나 거룩한 응감은 실로 천 개의 해가 세계를 비추는 것 같으소서.

삼가 원하옵건대, 주상 전하에게는 음양의 나쁜 기운 사라지고 연월(年月)의 재앙이 녹으며, 안이나 밖의 근심은 화롯가의 한 점 잔설과 같고 몸이나 마음의 병은 가을바람 앞에 반 촌 만한 조각 구름과 같으며, 해와 달이 함께 어우러져 밝고 천지처럼 오래도록 수(壽)하시며, 어질기는 소수(巢燧)보다 더하고 덕은 의헌(義軒)과 같으시며, 동금(銅禁)에는 상서가 내리고 초각(椒閣)155)에는 경사가 모이며, 금지(金枝)는 열매를 맺고 옥엽은 향기를 전하며, 다시는 천문의 그릇 행함이 없고 영원히 지리의 순서가 있으며, 백성들은 화목하여 부수(富壽)의 고향으로 돌아오고 변방은 안녕하여 전쟁이 없으며, 요풍(堯風)은 언제나 불어 백성들이 격양가(擊壤歌)156)를 부르며 취하고 불일(佛日)은 항상 밝아 스님들이 축리(祝釐)를 행하게 하소서.

왕비 전하에게는 한시라도 백해(百害)의 재앙 없게 하시고 날마다 천상의 즐거움 있으며 덕은 땅이 만물을 실은 덕과 부합되고

---

155) 초각(椒閣): 초방(椒房). 초벽을 두른 후비의 궁전으로서 후비를 뜻함. 초벽은 산초 열매를 섞어서 바른 벽인데, 산초는 열매가 많이 열리므로 자손의 번성을 축원하는 뜻으로 바름.
156) 격양가(擊壤歌): 풍년을 노래하는 시.

지위는 모의(母儀)에 바르고 빨리 생지(生知)의 아들을 낳아 종실의 복 길이 빛내소서.

성렬께서는… 덕의 산 하늘처럼 높고 복의 터전 땅처럼 두터우며, 천의 재앙이 변하여 만의 복이 되게 하되 복과 복은 무궁하고 억의 해가 합하여 하나의 해가 되게 하되 해와 해는 다함이 없으며, 안으로는 왕정을 도와 민물(民物)이 서로 통하게 하고 밖으로는 불법을 보호하여 다복하기가 솟아오르는 샘과 똑같게 하소서.

공의왕대비 전하께서는… 복을 주재하는 별과 경사로운 일을 주재하는 별은 빌지 않아도 봄 구름 모이는 듯 하고 재앙의 싹과 액의 싹은 물리치지 않아도 섶이 다해 꺼지는 불과 같으며, 날마다 여러 성인의 호위를 받고 때마다 온갖 신의 도움을 입으며, 수명은 건장한 참죽나무와 같고 도는 부처님의 어머님과 같게 하소서.

또 원하옵건대, 중종께서는… 인종께서는… 선왕·선후와 조종 여러 선가에게는 여래의 과체(果體)를 증득하고 보살의 인행(因行)을 다시 행하여 중생들로 하여금 모두 선방(善坊)을 따르게 하고 온 나라가 다 수역(壽域)에 들어가도록 하소서.

순회 세자 영가에게는 도로 학을 타고 내려와 다시 세자가 되어서 땅을 밟고 하늘을 이게 하여, 모두가 춤추며 기뻐 뛰게 하소서.

또 원하옵건대, 아무 등의 선고(先考)·선비(先妣) 영가는 모두 이 하루의 비밀한 천도를 힘입어 각각 저 칠보의 연대에 나게 하소서. 또 원하옵나니, 이 인연을 도운 아무개 식구 여러분과 서울 사람들의 세상을 떠난 부모와 고조·증조·조고(祖考) 등, 여러 영가들도 부처님의 자비를 입어 모두 해탈하게 하소서.

255

또 원하옵건대, 이 일을 기뻐해 주신 여러 보체(保體)157)는 어떤 재앙이나 장애도 없고 병도 없이 장수하며, 구하거나 원하는 것은 낱낱이 성취하게 하소서.

두루 원하옵건대, 위에서 말한바 충신·효자·열녀·정남(貞男)과 의리와 절개를 지키면서 일생을 잘 마친 모든 명현과 아사(雅士)의 혼령은 깨끗한 업을 부지런히 닦아 빨리 부처가 되고, 난신적자와 은의(恩義)를 저버리고 일생을 나쁘게 마친 간사하고 교활한 모든 영혼들도 여러 생에 지은 죄를 참회하고 여러 겁 동안 쌓아온 원한을 뉘우쳐서 그 마음이 밝은 달보다 더 깨끗하게 하시고, 그 성품이 넓게 트이어 걸림이 없는 맑은 허공처럼 비고 트이게 하소서.
그리하여 모든 현상은 다 허깨비와 같음을 깨닫고 한 마음이 진실임을 깨우쳐 굶주림에 고통 받는 귀신의 몸을 버리고 빨리 건강한 사람의 몸을 얻어, 악을 고치고 선을 닦으며 간사함을 바꾸어 충성을 행하게 하소서.

또 원하옵건대, 마음을 같이하고 힘을 합하여 한 절의 스님들의 세상을 떠난 부모 스승 등, 여러분의 영가와 또 우리 선고·선비·선사·도우(道友)·상좌·권속의 고조·증조·조고 등, 여러 영가와 모든 친원(親遠) 및 법계의 망령들도 괴로운 무리를 아주 여의고 모두 극락세계에 태어나게 하소서.

또 원하옵건대, 종실 여러 대군들도 한결같은 덕으로, 문무의 관료들은 같은 맹세로 다 같이 공을 세우기에 힘쓰고 각각 신하의 직분을 부지런히 하게 하소서.

---

157) 보체(保體): 몸을 보호한다는 뜻으로 살아있는 사람의 축원문의 성명 밑에 쓰는 말.

또 원하옵건대, 제자 아무개는 날마다 금화로의 향불을 더욱 보태고 때로 산에서 요도(瑤圖)를 빌면서 지금부터 미래가 다할 때까지 정성스런 마음이 더욱 굳세어 생마다 항상 소대(昭代)를 향하는 신민이 되고 따뜻한 정은 더욱 그윽하여 언제나 성모를 따르는 영향이 되어, 혹은 도둑의 칼날 위에서나 천둥과 번개의 벼락 가운데서도 진실로 나라를 편안하게 하는 이익만 있다면 마침내 목숨을 버리는 것도 사양하지 않고 기어코 내 마음의 충성을 다하여 저 불과(佛果)가 원만해지기를 기약하되, 저 허공의 성질은 소멸할 때가 있더라도 이 진실한 마음은 결코 멸하지 않게 하소서.

또 원하옵건대, 꿈틀거리는 사생(四生)은 모두 다 애욕의 흐린 물결에서 벗어나고, 아득한 구류(九類)는 모두 선정(禪定)의 맑은 물에 들어가게 하소서. 우러러 대하나이다.

율곡(栗谷) 이이(李珥)

조선시대(1536~1584). 호는 율곡(栗谷), 석담(石潭), 우재(愚齋).
어머니는 신사임당. 이황과 더불어 추앙받는 성리학자. 13세의
나이로 진사에 합격. 23세 때 58세의 이황을 처음 만난 이후, 나이
차이에도 불구하고 교류가 깊었다. 이조판서를 지내다
이듬해 49세로 세상을 떠났다.

퇴계선생의 돌아가심을 애도하며

판단의 기준을 잃고, 부모를 잃고, 주인을 잃고, 희망을 잃은 세상이었습니다. 임금이 허둥지둥 하신들 그를 보필할 사람 없고 어린아이가 울어댄들 그를 구해줄 이 없으며, 온갖 이상 현상이 다 생겨도 이를 막아 줄 현인이 없고 아득한 긴긴 밤이라서 따스한 볕을 쬐어줄 길이 없었습니다.

아! 선생이 탄생하심은 참으로 잃어버린 기운이 모인 것이었습니다. 옥처럼 따스하신 모습이 참으로 순수하셨습니다. 뜻은 빛나는 태양을 관철하고 행실은 가을 물보다도 맑았습니다. 선(善)을 즐기고 의(義)를 좋아하여 나와 남의 틈이 없었습니다.

열심히 책을 보시고, 신묘한 경지를 사색하시면서 정밀(精密)하게 연구하여 실처럼 쪼개고 터럭처럼 나누어서, 그 깊고 아득한 도학의 경지를 훤하니 보고 얻으셨습니다.

도학은 원래 뭇 학설이 서로 어긋나고 드넓고 섬세하였지만, 이를 절충하여 하나로 모아 통해 놓으셨으니 자양(紫陽, 주자)선생이 그 스승이었습니다.

정계의 급한 물살에서 용감히 물러나와 무리를 이탈하여 사람들을 벗어나서, 깊이 산속에 들어가 도를 지키셨으니 부귀는 한낱 뜬구름이었습니다. 그러나 나라 안의 일이야 반드시 소문이 나는지라 아름다운 소문이 임금에게 알려졌습니다.

명종께서 간절히 기다리며 부르다가는, 그윽히 사시는 곳을 그림으로 그려 대궐에 높이 걸어놓고 보았고, 선조께서 다시 이를 물려받아서 자리를 비워놓고 목마르게 기다렸더니, 상서로운 봉황처럼 모습을 나타내시어 임금을 가르치시는 자리가 빛이 났습니다.

열 개의 그림으로 임금을 가르쳐 깨우치시니 남들이 모르는 도의 경지를 탐구해서 펴 밝히신 것이었습니다.

세상에서 우러러봄이 날로 높아갔으나 그럴수록 더욱 낮추시어 사직을 청하여 대궐을 하직하고는 호연(浩然)히 고향으로 돌아가셨습니다. 나오시느냐 물러 가시느냐에 따라 나라의 안위(安危)가 달라졌었습니다.

적막한 퇴계(退溪)의 물 기슭에서 찾아오는 사람들을 가르치심에 사람들이 잘 모르던 말을 분명하게 밝히시니 지혜의 빛이 이어지고 새로워졌습니다. 조정에 나와 백성들에게 혜택을 주지는 않았으나 물러가서 뒷사람들에게 깨우쳐주셨습니다.

어린 제가 학문의 길을 찾지 못하여 이리저리 헤매며 사나운 말처럼 마구 내달릴 때에 가시밭길이 사뭇 험하기만 하였습니다. 거기에서 방향을 바꾼 것은 실로 선생님의 깨우쳐주심을 입은 덕택이었습니다.

그러나 초심(初心)을 관철하기는 원래 어려운 일인지라, 저의 지리멸렬함이 서글프기만 하여 책을 짊어지고 다시 찾아가 학업을 마치리라 생각했었는데, 하늘이 그만 남겨두지 않아서 철인(哲人)께서 서둘러 떠나시고 말았습니다.

송강(松江) 정철(鄭澈)

　　서울 출신이다(1536~1593). 자는 계함(季涵), 호는
송강(松江)·칩암거사(蟄菴居士). 윤선도·박인로와 함께 3대 시인으로
꼽힌다. 정치가로서의 삶을 사는 동안 몇 번의 탄핵과 유배생활을
했다. 그러나 국문학사에서 그 이름이 더 높아 많은 작품을 남겼다.
『사미인곡』·『속미인곡』·『관동별곡』·『성산별곡』및 시조 100여 수는
우리말의 아름다움을 살린 걸작이라는 평을 받는다.

이이(李珥) 이율곡을 애도하며[挽栗谷]

1

물위로 솟은 연꽃, 볼수록 천연(天然)하네!
수백 년에도 만나기 어려운 빼어난 기운
하늘이 이 나라에 끊어진 학문을 전하려고
이 사람을 낳아서 성현의 앞날 잇게 했네.

마음속엔 환중(環中)의 묘수가 넉넉히 있고
눈 아래엔 어려운 일 전혀 없었네
어느 곳에서 왔다가 어는 곳으로 가는가
이제 서로 이별하니 어느 때 돌아올까.

2

소학이란 책에서 성리(性理)를 깨쳤으니
성현의 자질이 이미 삼분이나 있었네
과거(科擧) 길이 어찌 공명(功名)만의 길이리오
문필과 글에는 끝이 없어 도와 의(義)의 근원이었네.

신선 골에 아득히 머물러 용과 노루 족적 가득하고
돌의 연못[石潭]에는 물구름의 흔적 잠겼네라
황천에서도 슬픔은 다함없으니
보답 못한 임금님의 은혜 세상에선 못 갚겠네.

3

나보다 먼저 왔으니 가는 것 역시 먼저겠지만
죽고 산다는 것을 어찌 하지 못 하는가
진헐대(眞歇臺) 주변의 달을 따르고자

마침 비로봉 위의 신선이 되었겠지요.

천겁을 비록 재가 되어도 그대를 얻지 못하니
구원에 가게 되면 다시 그대를 만나려나
아양곡(峨洋曲)158)의 뜻 알아들을 이 없으니
종자기(鍾子期)159) 위해 거문고 줄 끊을 수 밖에.

---

158) 아양곡(峨洋曲): 지음(知音), 즉 마음까지 통할 수 있는 친구(知己)
를 말한다.
159) 종자기(鍾子期): 백아절현(伯牙絶絃)의 고사(故事)이다.
옛날 중국 진(晉)나라에 거문고의 달인 유백아(兪伯牙)라는 사람이
었다. 어느 날 자신이 태어난 초(楚)나라에 사신으로 가게 되어 휘
영청 달빛 아래서 거문고를 뜯었다. 이때 종자기라는 사람이 그
소리를 엿듣고 있었다. 종자기기는 지음(知音)의 경지에 이른 사람
이었다. 백아가 달빛을 생각하며 거문고를 뜯으면 종자기는 달빛을
바라보았고, 백아가 강물을 생각하며 거문고를 뜯으면 종자기도 강
물을 바라보았다. 거문고 소리만 듣고도 백아의 속마음을 읽어냈던
것이다.
둘은 의형제를 맺었다. 이듬해 백아가 다시 고향땅을 찾았을 때
종자기는 죽고 없었다. 백아는 친구의 묘를 찾아 마지막 최후의
한 곡을 뜯고는 거문고 줄을 끊어버렸다. 그리고 다시는 거문고를
타지 않았다. 이 세상에 자기 거문고 소리를 제대로 들어줄 사람
이 없었기 때문이다.

송강과 율곡은 같은 해(1536년)해 태어났다. 누구보다 가까운 사이였다. 다음은 율곡이 떠난 후 그를 생각하며 남긴 시다.

열흘 넘어 병들어 강가에 누워
가을철에 서리 맞은 온 나무 시들어졌네
달도 밝고 물도 맑은 가을철이라네
묏부리에 구름 걸려 한기가 돈다.

옛 생각 사무쳐 눈물 흘리니
임 그리워 난간에 기대섰다
만나고 이별함에 예와 다르랴
나그네 마음이 더욱 스산하네.

서산대사(西山大師)

조선시대 스님(1520~1604). 속명은 최여신(崔汝信).
자는 현응(玄應), 호는 청허(淸虛). 휴정은 법명이다.
묘향산에 오래 머물렀기 때문에 묘향산인(妙香山人) 또는
서산대사로 불린다.
15세 때 과거를 보았으나 낙방 후,
5년 동안 『전등록』·『염송』·『화엄경』·『반야경』 등의 교리를
탐구하다가 깨달은 바 있어 스스로 시를 짓고 머리를 깎았다.
임진왜란(1592)이 일어나자 선조의 부탁으로 전국에 격문을 보내
문도 1,500명으로 승군을 조직, 평양탈환작전에 참가했다.
선조와 휴정이 주고받은 시가 그의 문집에 전한다.
그의 제자 천여 명 중에서도 사명유정(四溟惟政)·
편양언기(鞭羊彦機)·소요태능(逍遙太能)·정관일선(靜觀一禪)으로
조선 후기의 불교계를 대표한다.
저서로는 문집인 『청허당집(淸虛堂集)』을 비롯하여
『선교석(禪敎釋)』·『선가귀감(禪家龜鑑)』·『설선의(說禪儀)』·『운수단(雲水
壇)』 등이 있다.

1. 북방을 정벌한 장수를 곡(哭)함

단심(丹心)은 고국의 달이요
백골(白骨)엔 타향의 봄이로세.
공(功=汗)160)은 역사에 들었고
그 이름 길 가는 사람들의 입에 오르내리네.

丹心故國月　白骨他鄉春
汗入烟中竹　名喧路上人

자리 말듯161) 몰아 칠제 하늘이 들먹이고
서릿바람 칼꽃[劍花]을 날렸으나
군중에 큰 별 떨어지니162)
빙하를 다시는 건너지 못하네.

席捲天疑動　霜風拂劍花
軍中大星落　無復渡氷河

---

160) 아직 종이가 없던 옛날에는 죽간(竹簡)에 글을 적었었다. 그러나
　　 푸른 대는 이내 좀이 먹어 오래 가지 못하므로 불에 구워 대의 진
　　 을 빼냈었다. 거기에 역사를 적었으므로 '烟中竹'은 책을 말하고
　　 '汗'은 전공(戰功)을 말함.
161) 파죽지세(破竹之勢)의 전세(戰勢).
162) 제갈량(諸葛亮)이 죽을 때 하늘에서 큰 별이 떨어졌었다.

266

2. 진기자(陳碁子)[163]를 곡함

뜰의 풀잎은 아직 이슬을 머금고
동산의 샘물은 제 절로 흘러 못으로 드네.
평생을 바둑판[玉局]으로 웃더니
오늘은 백양(白楊)[164]이 슬프구나.

庭草猶含露　　園泉自入池
平生玉局笑　　今日白楊悲

적막한 문전(門前)의 길
누운 버들가지에 봄은 피는데
천년 요해(遼海)의 학(鶴)이
어느 때나 화표에 돌아올꼬.

寂莫門前路　　春生臥柳枝
千年遼海鶴　　華表返何時

---

163) 진기자(陳碁子) : 바둑을 잘 두는 진씨(陳氏).
164) 백양(白楊) : 무덤가에 백양을 심는다는 뜻.

267

3. 어미 잃은 까마귀

어미 잃은 까마귀165) 새끼
까옥 까옥 처절하구나.
사람이다 까마귀다 어찌 논하랴.
오늘 내 마음을 일으키누나.

失母玆烏子　　啞啞哀怨深
何論人與烏　　今日起予心

---

165) 까마귀는 다른 새와는 달라서 새끼가 크고 어미가 늙으면 먹을 것
　　을 물어다가 어미를 먹인다고 하여 자오(玆烏)라 부른다.

4. 아이를 곡함

이십년 전 꿈이
혼혼(昏昏)한 한 베개 가운데라.
인간의 나고 죽기 괴롭나니
서방으로 가 가지 바람[柯風] 들으라.

二十年前夢　昏昏一枕中
人間生死苦　西去聽柯風

5. 선사(先師)의 진(眞)에 찬(贊)함

　　구름을 재단해 흰 납의(衲衣) 지었고
　　물을 베어 맑은 눈동자 만들었네.
　　배[腹]에 가득히 주옥(珠玉) 품었으니
　　신광이 두우(斗牛)에 쏘네.

　　剪雲爲白衲　　割水作淸眸
　　滿腹懷珠玉　　神光射斗牛

6. 죽은 중[僧]을 곡함

올 때는 흰 구름 더불어 왔고
갈 땐 밝은 달 따라 갔네.
오고 가는 한 주인
필경 어느 곳에 있는가.

來與白雲來　去隨明月去
去來一主人　畢竟在何處

271

7. 박상사(朴上舍)를 곡함

붉은 명정(銘旌) 새벽에 출발하자 슬픈 바람 움직이니
푸른 바다 뭇 봉우리 밑에 얽혔다
학(鶴)이 가고 난 주두(柱頭)166)에 하늘이 아득하니
흰 구름에 속절없이 제향(帝鄕)167)의 가을 바라본다.

한 세상 하루살이
칠십삼 년 뜬 물거품과 같네
깊은 밤 노래 소리 다시 슬픈데
백양(白楊) 가지 위에 달이 천추(千秋)로세.

紅旌曉發悲風動　靑海群峯眼底繆
鶴去柱頭天杳杳　白雲空望帝鄕秋

人生於世緲蜉蝣　七十三年等水鴍
半夜悲歌聲更苦　白楊枝上月千秋

---

166) 주두(柱頭): 요동(遼東)의 학(鶴)은 위에 주석 되었다. 정령위(丁令
　　威)가 화(化)하여 된 그 학이 요동(遼東)의 화표주(華表柱) 머리에
　　날아 앉았다가 다시 날아갔다 한다.
167) 제향(帝鄕): 요(堯)의 말에 '죽을 때에는 저 흰 구름을 타고 제향
　　(帝鄕=天上)으로 돌아가리라'한 말이 있다.

8. 노대헌(盧大憲) 대효(大孝)의 여소(廬所)에 올림

태백산인(太白山人) 아무는 머리를 조아리고 삼가 절하며 대효
(大孝) 대헌 상공(大憲相公)의 여하(廬下)에 글월을 올립니다. 유월
초에 우연히 두류산(頭流山) 중편으로 선대 부인(先大夫人)의 존체
(尊體)께서 갑자기 돌아가셨다는 말을 듣잡고 놀라고 통곡하기를
마지 않았습니다.

또 듣자하오매 사랑하시는 아우님이 세상을 버리셨다 하오니
천리 밖에서 한갓 스스로 슬퍼할 뿐이옵니다.

엎드려 생각하오면 대효이신 영상께서는 거듭 큰 환(患)을 만나
애끓는 부르짖음을 어떻게 견디시오며 얼마나 애통하시고 얼마나
망극(罔極)하시옵니까. 그러하오나 천하에 공통된 슬픔이요, 고래
(古來)로 같은 참변이라 이치는 본래부터 이러한 것입니다.

엎드려 빌건대 대효이신 상공은 억울하고 애타는 마음을 너그
럽게 가지시고 억지로라도 소식(蔬食)을 잡수시면서 예제(禮制)를
그대로 쫓아 지극한 효성 다 하시기를 엎드려 빌고 비옵니다.

아무는 한낱 쇠약한 몸으로 병들어 산골짜기에 누워 달려가 위
로할 길이 없사오니 그 걱정과 안타까운 정성을 말할 바 없습니
다. 삼가 화등(畫燈) 한 쌍과 부용(芙蓉) 두 짝을 멀리 영연(靈筵)
에 올립니다. 굽어 살피시기 바라오며 예를 갖추지 못하고 삼가
글을 올리나이다.

9. 수충사(酬忠祠)에서 내리신 제문

건륭(乾隆) 59년 갑인(甲寅) 4월 8일에 국왕은 신하 공조정랑 겸 춘추관 기주관(工曹正郎 兼 春秋館 記注官)인 승응조(承應祚)를 보내어 국일도대선사 선교도총섭 부종수교보제등계 존자 증표충선사 휴정(國一都大禪師 禪教都摠攝 扶宗樹教普濟登階 尊者 贈表忠禪師 休靜)의 영(靈)에 제사하노라.

집에 있으면 충성하고 출가하여서는 중생을 사랑하고 가엾이 여겼다. 그 인연은 혹 경우가 다르지만 그 뿌리야 어찌 다른 갈래이겠는가. 생각하면 선사는 영기(靈氣)를 모아 무리에 빼어난 자질이다. 맑았어도 오히려 자취는 응했고 허(虛)했어도 중생을 저버리지 않았다.

운장(雲章)과 보묵(寶墨)은 성조의 은총이셨다. 돌아가 산문(山門)에 모셔두매 어찌 감히 깊은 은총을 잊었으랴. 세법(世法) 시현(示現)하여 의병의 깃발을 떨칠 때, 요사스러운 기운은 모두 없어지고 하늘의 해는 밝게 나타났다. 종사(宗社)에 공을 이루었으매 대국(大國)168)에 이름을 드날리더니 빛을 돌려 돌이켜 비추매 고요하기 무위(無爲)와 같다.

저 당(唐)나라 업후(鄴侯)169)와 같이 공이 어찌 그리도 기이한고, 제자가 큰 바다 저쪽에 지팡이를 날리매 오랑캐의 괴수는 이미 두려워하여 국운이 다시 편안하게 되었다. 의발을 전함으로써

---

168) 대국(大國): 임란(壬辰)에 선조(宣祖)가 의주(義州)에서 평양으로 돌아올 때에 서산대사가 앞에 모시고 오매 명나라 장수 이여송(李如松)이 시를 지어 칭찬하였다.

169) 업후(鄴侯): 당나라 이필(李泌)은 산인(山人)으로 난중(亂中)에 나와서 공을 이루어 업후(鄴侯)의 봉함을 받고는 다시 형산(衡山)으로 돌아갔다.

의(義)를 세워 때를 바로 잡았으니 실로 선종(禪宗)을 힘입어 우리 민이(民彝)170)를 빛나게 했다.

나는 처음 멀리 추모하여 남쪽의 사당에 화고(華誥)로써 그 현판을 빛내었더니 높고 높은 향악(香岳)에는 그 유상(遺像)이 휘장에 있다 하네. 하물며 나고 자라고 늙고 열반함이 또한 서도(西道) 지경에 있었음이랴. 곧 거기에 사당을 세우기로 하여 유사(有司)에게 명하였다.

동우(棟宇)를 새롭게 하고 큰비[豊碑]를 세웠다. 두 글자[酬忠]의 아름다운 이름으로 위대한 공적을 추모한다. 장차 풍성(風聲)171)을 수립하려 함이어늘 어찌 거듭 베풀음을 꺼리겠는가.

해는 갑인 아침 욕불(浴佛)의 시일을 맞이했으니, 금화(金花)에는 해가 빛나고 보개(翹翹)는 구름이 옮긴다. 이날에 향(香)172)을 내려 황조(皇朝)의 의식을 모방하나니 아득한 겁의 세월에 성열(聲烈)이 밝게 드리우리. 영(靈)이 물173)과 같으니 와서 흠향 하오리.

---

170) 민이(民彝): 여기서는 사람마다 지켜야 할 오륜(五倫)을 말한 것인데 서산 사명이 군신(君臣)의 의(義)를 알았다는 말이다.
171) 풍성(風聲): 충절을 장려하여 풍기(風紀)를 진작함. 남도와 서도에 중첩으로 수충사(酬忠祠)를 세웠다는 말이다.
172) 향(香): 국가에서 향(香)을 내려 보내어 제사를 드리는 전례(典禮)이다.
173) 소동파(蘇東坡)의 글에 '신령(神靈)은 땅에 있는 물이 어느 곳에서나 파면 나오듯 하여 신령도 곳곳마다 정성을 들이면 응감한다.'하였다.

10. 대심대비 천대왕소(代沈大妃薦大王疏)

성인의 지혜는 밝고 신령스러워 아침 해가 먼 하늘에서 오르는 것 같고 범부의 몸이 나왔다 빠졌다 하는 것은 밤 달이 밝은 못에 비치는 것 같으므로 만일 간절히 귀의하면 곧 감응에 통할 수 있습니다.

제자는 엎드려 생각하옵건대 전몽(旃蒙)174)의 해에 보위(寶位)에 오르시고 단알(單閼)175)의 해에 심궁(深宮)에 짝하시매, 고기와 물이 서로 즐기고 바람과 구름이 왕성히 어울렸습니다.

모든 관리의 정치는 하나의 정치가 되고 모든 백성의 마음을 하나의 마음으로 삼아, 마치 아이들이나 손자처럼 사랑하여 기르매 아버지와 어머니처럼 우러러 받들었습니다. 하루아침의 경사로운 일이 천고(千古)에 듣기 드물었더니, 어찌하여 북궐(北闕)의 화변(火變)이 처음으로 생기고 남새(南塞)의 왜진(倭塵)은 계속해 일어났던 것입니까.

삼보(三寶)에 마음을 기울였으나 이치로 영험이 없었고 사공(四供)에 힘을 다했으나 실제로 위험만 더하였으니, 계해년(癸亥年) 가을에 동궁(東宮)이 갑자기 비고 을축년(乙丑年) 여름에 자전(慈殿)이 또한 적막해졌습니다. 그리하여 대왕은 최질[喪服]의 삼년 동안에 먹는 죽을 감하여 얼굴빛이 검어지고, 만 가지의 걱정에 늙지도 않았는데 머리가 희어졌습니다.

그러다가 금년에 이르러 임종(林鍾)·금붕(錦棚)의 새벽에 정호(鼎湖)의 용이 찬 안개를 탔고, 무역[無射]·패수(佩茱)의 달에 무릉(武陵)의 소나무가 슬픈 바람을 일으켰으니, 신민들의 통곡에는 하늘빛이 아득하였고 전각이 부질없이 잠기매 벌레 소리만 구슬

---

174) 전몽(旃蒙): 십간(十干)의 을(乙)을 말함.
175) 단알(單閼): 십이지의 묘(卯)를 말함.

폈습니다.

요사(夭死)를 늘일 수 없으니 인자(仁者)의 수명은 정할 수 없었기 때문이요. 죽은 사람은 다시 살 수 없었으니 그것은 천리(天理) 운수의 필연이었기 때문입니다. 아아, 일찍이 장수(長壽)를 구하였으나 갑자기 죽음을 불러왔고 일찍이 복을 맞이하려 하였으나 지금에 화를 가져왔습니다.

인과(因果)가 없다 하여 귀머거리 속인들의 의혹을 면하지 못하였으나, 그 과보에는 앞뒤가 있거늘 누가 명귀(冥龜)의 거울에서 도망할 수 있겠습니까.

그러나 이미 지나간 일이라 호소한들 무엇 하겠습니까. 한갓 과거를 생각하여 애정의 강물에 빠지는 것이 어찌 재천(齊薦)으로써 복의 바다를 닦는 것만 하겠습니까. 이에 금강(金剛)의 깨끗한 절에 나아가 정성스레 무차(無遮)의 법연(法筵)을 베풀었으니, 자성(自性) 속의 삼신(三身)의 부처님께 귀의하는 것이요, 자심(自心) 위의 한 권의 경책을 읽는 것입니다.

범(梵)의 소리는 최상의 종풍을 아뢰고 법의 음악은 무생(無生)의 곡조를 아뢰며, 용과 코끼리는 화장세계(華藏世界)에서 서로 날뛰고 사람과 하늘은 영추도량(靈鷲道場)에서 서로 만났습니다.

가만히 생각하오면 대왕의 선가(仙駕)는 현재의 업은 어길 수 있으나 과거의 인연은 헤아리기 어려우므로 혹 원결(寃結)을 만나지나 않을까 두렵고 미도(迷途)에 머무르지나 않을까 의심스럽습니다. 그러므로 반드시 자비의 배를 빌어야 비로소 괴로움의 바다를 넘을 수 있을 것입니다.

엎드려 원하옵건대 대왕의 선가는 황금대(黃金臺) 위에서 나뭇가지의 바람 소리를 들으면서 소요(消遙) 하시고, 백옥지(白玉池)

277

속에서 연꽃을 밟으면서 유희하게 하소서.

또 엎드려 원하옵건대 주상 전하는 천력(天曆)을 길이 받으시고 황유(皇猷)를 널리 펴시어, 왕업의 기초를 다시 회복하시고 종사(宗社)를 거듭 빛내게 하여 주소서. 또 원하옵건대 왕비 전하는 수의 산이 더욱 높고 복의 바다가 더욱 깊게 하여 주소서.

그리고 제자는 다섯 가지 장애가 한꺼번에 사라지고 두 가지 장엄을 완전히 갖추며, 몸은 쇠와 돌같이 튼튼하고 명은 소나무와 참죽나무처럼 보존되어 감로의 남은 물결에 궐정(闕庭)이 고루 목욕하고, 삼도(三途)가 함께 이익을 얻고 칠취(七趣)가 모두 은혜에 젖게 하소서.

제자는 간절히 비는 지극한 정성을 견딜 수 없나이다.

11. 정발(幀跋)

제자 선·교의 일을 겸해 맡은 도대선사(都大禪師) 아무는 삼가 극락교주 아미타불의 거룩한 얼굴 한 정(幀)을 그리고, 향을 사르고 정례(頂禮) 하면서 큰 서원을 세우나이다.

나는 임종할 때에 죄의 장애가 모두 사라지고 서방 대자존(大慈尊)의 금빛 광명 속으로 나아가 수기(授記)를 받고, 미래 세상이 다할 때까지 중생을 건지겠나이다.

허공은 다할 때가 있으나 이 서원은 다하지 않사오니, 시방(十方)의 모든 부처님은 증명하소서.

12. 채씨(蔡氏)가 남편을 천도하는 게송

많은 겁(劫)의 인연 덩어리
염부(閻浮)에 하루 저녁 죽었다.
건곤(乾坤)이 검은 빛 되니
해·달이 문득 빛이 없다.

울음을 머금으니 속절없이 뼈 녹이고
소리를 삼키니 창자 끊는다.
은혜를 버림이 비록 부처 법이나
추원(追遠)함도 또한 유(儒)의 삼강(三綱)이다.

유명(幽冥)의 괴로움에서 빠져 나려거던
대법왕(大法王)에 귀의하라.
단(壇)에는 여섯 가지 맛을 올리고
화로엔 오분향(五分香)을 사르니
색색(色色)에 따라 진심(眞心)이 드러나고
소리소리 자성(自性)이 드러난다.

원컨대 이 공덕의 힘으로
영가가 천당에 오르시라.
칠취(七趣)가 한 가지 꿈을 깨고
삼도(三途)가 다 미친 것을 그치지이라.

積劫因緩聚　閻浮一夕亡
乾坤成黑色　日月忽無光

飮泣空銷骨　呑聲暗斷腸

捨恩雖佛制　追遠亦儒綱

欲拔幽冥苦　歸依大法王
壇呈六種味　爐熱五分香
色色眞心露　聲聲自性彰

願斯功德力　靈駕上天堂
七趣俱醒夢　三途盡歇狂

281

13. 천사소(薦師疏)

부처님은 지혜의 횃불이 되어 어두운 거리에서 햇빛을 보이시고 법은 바로 자비의 배라 괴로움 바다에 깊이 빠진 중생을 건져줍니다. 만일 부처님과 법에 귀의하지 않으면 어떻게 사람과 하늘을 이롭게 할 수 있겠습니까. 맑은 법의 물을 드날려 깨달음의 달빛을 맞이하려는 것입니다.

저 영가를 생각하면서 아뢰옵나니, 내 스승은 일찍이 티끌세상의 번거로움을 벗어나 몸을 운수(雲水)에 붙였었으니, 길상산(吉祥山) 밑에서 오실 때에는 외로운 그림자가 하늘에 나부끼었고, 반야봉(般若峯) 꼭대기에서 참선하실 때는 한 암자가 깨끗하였습니다.

법랍(法臘) 칠십 년 동안 몇 개의 좌복을 앉아서 해지게 했으며, 수명 팔십년 동안에 자고 먹으면서 얼마나 많이 재계(齊戒)하였습니까.

스승에게는 조상을 빛내는 높은 풍도(風度)가 있었지마는 제자에게는 스승을 나타낼 좋은 덕이 없었습니다. 젊어서는 학업에 얽매었고 자라서는 살아가기에 분주하여, 미처 정성을 바치기 전에 갑자기 세상을 떠나시니, 그 음성과 모습을 생각하고는 크게 탄식하고 지팡이와 신을 돌아보고는 더욱 슬퍼하는 것입니다.

여기 여섯 가지 공양의 구름을 일으키고 세 단(壇) 묘한 법의 자리를 베풀고 온몸을 땅에 던져 그윽한 도움을 비는 것이옵니다. 제망(帝網)의 조어사(調御師)와 찰진(刹塵)의 현성(賢聖)들은 모두 크게 가엾이 여기는 손으로 망령(亡靈)을 인도하여 주소서.

생각하오면 돌아가신 스승은 현세의 업은 피할 수 있으나 과거의 인연은 헤아리기 어렵기 때문에 혹 원결을 만나지나 않을까 두렵고 미도(迷途)에 머무르지나 않을까 의심스럽습니다. 그러므로 반드시 자비의 배를 빌어서야 비로소 극락의 저 언덕에 오를 수 있을 것입니다.

엎드려 원하옵건대 황금대 위에서 나뭇가지의 바람 소리를 들으며 소요하고, 백옥지 속에서 연꽃을 밟으며 유희하게 하시고, 남은 물결이 두루 번지어 괴로워하는 중생들이 함께 젖게 하소서.

제자는 간절하고 지극한 정성을 견딜 수 없어 옥호(玉毫)를 우러러 삼가 글을 올리나이다.

14. 대 채씨천부소(代蔡氏薦夫疏)

모든 부처님의 크고 둥근 거울은 본래 신령스럽고 밝으며, 중생들의 허망한 몸은 반드시 출몰합니다. 그러므로 간절히 귀의하면 묘한 감응이 두루 나타나는 것입니다.

망령은 이 첩(妾)의 좋은 짝으로서 그 영혼은 지금 세상 밖에 놀지만 그 자취는 이 티끌세상에서 같이 있었습니다. 성질은 본래부터 온순하고 선량하여 한 덩이의 화한 기운이었으므로, 은혜는 향당(鄕堂)176)에 입히었고 덕택은 고궁(孤窮)에 미쳤었습니다.

언제나 있는 그윽한 약속은 비파와 거문고 같았고, 매양 하는 깊은 맹세는 함께 늙고 함께 죽자는 것이었습니다.

어찌하랴, 십년 동안의 달고 쓴 맛도 마치 반나절의 생애와 같았더니, 하루 저녁에 죽고 말매 비로소 평생의 영원한 이별임을 깨달았습니다. 하늘 끝 외짝 기러기를 바라보면서 마음을 상하고, 무릎 아래 어린 딸들을 어루만지면서 눈물을 삼킵니다.

이미 그 혼을 돌이킬 재주가 없거늘 마땅히 복을 닦기에 마음을 다해야 하겠습니다. 애정을 베고 은혜를 끊는 것이 부처님의 법이라 하오나, 죽음을 정중히 하고 과거를 그리워하는 것이 이 또한 천륜(天倫)입니다.

이제 지리산의 조촐한 절에 나아가 무차(無遮)의 큰 모임을 정성스레 베풀었으니, 날은 보름의 달밤이요, 철은 꽃이 지는 봄입니다. 용과 코끼리가 섞이어 날뛰매 마치 화장의 세계와 비슷하고 고동과 범음이 다투어 울매 영추의 도량과 방불합니다.

엎드려 원하옵나니 망부(亡夫)는 빨리 유루(有漏)의 몸을 벗고 극락세계에 왕생하여지이다. 원왕생 원왕생.

---

176) 향당(鄕堂): 자기가 사는 마을.

15. 부모에게 제사하는 글

병자년(丙子年) 정월 십삼일, 집을 나온 소자, 선·교의 일을 겸해 맡은 사자 도대선사(賜紫 都大禪師) 아무는, 묘향산 심원동 상남대(妙香山 深源洞 上南臺)의 초암(草庵)에 병들어 누워, 향과 폐백을 갖추고 사람을 보내 부모님의 쌍무덤 밑에 삼가 고하나이다.

엎드려 생각하오매 구천(九天)은 높고 멀며 구원(九原)은 아득하온데, 아버지는 어디 계시며 어머님은 어디 계시나이까. 누구에게 부모가 없을까마는 우리 부모의 은혜는 다른 사람과 아주 다르며, 누구에게 생사가 없을까마는 우리 부모의 죽음은 참으로 마음 아픈 일입니다.

지난 일을 생각하오면, 사람들은 그 인자함을 칭송하면서도 그 유한(幽閑)한 인자함은 알지 못하였고, 엄격함은 알면서도 도덕의 엄격함은 알지 못하였습니다. 그 인자함은 후손들을 어루만지기에 넉넉하였고 그 엄격함은 선열(先烈)을 잇기에 넉넉하였습니다.

어찌하여 세 아들이 머리를 땋는 날과 소자가 이를 가는 해에, 인자한 어머니는 갑자기 난새(鸞)를 타시고 엄격한 아버지는 이어 기마(騏馬)를 타셨나이까.

바람은 옛 나무에 슬프고 달은 빈 문을 조상하였나이다. 소자가 뜰에서 절한들 누가 시를 가르치고 문에서 절한들 누가 짜던 베를 끊겠나이까.
아버지를 생각하오매 창자가 이미 끊어졌고 어머니를 생각하오매 눈물이 피로 변하나이다. 천하와 인간 세상의 그 어떤 슬픔이 이보다 더하겠나이까.

아아, 슬프고 애닯아라.

소자는 외로운 그림자를 쓸쓸히 나부끼면서 이름을 관학(館學)에 두었다가, 학문을 그만 두고 산에 들어가 머리를 깎은 뒤에 선·교의 일을 맡고 금궐(金闕)에 두 번 조회(朝會) 하였더니 세월은 흘러 어느새 백발이 성성 하였나이다. 이내 두 형이 죽고 한 누이마저 갔으니 하늘을 불렀으나 하늘은 높아 부르짖을 길이 없고, 땅을 두드렸으나 땅은 두터워 호소할 길이 없었나이다.

오늘에 이르러 은애(恩愛)를 끊는 것이 부처님의 법이라 하지만 과거를 그리워하는 것은 또 유교의 법입니다. 화서(禾黍)[177]를 탄식하면서 고향을 생각하면 구름이 슬프고, 송추(松楸)[178]를 바라면서 의관(衣冠)을 생각하면 또 바람 소리가 슬픕니다.

아아, 슬프고 애닯아라.

생각하오면 소자가 처음 났을 때, 무릎 밑에 두고 손바닥 위에서 길렀으니 아버지의 은혜는 하늘과 같고, 쓴 것은 삼키고 단 것은 뱉었으니 어머니의 덕은 땅과 같나이다.

또 생각하오면 어머님이 돌아가시는 아침에 이 소자를 '아가' 라고 세 번 부르고 한 소리로 통곡하였으니, 아아, 슬프고 애닯사오며, 또 생각하오면 아버지 돌아가시는 밤에는 소자를 안은 채 베개를 높이 하고 이불 속에서 고요히 가셨으니, 아아, 슬프고 애닯습니다.

푸른 등불은 벽에 걸렸으나 어머니의 길쌈하는 모습 다시 볼 수 없고, 고향 산 연기와 달에서는 아버지의 시 짓고 술 마시는

---

177) 화서(禾黍): 벼와 기장.
178) 송추(松楸): 소나무와 가래나무. 둘 다 묘지에 심으므로 묘지를 가리킴.

모습을 다시 볼 수 없사오니, 말소리와 모습이 아득하여 천추(千秋)에 영원한 이별이옵니다.

그러하오나 저승과 이승은 하나의 이치요, 아버지와 자식은 하나의 기운이라 천 리 밖에서 한 번 통곡하고, 만 번 절하며 한 번 드리옵니다.

백발의 한 형(兄)이 나를 대신하여 한 번 제사 하나이다. 아득한 가운데서도 알음이 있압거든 가엾이 여겨 밝게 살피소서.

16. 멀리서 노찰방(盧察訪)의 영궤(靈几)에 제사하는 글

아무는 십년 동안 서로 생각했더니, 갑자기 유명(幽明)이 달라졌습니다.

구천(九天)은 망망하고 구원(九原)은 막막합니다. 평생 다시 볼 수 없으니 흰 구름 가에 눈물을 뿌립니다.

슬프고 애닲아라.

엎드려 비노니 살펴 주소서.

사명대사(四溟大師)

조선스님 (1544~1610). 호는 송운(松雲), 속성은 임(任)씨.
경남 밀양에서 출생. 열다섯 살에 황악산 직지사 입산.
열여덟 살에 선과에 급제.
청허휴정(서산대사)의 법을 이어받음.
임진왜란 때 서산대사 휘하에서 활약.
가야산 해인사에서 입적.
저서로 『사명당대사집』 등이 있음.

1. 천준(天俊)이 그 스승을 천도하는 소문(疏文)

  행효 제자 비구 천준(行孝弟子比丘天俊) 등은, 저희들을 길러 주신 은사(恩師)를 모신지 지금까지 육십 년이 되었습니다. 그러하온대 수명의 별의 걸음이 이제 끝나 선실(禪室)이 갑자기 비오니 못내 애통스럽습니다. 그러나 한갓 애통하는 것만으로는 아무 소용이 없는 것이요, 아직 그 영혼을 천도하는 것만이 마땅한 일인가 하옵니다.

  그러므로 지금 여기 향과 꽃과 등불 등으로 공양의 의식을 삼가 갖추어, 시방의 구름 같은 성현에게 두루 공양하면서 자비로운 도움을 우러러 기원하는 바입니다.

  생각하오면 부처님의 법신은 형상이 없으나 중생들의 마음속에 두루 들어가지고, 거울 속의 형상은 의지하기 어려우나 모든 변화의 한계가 없는 데에 인연을 따라 그 감응은 마치 그림자가 형체를 따르는 것 같고, 메아리가 소리를 따르는 것 같습니다. 그러므로 모든 성인들의 큰일의 인연을 의지하여 그것으로써 고향으로 돌아가는 나그네를 갈래 길에서 인도해야 하겠사온데, 오직 저 본래의 자비의 집으로 돌아갈 이는 바로 우리를 길러 주신 스승입니다.

  고생과 즐거움에 마음을 같이하기는 육십 년 동안인데 육신을 벗고 영혼이 날아간 것은 바로 오늘 저녁입니다. 그 은혜는 바다와 산과 같아서 갚을 길이 없사옵기에 여기 조그만 제물을 갖추어 올리나이다.

  바라옵건대 이제 돌아가신 대 선사 혜전(惠全)의 존령(尊靈)은 여섯 가지 감관이 청정하고 세 가지 지혜가 두렷이 밝아, 장자(長者)의 집안 보물을 마음대로 쓰시어 자기와 남을 모두 이롭게 하시고, 연꽃이 핀 아름다운 못가를 거닐으시면서 여러 성현들과 함께 놀으소서.

제자 천준 등도 현세에서 오래 살면서 언제나 재액의 침노를 받지 않고, 장래에는 열반을 증득하여 모두 금대 은대(金臺銀臺)로 빨리 달려 오르겠습니다.

그러하옵고 이 사은(四恩)과 삼유(三有)의 중생들이 두루 돌려 모두 큰 서원의 바다에서 헤엄치게 하여, 한 사람도 정토에 나지 않는 사람이 없게 하고, 일곱 겹의 보배나무 밑에서 거닐다가 여러 성인들과 함께 원각(圓覺)의 문에 들어가기를 원하오면서, 옥호(玉毫)의 광명을 우러러 이 소문(疏文)을 읽나이다.

2. 등계대사(登階大師)의 소상소문(小祥疏文)

만력(萬曆) 32년 갑진 정월 23일은 조계 보제등계 청허 대사(曹溪普濟登階淸虛大士)의 세상을 떠나신 날입니다.

이보다 먼저 임진년의 난리가 일어나 임금의 수레가 도읍을 버리시자, 조정에서는 대사를 명하여 선교도총섭(禪敎都摠攝)으로 삼았으므로, 대사는 의승(義僧)을 모아 대병(大兵)을 도우셨습니다.

그 때에 제자도 관동(關東)에 있으면서 의승을 모아, 위험을 무릅쓰고 그 문하로 달려가 분부를 받고 장군을 대신한다는 이름을 띠고는, 몸을 잊고 나라를 위하여 기[羽]를 지고 군사를 따라 나가, 물과 육지의 천리 길에서 십년 동안 싸우느라고, 일찍 북쪽으로 달려가지 못하였습니다.

계묘년 여름에 영남에 있을 때 조정에 청하여 말미를 받고, 금강산 유점사(楡岾寺)로 달려가 대사를 뵈온 뒤에 표훈사(表訓寺)로 모셔 보내면서, 내년 봄에는 와서 모실 뜻을 말씀 드리고, 오대산으로 돌아와 겨울 안거를 지냈습니다.

갑진년 2월 21일에 갑자기 부고가 이르러, 곧 달려가다가 서울 부근의 고을 양근(楊根)의 오빈역(娛嬪驛)에서 나라의 글을 받고 서울에 들어가 일본에 있는 우리 백성을 구제하라는 명령을 받고 8월에 일본으로 들어갔다가, 이듬해 을사년 5월 초승에 부산에 돌아와 6월초에 복명(復命)하고, 10월 그믐에 비로소 대사의 탑에 예배하게 된 것입니다.

그리하여 세월이 흐르고 흘러 오늘에 이르렀습니다. 법의 은혜는 하늘과 같고 입은 덕은 땅과 같사오매, 이것을 생각하면 그 슬픔이 골수에 사무쳐, 어떻다 생각할 수 없고 무어라 말할 수 없습니다.

여러 문하의 형제들은 향과 꽃 등의 공양거리와 보시의 의식을

292

정성스레 갖추어, 시방의 구름 같은 성현께 공양하면서 원만한 감응을 비는 바입니다.

삼가 생각하오면 부처님의 참 몸은 걸림이 없어 중생들의 마음 속에 두루 들어가시고, 묘한 법은 생각하기 어려워 삼승(三乘)의 교행(教行) 밖에 뛰어났으므로, 그 감응은 형상을 대하여 그림자가 생기는 것 같습니다. 그리하여 모든 성인의 큰일의 인연을 의지하여 그로써 고향으로 돌아가는 나그네를 갈래 길에서 천도하는 것입니다.

엎드려 생각하오면 등계의 각령(覺靈)은 오직 저 본원으로 돌아가는 국일(國一)이 곧 우리 말세의 등계입니다. 벽송(碧松)의 손자요, 부용(芙蓉)의 아들로서 이미 어두워진 부처의 햇빛을 돌이키고, 거의 끊어진 조사(祖師)의 바람을 빛내었습니다. 그리하여 모든 바다를 법의 근원으로 받아들이매 큰 스님들이 책상 다리를 분질렀고, 뜬 티끌을 어두운 거리에서 고요하게 하매 장님과 귀머거리로 이익을 얻었습니다.

봄은 기원(祇洹)나무에 돌아오고 달은 조계산에 올랐습니다. 법랍이 이미 칠십 년이 되었으니 앉아서 방석을 몇 개나 해지게 했으며, 수명이 구십에 가까웠으니 얼마나 많은 법을 널리 폈습니까. 스승님은 널리 교화하는 높은 법이 있었지마는, 이 제자에게는 스승을 나타낼 만한 좋은 재능이 없었습니다.

십년 동안의 관산(關山)의 달에 흰 머리털만 휘날리었고, 만 리의 부상국(扶桑國)에서 정신만 소모하였습니다. 미처 두 번 가르치심을 모시지 못했는데 벌써 근본으로 돌아가셨습니다. 그 음성과 모습만 생각하면서 부질없이 슬퍼하고, 지팡이와 신을 어루만지며 언제나 통곡합니다.

낮에는 영산(靈山)의 높은 모임을 열고, 밤에는 평등한 훌륭한 자리를 베풀었습니다. 그러나 본래부터 완전히 갖추었거늘 누가 배 속에서 우레가 울까 걱정하겠으며, 그 자리에서 당장 알아차리거니 모름지기 혀끝에 눈을 갖춘 줄을 믿어야 하겠습니다.

물 한 방울로 큰 젖바다를 만들고 온 땅덩어리로 하나의 재단(齊壇)을 만들어, 하늘과 사람을 두루 공양하고 범부나 성인을 묻지 않습니다.

삼가 원하옵나니 대사의 각령(覺靈)은 마음이 곧 부처라는 진실한 지혜를 깨달았고, 다시 나지도 않고 죽지도 않는 묘한 결과를 증득하였사오니, 가서는 성현들의 짝이 되고, 와서는 유현(幽顯)의 길잡이가 되소서.

그리고 다시 법계의 중생들과 다 같이 부처의 도를 이루기를 원하면서, 금상(金相)을 우러러 이 작은 정성을 호소하나이다.

3. 한방응(韓方應)이 부모의 명복을 빌기 위해 경전을 인간(印刊)한 데
   대한 발문

튼튼한 관문을 굳게 막으면 물이 새어 통하지 않고, 돌불도 오
히려 느리며 번갯불도 미치지 못한다. 삼세의 모든 부처님도 이
경지에 와서는 합장하고 귀의하며, 육대(六代)의 조사들도 멀리서
바라보고는 할 말이 없을 것인데, 하물며 언어나 문자에 관계 되
겠는가.

다시 말하노니 이 몇 권의 경전은 어디서 온 것인가, 만일 그
것을 분별하면 네가 깎아지른 벼랑에서 손을 놓고 사람에게 업신
여김을 받지 않을 수 있음을 인정하겠으나, 만일 그렇지 못하다
면 갈등(葛藤)에 얽매임을 면하지 못할 것이다.

여러분은 이 몇 권의 경전이 어디서 왔는지 알고 싶은가. 그것
은 하늘에서 내려온 것도 아니요, 사람에게서 얻은 것도 아니다.
그것은 모두 한방응이 그 부모의 명복을 비는 지성스런 마음에서
흘러나온 것으로서 능히 세상을 먼저 떠난 이와 법계의 모든 중
생들로 하여금 그 돌아갈 곳을 얻게 하는 것이다.
그러나 그것은 아직 교화의 문에 관계 되는 것이다. 또 말하노
니 받아 지니는 그 한 글귀는 어떻게 말할 것인가. 내 말의 참뜻
을 모르는 사람은 한갓 귀를 기울이는 수고만이 있을 뿐일 것이
다.

4. 상주대사(尙珠大師)를 천도하는 소문(疏文)

불법이 미혹한 중생들을 깨우치는 것은 마치 천지가 온갖 아름다움을 내는 것과 같고, 스승과 제자의 대의(大義)의 끝없음은 마치 임금과 신하가 하나의 도를 이루는 것과 같습니다. 그러므로 만일 크게 가르치심이 없었으면 누가 어둠 속에 놀음을 구제하겠습니까.

저 떠나는 상여를 바라보나니 그것은 바로 내 은사이십니다. 가만히 생각하면 우리 스승님은 정령(精靈)의 뛰어난 기운을 받아 금성(禁城)인 황성(皇城)에 태어났습니다. 티끌세상의 영화를 침 뱉고 금선(金仙)이 사는 봉래산을 사모하였습니다. 수룡(修龍)의 문에서 이내 구족계를 받고 머리를 깎고, 거공(鉅公)의 자리에서 제 일을 결정하고는 드디어 선정에 들어갔습니다.

조계(曹溪)의 시험에 뽑히어 용찰(龍刹)의 주인이 되어서는, 끊이지 않는 바람과 먼지 속에서 흰 구름 붉은 나무의 좋은 때만 헛되이 소모하였고, 덧없이 흐르는 세월 속에서 꽃다운 풀과 떨어지는 꽃의 아름다운 때만 부질없이 보내었습니다.
깨달음의 해를 버리고 다른 나라로 달려갔으며, 술에 취하기에 빠져 옷 속에 진주 있는 줄을 몰랐습니다. 그러다가 드디어 숲 속의 그윽한 법을 취하기 위해 명리(名利)에 허덕이던 일을 던져 버렸습니다. 원숭이를 희롱하여 길게 달리다가 뜻의 말[馬]을 죽이고는 높고 한가하였습니다.

중대(中臺)에 오르는가 하면 서대(西臺)에 오르고, 동대(東臺)에 오르는가 하면 남대(南臺)로 내려갔다 하면서 뜻대로 행하여 스스로 만족하였고, 경전을 읽는 중을 만나는가 하면, 시 짓는 중을 친하며, 계율을 지키는 중을 만나는가 하면, 참선하는 중을 보기도 하면서 가는 곳마다 스스로 유희하였습니다.

그리하여 이미 스스로 원만한 덕을 갖추었으므로 하늘도 반드시 오랜 수명을 주었으리라 생각하였더니, 어찌 저 하늘은 무정하여 이에 굳이 이 사람을 빼앗아 갔습니까. 그러나 마음은 영(靈)이 되어 그 면목은 내 눈 앞에 있는데 때는 나를 위해 머무르지 않아 어느새 다섯째 칠일이 다달았습니다.

백 번 헤아리고 천 번 생각하며, 나아가 찾고 물러나 헤아려도 한갓 여러 제자들로 하여금 슬프게 함이 어찌 한 번의 재(齊)로써 그 명복을 비는 것만 하겠습니까.

이에 제자들은 주머니를 모두 털어 인간과 천상의 온갖 음식을 장만하였나니 용상(龍象)은 서로 뛰놀고 깃발과 꽃은 하늘을 덮습니다. 구름바다 같은 성현을 공양하여 항하의 모래 같은 중생을 제도하나니 이 묘한 불사의 경영은 반드시 저를 감동시킬 것입니다.

엎드려 원하노니 아무의 영혼은 유루(有漏)의 세계를 멀리 여의고 위없는 경지에 맑게 올라가, 아뇩의 못가에서 부처님을 직접 뵈옵고 열반의 길 위에서 현인들과 함께 놀으소서.

또한 원하노니, 이 형과 이 아우는 모두 현세의 목숨을 더하고, 혹은 살거나 혹은 죽거나 함이 없는 과보를 함께 증득하기를 빌면서 금상을 우러러 간절한 마음을 정성으로 아뢰나이다.

5. 선소(仙巢)가 달마의 기일(忌日)에 한 마디 말을 구함

   늘그막에 비로소 돌아가리라 생각하며 옷 떨치고
   홀로 총령(葱嶺)을 가니 길도 희미하여라.
   집에 전한 건 청백(清白)이라 일정한 제한 없으니
   외짝 신 초라하게 유사(流沙)로 돌아갔네.

6. 이자사(李刺史)를 곡함

후영(糇嶺)에 달 밝은데 생봉(笙鳳)은 멀어지고
제향(帝鄉)에 혼(魂)이 끊어지니 옥여(玉輿)가 외로워라.
백년 어느 곳이 마음 상하는 땅이런고
가을 밤 빗소리 우물 위 오동(梧桐)이로다.

糇領月明笙鳳遠　帝鄉魂斷玉輿孤
百年何處傷心地　秋雨中宵井上梧

7. 등계(登階)의 탑을 세운 축문

삼가 생각하오면 대사는 악(嶽)에서 신령이 내려오시매 그 재능은 이 말세에서 뛰어나고, 그 학문은 오종(五宗)을 넘어뜨렸으며, 그 눈은 일척(一隻)으로 높아 생멸이 없는 경지에 이르러셨습니다.

벽송(碧松)의 손자요, 부용(芙蓉)의 아들로서 봉할(棒喝)의 가풍이었고, 서천의 진골(眞骨)이었으며, 속세 밖의 장부로서 초연히 혼자 뛰어나셨습니다.

선사의 도덕을 소중히 여기는 것이 아니라 다만 선사의 기골(奇骨)을 소중히 여기고 선사의 걸림 없는 가르침을 놀랍게 여기는 것이 아니라 다만 선사의 법을 천하게 팔지 않으신 것을 존경하는 것입니다. 그러므로 삼가 향과 차로써 감히 돌아보아 주심을 우러러 청하는 바이오니, 각령은 밝게 살피시고 뚜렷이 증명하여 주소서.

아무 등, 여러 법제자들은 선사의 영골(靈骨) 한 조각을 모시고 기달산(怾怛山) 난야에 모이어서 정성을 기울이는데 마음을 달게 여기 두어 개의 진주를 빌어 얻고 소역(小役)들과 마음을 모아 공경히 영탑을 세웠던 것입니다.

제자는 백성들을 널리 구제하라는 명령을 받고 바다를 건너갔다 돌아와서, 서산(西山)에 들어가 탑에 예배하고 거기서 겨울을 지내면서 대상(大祥)의 슬픔을 마친 뒤에 스스로 생각하기를, 내년 봄이 되면 곧 중향성(衆香城)으로 달려가 공손히 오분향(五分香)을 올리고 돌아오리라 하였던 것입니다.

그러나 저의 업이 좋지 못하여 업을 스스로 짓지 않지마는 어떤 물건이 핍박하는 듯이 생각하지 못했던 경우이어서 손발이 묶

300

여진 것이 수갑에 채인 듯 하여 마치 차꼬와 마음은 학의 머리가 구름으로 날아가지만 몸은 말발굽의 티끌 속에 떨어진 것입니다. 그리하여 세상 일이 까닭 없어 나는 산문을 저버리고 추한 곳에 처했으며, 가는 곳마다 길이 막히어 해탈할 수가 없습니다.

그리하여 도중 길에서 고향의 비단 두어 필로써 같이 노는 선백(禪伯) 성지(性智)에게 주어 보내어 유점사 주지 태희(太熙)에게 나아가 정성스레 제물을 차리옵고, 만력(萬曆) 34년 병오년(丙午年) 갑오월(甲午月) 경인일(庚寅日)에 여러 법 형제와 사백(師伯)과 함께 국일도대선사 선교도총섭 부종수교 보제등계 청허대사의 각령께 올리오니, 원컨대 대사는 신통을 드리어 밝게 살피소서.

8. 은(誾)[179) 어산 대사(漁山大師) 만장(挽章)

흐르는 물 뜬 구름 세상일은 공한 것인데
요동(遼東)의 학(鶴)을 따라가서 아득히 없구나.
청련(靑蓮)의 세계 어느 곳으로 갔는고
옛 암자 동쪽에 소나무·계수나무 의구(依舊)하네.

流水浮雲世事空　去隨遠鶴杳無蹤
不知何處靑蓮界　松柱依然古院東

---

179) 魚山은 호. 은(誾)은 이름인 듯 하다.

부휴선수(浮休善修) 스님

조선스님(1543~1615). 호가 부휴(浮休).
17세에 지리산 신명(信明)스님을 의지하여 득도.
부용영관(芙蓉靈觀)의 법을 잇다.
글씨를 매우 잘 쓰며, 구천동에서 원각경을 읽다가
큰 구렁이를 제도하다.
1614년(광해군 6년) 송광사를 거쳐 칠불암에 갔다가
다음 해 입적.
저서로는 『부휴당집』 5권이 있음.

1. 송운(松雲)의 만장(挽章)

봉래산(蓬萊山)이 아득한 안개 속에 누웠다가
도적이 경계에 들었다는 말 듣고 깊은 산에서 나왔다
몸을 잊고 나라를 위해 충절을 다하였고
바다를 건너 도적과 강화(講和)하여 세상 어려움 건졌다

언제나 군문(軍門)에 있으면서도 마음은 스스로 느긋했고
항상 벼슬길에 놀면서도 뜻은 오히려 한가했다
생사는 분수가 있고 존망(存亡)은 막혔나니
다음 만날 때는 오직 바뀐 옛 얼굴을 기약할 뿐이구려.

高臥蓬萊杳靄間　　聞兒入境出深山
忘身爲國輸忠節　　渡海和戎濟世難

長在轅門心自適　　常遊宦路意猶閑
死生有數存亡隔　　相見唯期換舊顔

반백년 동안 어지러운 세상을 만났나니
군복 입고 몇 밤이나 강촌(江村)에서 잤던고
시석(矢石)에 몸소 나아갔으나 마음에 겁이 없고
백성들에게 공(功)을 입혔으매 덕이 더욱 갸륵했다

이제 이미 바다 당기[幢]가 쓰러졌나니
아아, 슬프다. 내리는 밀지(密旨)를 누구에게서 들을꼬
저 가을 하늘에서 서로 보나니 그대는 아는가
문인(門人)을 다시 보내 먼 혼을 위안하네.

半百年間逢世亂　　戎衣幾夜宿江村
親臨矢石心無劫　　功被生民德益尊

已矣海幢從此倒　　嗟哉密旨向誰聞
秋天相見君知否　　又送門人慰遠魂

2. 준노사 백일소(俊老師百日疏)

부처님 영감(靈鑑)의 밝으심은 높은 대(臺) 위의 맑은 거울이요, 사람 세상의 빠름은 거센 바람 앞의 한 알 티끌입니다. 생사의 빠른 바퀴를 벗어나려면 각황(覺皇)님의 위력을 의지해야 할 것입니다. 그러므로 감로의 법수(法水)를 뿌려 자운(慈雲)의 묘한 모습을 우러르는 것이오니, 이 붉은 정성을 가엾이 여겨 그 큰 거울을 돌리소서.

엎드려 생각하오면 망사(亡師)님은 동년(童年)에 도를 구하여 바른 믿음으로 출가하였습니다. 일찍이 밝은 스승을 만나 교(敎)의 바다를 더듬을 때에는 하루에 두 번 먹지 않고 두 벌 옷을 입지 않았으며, 침묵하여 말이 적고 조용히 있어 잘 나다니지 않았습니다.

마음을 비우매 물속의 달과 같고 행이 굳세매 서리 앞의 솔보다 더했으며, 간단한 것을 좋아하매 벗과 놀기를 멀리하고 몸을 편안히 하매 계율과 선정에 부지런했습니다. 자기 허물은 안으로 반성하고 남의 잘못은 밖에 드러내지 않으며, 말을 내면 반드시 법에 맞고 진(眞)을 찾으면 가만히 이치에 합했습니다.

또한 사바의 짧은 세월을 싫어하여 극락의 길이 삶을 구하며 읽고 외울 때는 촌음(寸陰)을 버리지 않고 기억해 지녀서는 반걸음에도 잊지 않으며, 눈은 금색에서 옮기지 않고 마음은 옥호(玉毫)에 늘 매어 두었으며, 이름은 치류(緇流)에 무거웠고 도는 몽속(蒙俗)을 교화하였습니다.

그리하여 슬기의 가지가 한창 빼어났었는데 법의 용마루가 갑자기 부러졌습니다. 동학(洞壑)이 처량하고 연하(烟霞)가 참담하며, 한밤에 한숨하고 긴 날에 슬퍼합니다.

원적(圓寂)할 때에는 상서로운 빛이 뻗쳤고, 다비하는 날에는 상서로운 구름이 감돌았습니다. 반드시 연못을 밟을 것이요, 어두운 길에 머물지 않을 것입니다. 그러나 보소(寶所)180)에 이르지 못하고 화성(化城)에 머물까 두려울 뿐입니다.

이에 법연(法筵)을 베풀고 특히 효사(孝思)를 아뢰는 것입니다. 엎드려 원하옵나니, 망사님은 마음을 알고 성품을 보시어, 근본을 돌려 근원으로 돌아가소서.

---

180) 보소(寶所): 소승의 열반을 비유하는 말. 화성(化城)에 대해서 대승의 열반을 비유하여 보소라고 함.

3. 인화엄경 및 수륙소(印華嚴經兼水陸疏)

생각하오면, 부처님 몸이 대상(對像)에 응하는 것은 거울이 물건을 비추는 것과 같고, 법의 힘이 중생을 제도하는 것은 배가 사람을 건네주는 것과 같습니다. 만일 간절히 귀의하오면 어찌 그 감응이 더디겠습니까? 우러러 자비스런 뜻을 의지하여 특히 어리석은 정성을 진술하는 것이옵니다.

엎드려 생각하오면, 몇 겁이나 머리가 헷갈림으로써 오도(五道)에 시달리고 사생(四生)을 지나면서 괴로움에 빠져 있었고, 많은 생(生)에 아버지를 버림으로써 삼덕(三德)[181]을 저버리고 일승(一乘)을 버리면서 마음이 어두웠습니까? 그리하여 환진(幻塵)에서 자기를 잃어 버렸고 몽식(夢識)에서 외물(外物)을 쫓아다녔으며, 악은 산악(山岳)보다 많고 선은 털끝보다 적었사오니, 이왕의 많은 허물을 슬퍼하고 지금의 기박한 팔자를 부끄러워하는 것입니다.

채소밭을 가꾸어서는 두루 먹이고 신발을 짜서는 널리 보시하며, 주머니에 간직한 티끌 재산을 기울여 용(龍)이 지닌 큰 보배를 우러르는 것입니다. 그리하여 괴로워하는 무리들을 두루 제도하기 위하여 단나(檀那)들에게 두루 인연을 권하나니, 가난한 아낙네의 주름살을 자주 보았고, 미친 사내의 꾸짖음을 많이 당했습니다.

만가(萬家)를 두루 찾아 말 좁쌀을 거두었고, 천호(千戶)를 두루 지나면서 자치 베를 얻어서는 노력을 다했다 자부하였으나 앞길이 아직 먼 것을 한탄하고, 먼 길의 많은 위태로움을 근심하는 것입니다.

---

181) 삼덕(三德): 열반에 구족해 있는 법신과 반야와 해탈.

그리하여 명산(名山)의 보방(寶坊)을 가리다가 심원(深源)의 선찰(禪刹)을 얻었습니다. 옥립(玉粒)을 단 위에 드리고 보배 일산을 공중에 달고, 수월(水月)의 도량을 세우고 공화(空花)의 불사(佛事)를 짓습니다.

꽃의 쌓임은 촉천(蜀川)의 비단이고, 등의 밝기는 초한(楚漢)의 별이며, 향의 연기는 금 화로에서 나오고, 음악의 소리는 옥 경쇠에서 흐릅니다. 베풂이 비록 작더라도 큰 거울을 비춰 살피옵소서.

주상 전하께서는 팔천 세를 봄가을로 삼으시고 억만년 하늘땅으로 짝하옵소서. 엎드려 바라옵건대, 왕비 전하께서는 봉각(鳳閣)의 용손(龍孫)이 더욱 번창하고 금지(金枝)와 옥엽(玉葉)이 길이 무성하여지이다.

각각 시주들은 재앙이 멸하고 복수(福壽)가 더욱 늘어나며, 제자 등은 청정한 육근(六根)과 육진(六塵)으로 삼신(三身)의 부처를 담박 증득하여지이다.

4. 부용당 대사 백일소(芙蓉堂大師百日疏)

부처님 몸이 느낌에 달려가시는 것은 달이 천강(千江)에 비치는 것과 같고, 법의 힘이 사람을 제도하는 것은 배가 사해(四海)에 다니는 것 같습니다. 생사의 빠른 바퀴를 벗어나려면 모름지기 불법의 위광(威光)을 의지해야 할 것입니다. 만일 간절히 귀의한다면 그 감응이 어찌 더디겠습니까?

생각하오면 돌아가신 혼은 바로 내 은사님으로서, 바른 믿음으로 출가하여 동진(童眞)으로 도(道)에 들어가셔서, 마음은 이미 삼장(三藏)을 통달했고 뜻은 오히려 일승(一乘)에 놀으셨습니다.

물속의 달과 함께 그 가슴을 비우고 서리 속의 솔과 함께 그 절조(節操)는 조촐했습니다. 그 동정(動靜)은 항상 법다웠고 그 어묵(語默)은 법에 맞았으며, 사람을 가엾이 여기시는 신(神)의 정감(情感)보다 간절하였고 법을 위해서는 몸과 목숨을 잊으셨습니다.

풍악산(楓岳山)에서 좌선할 때는 일곱 개 방석을 앉아서 해지게 했고, 두류산(頭流山)에서 행화(行化)할 때는 한 쪽만 보는 눈을 후벼 내었습니다. 도는 방외(方外)에까지 떨치고 이름은 당시에 무거웠으니, 일국(一國)의 고인(高人)과 삼산(三山)의 선학(禪學)들이 여학(驪壑)에서 다투어 구슬을 찾았고 용문(龍門)에서 서로 아가미를 쬐었습니다. 그러나 방장(方丈)은 비록 넓었으나 물정(物情)은 저절로 비좁았습니다.

제자도 또한 전생의 인연이 있어, 함장(函丈)님을 곁에서 모시면서, 조석으로 약을 달이고 좌우를 떠나지 않았사온데, 자상히 이끌어 주셨으니 그 덕은 천지보다 더하였고, 알뜰히 어루만져 주셨으니 그 은혜는 부모에 지났었습니다. 그러하온대 효성을 미처 다하지 못하였사온데 갑자기 저승길에 막혔사오니, 애통함은 심부(心腑)를 동여매고 눈물은 두 눈에 흐릅니다.

지팡이와 신발을 만지면서 더욱 슬퍼하고 감실(龕室)을 돌아보면서 크게 한숨짓습니다. 원통해 하고 또 원통해 해도 떠나신 혼에는 이익이 없고 슬퍼하고 또 슬퍼해도 성인들의 꾸지람만 받을 것입니다.

엎드려 생각하오면 망사(亡師)께서는 인행(因行)이 이미 청정했으매 과위(果位)가 응당 원만하실 것입니다. 그러나 오직 두려워하옴은 화성(化城)에 머물러 계시면서 보소(寶所)에는 이르지 못할까 하는 것입니다.

그래서 여기 법회를 베풀고, 특히 효사(孝思)를 하소하옵는 바, 한 심지의 맑은 향과 몇 개의 밝은 등불이며, 약간의 옥립과 반분(半盆)의 소다(蘇茶)로, 마음의 물을 단(丹)에 맑히고 깨달음의 달을 진계(眞界)에 맞이하오니, 이 각근한 정성을 어여삐 여기시고 내 슬픈 진정을 살펴 주소서.

엎드려 원하옵나니 망사께서는 다른 나라에서는 머무르지 마시고 저 언덕으로 배를 띄우시되, 빨리 큰 물결의 지혜의 노를 저으시고 다시 욕심 물결의 소용돌이를 건너소서.

또 원하옵나니 제자는 티끌을 벗어나는 요긴한 문을 밟고 무루(無漏)의 묘한 법을 배우게 하여지이다. 그리고 남은 물결이 적시는 곳에는 괴로워하는 무리들이 다 다시 살아나지이다.

311

5. 문양 부원군 백일소(文陽府院君百日疏)

부처님 영감(靈鑑)의 밝으심은 맑은 강 속 한 가을의 보배 달과 같고, 인생의 빠름은 거센 바람 앞의 한 조각 쇠잔한 꽃과 같습니다. 생사의 빠른 바퀴를 벗어나려면 모름지기 불법의 위력을 의지해야 할 것입니다. 이에 뜨거운 정성을 다하여 높으신 부축을 우러러 비는 것입니다.

생각하오면 돌아가신 영혼은 바로 나의 엄부(嚴父)로서, 경(敬)으로써 중심을 잡았고, 의(義)로써 밖을 다스렸으며, 예(禮)로써 제사를 받들고, 충성으로 임금을 섬기셨으며, 힘을 다하여 백성을 위하고 마음을 다해서는 나라를 도왔으며, 신용으로 벗을 사귀고 관대함으로 사람을 대하였습니다.

선(善)을 쌓은 남은 공적으로 영원히 복을 누리게 되었던 것입니다. 그런데 어찌 하루아침에 영결(永訣)하게 되오니 백년의 계획이 틀린 것을 슬퍼하나이다.

엎드려 생각하오면 제자는 궁(宮)에 있는 몸으로 일이 규제에 어긋나 앓으실 때에도 약을 맛보지 못하였고, 돌아가시매 관(棺)조차 어루만지지 못하였사오니, 두 눈에는 피가 흐르고 오장(五臟)은 칼로 찢사오며, 날이 맞도록 크게 한숨하고 밤이 새도록 길게 슬퍼하였습니다.

날이 가고 달이 지나 어느덧 백일이 닥쳤습니다. 불상을 그리어 저승길을 닦고 법당을 세워 맑은 혼을 천도합니다. 보배 일산을 층층으로 공중에 달고 화대(花臺)를 넓은 자리에서 떠오르게 하였사온데, 설비는 비록 빈약하오나 큰 거울은 두루 비추어지이다.

312

엎드려 원하옵나니, 주상 전하께서는 천지와 함께 억만년을 사시되 팔천 년을 춘추(春秋)로 삼으소서.

다음에 원하옵기는 선고(善考) 아무께서는 삼계의 화택을 멀리 벗어나 칠품(七品)의 연대(蓮臺)에서 높이 거닐으소서. 그리고 남은 물결이 적시는 곳에는 메마른 중생들이 고루 목욕하여지이다.

6. 송운대사 소상소(松雲大師小祥疏)

부처님은 좋은 지도자가 되어 길을 헤매는 자에게 통하는 나루를 가리켜 주시고, 법은 자비스런 배가 되어 모든 중생들을 깨달음의 언덕으로 건네주시나니, 삼계의 화택을 면하려면 모름지기 삼보의 위신(威神)을 힘입어야 하겠습니다. 그러므로 여기 붉은 정성을 다하여 그윽한 감응을 우러러 비는 것입니다.

생각하오면 저 돌아가신 영혼은 바로 내 은사이십니다. 그는 발을 방위를 뛰어난 데에 내딛고 몸을 운수(雲水)에 붙였사온데, 동진으로 머리를 깎아 장삼을 입고 일찍 무생(無生)의 이치를 배웠으며, 또 서산 대사께 나아가 선지(禪旨)에 젖었었습니다.

스승의 가르침을 이어 받음에는 반드시 그 연원(淵源)이 있는 것이므로, 가까이는 벽송(碧松) 스님을 이었고, 멀리는 임제(臨濟) 스님을 이었습니다.

때로는 교해(敎海)에 놀면서도 마음은 언제나 조정에 있었습니다. 말을 내면 반드시 전장(典章)에 맞았고 행하는 일은 진리에 부합했습니다. 삿됨을 꺾고 바름을 세웠으니 선문(禪門)의 표종(標宗)이 되었고, 바다를 건너가 오랑캐와 화친(和親) 했으니 국가의 주석(柱石)이 되셨습니다.

그 충효는 규보(跬步)182)에도 잊지 않았고, 참선에는 촌음도 버리지 않았으며, 남의 잘못은 밖으로 드러내지 않고 자기 허물은 안으로 반성하셨습니다. 그 도는 방외에까지 떨쳤고 이름은 당시에 무거웠으니, 팔표(八表)의 고승들이 다투어 여학에서 구슬을 찾았고, 일국(一國)의 명사들이 서로 용문에서 아가미를 쬐었습니다.

---

182) 규보(跬步): 반걸음 또는 반걸음 정도의 가까운 거리.

그러하온대 방장은 비록 넓지마는 물정은 자연 비좁은 것이어서, 슬기의 가지가 한창 뻗으려 하는데 법의 용마루가 갑자기 떨어졌던 것입니다.

날과 달이 빨리 흘러 어느새 재기(再期)를 당하였사온데, 감실을 돌아보고는 길이 슬퍼하고, 은택을 생각하고는 크게 한숨하며, 꽃이 날으고 잎이 지면 시름은 더욱 무거워 가고, 밤이 고요하고 경(更)이 깊어지면 한(恨)이 또한 더해 갔습니다.

엎드려 생각하오면 망사는 가만히 있으면 지비(智悲)를 늘이고 움직이면 충서(忠恕)[183]를 행하였사온데 닦은 인(因)이 그와 같거늘 증득한 과(果)도 또한 높을 것입니다. 오직 두려워하는 것은 화성에만 머물러 계시면서 보소에는 이르지 못할까 하는 것입니다.

그러므로 여기 법회를 베풀고 특히 미미(微微)한 정성을 드리는 것입니다. 등불은 환히 빛나고 번화(幡花)는 한데 어울렸으며, 단(壇)에는 옥립을 받들고 화로에는 명향(名香)을 피웠사오니, 저의 슬퍼하는 정을 가엾이 여기시어 그 밝은 거울을 돌이키소서.

엎드려 원하옵나니 망사께서는 오온(五蘊)의 환질(幻質)을 빨리 떠나 구품(九品)의 연대(蓮臺) 위를 높이 거닐으시면서, 문수(文殊)와 더불어 같이 노닐고 관음(觀音)과 짝해 서로 유희하소서. 그리고 남은 물결이 미치는 곳에는 괴로워하는 무리들이 모두 휴식하여지이다.

---

183) 충서(忠恕): 충직하고 동정심이 많음.

315

7. 천등계 대사소(薦登階大師疏)

위대한 부처님네의 중생을 제도하는 대비(大悲)는 만겁을 지내도 다하지 않고, 슬픈 제자의 스승님을 천도하는 정성은 백년을 쌓아도 끝이 없을 것이니, 이에 초로(草露)의 붉은 정성을 다하여 마침내 열반의 바른 길을 닦습니다.

엎드려 생각하오면 망사는 세상의 부허(浮虛)함을 알고는 부처님의 상락(常樂)을 우러렀고, 유씨(儒氏)를 버리고 석씨(釋氏)를 따라서는 법을 위하여 생명을 가벼이 여겼습니다.

전생에 심은 인연이 있어 선지에 깊이 젖었으니, 조령(祖令)을 높이 내걸고 다시 기강을 바로 잡았습니다.

의기(意氣)는 웅장하고 엄하며 위의(威儀)는 빼어나고 뛰어났으니, 그 문풍(門風)의 높고 매움은 범학(凡學)으로는 엿보기 어려웠습니다.

교화가 임천(林泉)을 적시매 삼산(三山)의 표준이 되었고, 덕망이 조야(朝野)를 쏠리게 하매 일대(一代)의 사빈(師賓)이 되었으니, 이름은 당시에 무거웠고, 도는 방외에 떨쳤습니다. 그러하였사온데 왜 세상을 싫어하여 그처럼 떠나는 길을 탐하였습니까? 감실은 적막하고 안개와 연기처럼 참담합니다.

법의 은혜를 생각하고는 눈물을 흘리며 말소리와 모습을 추억하고는 슬픔을 머금습니다. 그러나 부질없이 한탄만 한들 무엇하겠습니까. 오직 천도하는 일을 닦아야만 하겠습니다. 그러므로 깨끗한 법의 물을 가지고 깨달음의 달의 오심을 맞이하려는 것이오니, 이 어리석은 속마음을 가엾이 여겨 부처님의 인자하신 거울을 돌이키소서.

엎드려 원하옵나니 망사께서는 빨리 깨달음의 길에 올라 모든

316

달자(達者)들과 더불어 함께 노시고, 큰일을 다시 밝혀 한 중생도 구제하지 않음이 없게 하소서.

그리고 남은 물결이 미치는 곳에는 괴로워하는 무리들이 모두 휴식하여지이다.

8. 천전사망령소(薦戰死亡靈疏)

생각하오면 부처님네는 사(私)가 없기 때문에 만물을 한 몸으로 보시지마는, 가엾은 중생들은 아견(我見)을 일으켜 한 몸에 있으면서 다른 마음을 가집니다.

피아(彼我)라는 생각이 싹트자마자 살상(殺傷)하려는 비참한 마음도 생겨, 원한이 서로 맞서고 간과(干戈)로 서로 찾아다니면서, 몸으로 몸을 갚고 목숨으로 목숨을 갚음은, 옛 부터 그러하거니와 지금에 와서는 더욱 그러하나니, 부처의 하늘을 힘입지 않으면 거기서 벗어날 길이 없습니다.

그러므로 여기 법회를 열고 그윽한 도움을 우러러 비는 것이오니, 그 위신(威神)을 돌이켜 이 원결을 풀어 주소서.

아아, 우리나라는 천명(天命)이 쇠(衰)함을 맞이하고 왕강(王綱)이 조화를 잃어, 웅호(雄虎)의 약적(掠敵)을 만나도 칼을 안고 맞서지 못하며, 석권(席捲)의 군위(軍威)를 떨치면 멀리서 바라보기만 해도 다 흩어져 달아납니다.

그리하여 도적은 이기는 기회를 타고 마구 몰아와 바로 삼경(三京)에 들어오매, 임금님은 수레를 타고 도성을 떠나 다른 곳으로 피난하시고 백성들은 도탄에 빠져 송장은 쓰러져 구렁을 메우고 피는 흘러 도성에 넘칩니다.

그리하여 비록 병과(兵戈)는 피한다 하더라도 굶어 죽음을 면하지 못하여 서로 베개 한 송장이 들에 가득하매 눈에 비참하고 마음이 아픕니다. 혼백이 맺힘이여, 하늘이 침침(沈沈)하고 귀신이 모임이여, 구름이 암암(暗暗)합니다.

하늘이 높이 그 죄 없음을 불쌍히 여기게 되어 임금님의 말씀이 산림에 내려지니 뼈를 주워 들에 묻고, 제(祭)를 베풀어 천도

318

를 지냈습니다.

이로써 산야는 눈물을 흘리며 가르침을 받들고 뼈를 거두어 이미 봉안한 것은 깊이 원혼을 제도하려는 것이며, 널리 신남신녀들에게 선연(善緣)을 권하려는 것입니다.

만가를 찾아 한 말의 좁쌀[斗粟]을 얻고 천호를 지내면서 자치베를 얻어서는 수월의 도량을 세우고 공화의 불사를 짓는 것이오니, 원컨대 인자한 거울을 드리워 어리석은 충정을 굽어 살펴주옵소서.

엎드려 원하옵나니, 주상 전하께서는 용루(龍樓)가 만세(萬歲)를 지나고 봉각(鳳閣)이 천추(千秋)를 누리시며, 간과는 영원히 쉬고 국보(國步)는 다시 번영하여지이다.

거듭 원하옵기는 전쟁에 돌아간 망령들은 원한을 빨리 버리고 윤회를 길이 벗어나시며, 남은 물결이 적시는 곳에는 괴로워하는 무리들이 골고루 목욕케 하옵소서.

9. 어머니를 천도하는 소(薦母疏)

생각하오면 부처님 영감의 원만한 밝음은 저승길의 어두움을 깨뜨리고, 법선(法船)의 신령스런 작용은 고해(苦海)의 중생들을 건집니다.

생사의 빠른 바퀴를 벗어나려면 모름지기 불법의 위력을 힘입어야 하겠습니다. 이에 뜨거운 정성을 다하여 깊은 도움을 우러러 비옵나니, 이 효성을 불쌍히 여기시고 그 조응(照應)을 돌려주소서!

돌아가신 혼백을 말씀 드린다면 저의 자당이온데, 나를 낳으시느라 수고하시고 나를 기르시느라 괴로워하셨습니다. 마른자리를 돌리고 젖은 자리로 나아가신 은택은 몸을 부수어도 갚기 어려운데 쓴 것은 삼키고 단 것은 배앝는 은혜야 머리를 버린들 어찌 갚을 수 있겠습니까?

멀리 놀거나 가까이 나가거나 집 앞에서나 마을 앞에서 기다리며, 음식은 미루어 나를 먹이고 옷은 벗어 나를 입혔습니다. 그러하온대 하루아침에 영원히 떠나시니 이 외로운 자식은 무엇을 의지하리이까?

두 줄 눈물이 마르기도 전에 재기(再期)가 갑자기 닥쳤습니다. 말소리와 모습을 생각하고는 크게 한숨하고 베틀과 북을 어루만지면서는 길이 슬퍼합니다.

그 은덕은 그 때인 듯 방불한데 그 자애는 오늘에도 삼연(森然)합니다. 다시 뵈올 기약이 아주 없사옵기에 생을 벗어나도록 천수(薦修)해야 하겠나이다.

그리하여 좋은 날을 가리어 운치 있는 스님네를 맞이하고, 천도하는 법회를 열고 연경(蓮經)의 묘한 경전을 펴고는, 손을 모아 향을 사르고 이마를 조아려 부처님께 예배드립니다. 설비는 변변찮으나마 큰 거울은 두루 비추어 주소서.

엎드려 원하옵나니 망모(亡母)께서는 발로는 연대(蓮臺)를 밟으시어 미타(彌陀)의 큰 성인을 보시고, 얼굴로는 금상(金相)을 대하시어 반야의 원만한 말소리를 들으소서.

그리고 남은 물결이 적시는 곳에는 괴로워하는 무리들이 골고루 목욕케 하소서.

10. 번와수륙소(燔瓦水陸疏)

생각하면 부처님 영감의 원만한 밝음만이 능히 미혹한 어둠을 깨뜨리고, 위대한 법선의 신령스런 작용만이 침륜(沈淪)을 건질 수 있습니다. 생사의 빠른 바퀴를 벗어나려면 모름지기 불법의 위력을 의지해야 할 것입니다. 그러므로 이제 붉은 정성을 다하여 그윽한 도움을 우러러 비는 것입니다.

엎드려 생각하오면 제자는 여러 겁을 머리에 헷갈려 그림자를 인정해 미친 듯 달렸고, 많은 생에 아버지를 버리고 밖을 향해 애써 구했습니다.
바람의 티끌에 지혜의 눈을 멀리 하였고, 꿈의 집에 참 깨달음을 가두었던 것입니다. 정(情)의 잔나비에 맡겨 오욕(五欲)에 잠기었고, 뜻의 말을 놓아 한 마음을 어지럽혔습니다.

세상을 마치도록 법문에 들어가지 못하고 일을 따라 금계(禁戒)를 많이 어겼사오니, 죄는 이미 태산처럼 쌓였고 선(善)은 털 끝보다 적습니다. 그러므로 이왕의 외롭고 가난함을 슬퍼하고 오늘의 장애 많음을 한탄합니다.
그리하여 큰 서원을 분발하고 주머니의 재물을 모두 기울여, 금을 단련해서는 비로불(毘盧佛)의 몸에 바르고, 기와를 구워서는 비로불의 전당(殿堂)을 덮었습니다.

또 공화의 불사를 지어 수월의 중생을 구제하기 위하여, 손에 조각 글을 가지고 두루 단신(檀信)들에게 권하였습니다. 천 마을을 돌면서 두속(斗粟)을 거두고, 만 집을 찾으면서 촌사(寸絲)를 얻었습니다.
스스로 그것을 지고 괴로이 운반할 때는 앞길이 아직 먼 것을

322

한탄하였고, 나귀를 빌려 곤하게 굴릴 때에는 험한 길의 어려움이 많은 것을 민망히 여겼습니다. 비로 목욕하고 바람으로 빗질하면서 손이 트고 발이 부르터서는, 미친 사람이란 욕을 자주 들었고, 때로는 구차한 아낙네의 찌푸린 얼굴도 보았습니다.

여러 번 성상(星霜)이 변하고 세월이 빨리 흘러, 이에 좋은 날을 가리어 법회를 열었습니다. 단(壇)은 옥립을 드리는데 향로에는 명향을 피우고 자리는 화대를 바치는데 하늘에는 보배 일산을 달았습니다. 번화는 족족(簇簇)하고 등촉(燈燭)은 황황(煌煌)합니다. 이 정과 정성을 가엾이 여기시어 부처님의 자비스런 거울을 돌이키소서.

엎드려 원하옵나니, 주상 전하께서는 억만년을 천지와 짝하고 팔천세를 춘추로 삼으소서.
다음에 원하옵기는 법계의 망령들은 삼계의 화택을 빨리 떠나 구품의 연대에서 높이 거닐으소서.
또 다음에 원하옵나니, 인연을 맺음에 따라 기뻐한 시주님네는 복된 경사가 구름처럼 일고 재앙의 멍울이 눈처럼 흩어지며, 남은 물결이 미치는 곳에는 괴로워하는 무리들이 모두 휴식하여지이다.

11. 추천부모소(追薦父母疏)

법계의 함령(含靈)은 다 불법의 가피의 힘을 입었고, 하늘과 같이 끝이 없으매 나를 낳으신 부모의 은혜를 정성껏 갚아야 합니다. 그러므로 자비의 문을 두드려 그 저승의 길을 닦아야 할 것이온데, 만일 귀의하는 마음이 간절하오면 어찌 그 감응이 더디겠습니까?

엎드려 생각하오면 제자는 나이 겨우 열두 살 때 일찍 자당(慈堂)을 잃었사옵고, 또 열여덟 살 때에는 엄부(嚴父)마저 잃었습니다. 앓으실 때에는 약을 맛보는 효성도 받들지 못하였사온데, 돌아가시자 추원(追遠)의 정성도 드리지 못했습니다. 날마다 달마다 가만히 두 눈의 눈물을 닦았고, 봄이 오고 가을이 가도 오장의 찢어짐을 어쩔 수 없었습니다.

밤이 고요하고 시간이 깊어지면 시름은 더욱 겹쳐지고, 꽃잎이 날고 잎이 떨어지면 한(恨)이 또한 더해 갑니다.
엄하신 교훈은 오늘에 삼연(森然)하고, 인자한 모습은 그때처럼 방불합니다. 슬퍼하고 더욱 슬퍼하면 도리어 여러 성인의 꾸지람을 받을 것이요, 느끼고 또 느껴도 외로운 혼에는 아무 이익이 없을 것입니다.
그러므로 좋은 날을 가리어 법회를 열고, 낮에는 연경(蓮經)의 묘함을 펴고 밤에는 수륙(水陸)의 재(齋)를 베푸는 것이오니, 설비는 변변찮으오나 큰 거울로 두루 살피소서.

청매인오(青梅印悟) 스님

(1548~1623)
청허휴정의 제자로, 조선 선조25년(1592년) 임진왜란 때
승병장으로 3년 동안 싸워 공을 세움.
지리산 연곡사에서 입적.
『십무익송(十無益頌)』, 『청매집』이란 어록이 있음.

1. 서산대사(西山大師) 제문

  법성의 몸은 형색이 아니며, 진실한 말은 소리가 없음이라. 몸 아닌 몸에 상을 나툼이여, 나누어진 형상이 천 억 화신이요. 소리 없는 진실한 가르침이여, 나툰 말이 강가의 모래와 같이 널리 펴짐이로다.

  性身非色 眞說無聲 於非身現相 分形千億 於眞說顯言 敎演河沙

  생각컨대 우리 선사께서 진실하고 깨끗한 진정세계로부터 나고 죽음 거듭되는 생멸 장으로 들어가시니 희유하고 희유합니다. 천 년에 한 번 피는 우담발화여, 기이하고 기이합니다. 깨달음의 나무에 거듭 피게 합니다.

  惟我先師 從眞淨界 入生滅藏 希有希有 曇花一發 奇哉奇哉 覺樹重榮

  철벽에 불가(佛家)·유가(儒家)·도가(道家)의 세 가지 문을 열어 고기와 용을 걸러내시고 날이 시퍼러서 희게 번득이는 한 자루의 칼을 빼들어 불조(佛祖)를 매몰시키거나 허공중에 그림자를 잡음과 같이 흔적을 남기지 않으십니다.

  開三門於鐵壁 撈漉魚龍 拔一刀於霜天 沈埋佛祖 空中撮影

  중생의 근기를 따라 교화하는 간곡함이시여 불 속에 연꽃이 핌이요. 사람을 위하시는 자상한 마음이 은근하도다.
  대광명장 가운데 친히 견문한 것이 아니라면 마야부인의 배속에서 수기를 받음과 같아야 하리라.

326

隨機之化曲盡　火裡生蓮　爲人之心殷勤　如非大光明藏中親見聞　必是摩那肚堂裡同授記

오호라 신발 떨어지는 날은 촉박하고 죽음의 길을 떠나는 시기는 임박하여 지혜의 해는 빛을 잃었으니 여행하는 사람이 길을 잃었으며 자비의 배에 노를 망실하였으니 고해에 헤매는 객은 무엇을 의지하리오.

嗚呼　携鞋日迫　啓足時臨　慧日沈暉　遊人失路　慈舟墜棹　海客何依

탄식하나 미치지 못함이요. 근심스러우나 쫓을 수 없어, 아! 생각이 미치지 못함이로다.

비록 부처님 법이라고 하나 나물을 캐는 정도요. 또한 유가(儒家)의 가르침이라고 하나 한 개의 콩이나 겨를 벗긴 정도의 거칠은 현미에 지나지 않으니, 애오라지 정성을 다하오니 흠향하소서.

嗟而無及　患而莫追　無思無慮　雖云佛制　採蘋採蘩　亦曰儒宗　一豆脫栗　聊伸恫愊　尙饗

眞贊
懸記運至　寄生江國　身一片雲　志千里鶴　空諸法藏　碎萬祖骨　薪火有盡影佯秋月　人天共仰　永思蘿壑

327

2. 송운 사명대사(松雲四溟大士) 제문

지극한 이치는 크나큰 허공보다 말없이 고요하나 신령스럽게 아는도다. 밝은 영지(靈知)가 우주만물을 형성하는 금(金)·목(木)·수(水)·화(火)·토(土). 오행의 다섯 원기(元氣)인 오운(五運)을 따라 비추나 형상과 이름을 보존하고 길러서, 하늘을 이고 땅을 세우도다.

至理靜嘿於大空　唯寂唯知　明靈隨照於五運　乃形乃名　資之保之
頂天立地

생각컨대 우리 스님은 만물 가운데 빼어나서 현명하고 지혜로우며, 무리에서 뛰어나 어질고 의리가 있으셨다.

惟我大師　拔乎其萃　賢而智也　卓乎其流　仁且義焉

한단의 부귀공명 한바탕 꿈에서 벗어나 보니, 뜬세상의 빈궁과 영달이 확연히 다름을 알았으며, 나비가 되어 날아다니는 꿈속의 일에서 벗어나니 뜬 인생의 잠에서 깸과 깨지 못함이 같지 않음을 자각하셨다.
일찍이 시례(詩禮)의 교훈 배우기를 멀리하였으나 십이시(十二時) 중에 그물 같은 탐욕 없는 것에 비길 수 있으며 오로지 진리의 가르침에 참구하였을 뿐이나 삼십년 내에 잡되게 마음을 쓰지 않았다.

夢罷邯鄲　因知浮世窮達之有數　睡回蝴蝶　自覺浮生寤寐之不同
早違學詩禮之訓　而十二時中　擬無羅慾　偏叅誠死活之句　而三十
年來　不雜用心

328

흰 소나무는 그 지조가 겸손하고 물에 뜬 달은 그 실체가 비어 있음을 부끄러워하는데, 나라의 운명이 때마침 위태하여 더러운 기운이 사방에서 일어나니, 백성이 죽어감을 슬퍼하고 국가가 적 토됨을 비통하게 여겨 좌시함을 참지 못하고 가사를 벗어던지고 나라의 은혜를 갚기 위하여 칼을 의지하였다.

전쟁에 춥고 주리기를 팔년 세월을 강산에 보냈으니 영혼은 산 속으로 돌아가기를 꿈꾸었다.

霜松讓其操　水月慙其虛　國步多舛　腥烟四起　哀蒼生之魚肉　愴 國家之赤土　不忍坐視而脫袈　難報國恩而仗劍　風高野壁　任寒餒而 八稔　月老江沙　歸魂夢於千峯

현묘한 말로써 적을 무찌르고 뛰어난 위의에 창을 휘두르며, 기(氣)를 놓아 적의 우두머리를 능멸하니 신기롭기가 배를 두드리 는 것과 같았다.

어짐으로써 중생을 사랑하니 마치 도사와 같이 세상을 구제하 여 다스렸으며, 의로써 임금을 섬겼으니 부끄럼이 없는 공신이라 사직을 편안케 한 정성이 있음이로다.

인생의 인연이 다하였고 이에 운수도 도피하지 못하였으니, 설 식(舌識)은 이미 날아가 쏜살같이 흐르는 강물과 같이 유창하게 거침없이 잘하는 말은 고갈되었으며 몸은 죽음으로 이어져 둥근 달과 같은 만월의 얼굴로 어찌 되돌아갈 수 있겠는가?

아! 구름에 되돌아가는 머물기 어려운 그림자 같은 삶을 한탄 하며, 바람에 흔들리는 촛불과 같이 덧없는 인생이 절로 사라짐 을 가슴 아프도다.

생각컨대 세속을 높이 초월함이 오히려 신기로움이 머무름이

329

옛날과 같거늘 슬픈 눈물이 앞을 가립니다. 공경히 제물을 올리노니 오호라 흠향하소서.

以玄言而中敵　威勝揮戈　放逸氣而凌酉　神侔扣腹　仁以愛物　則有同方士　濟時之略　義以忠君　則無愧功臣　安社之誠　生緣旣盡　丕運莫逃　舌識先飛　懸河之辯斯渴　身根繼殞滿月之容何歸　嘆歸雲之影難留　傷風獨之光自滅　惟在世之高標　尙留神其如昨　哀淚雙垂　恭陳一奠　鳴呼尙饗

贊
逢場作戲　暗撤眞珠　對面相呈　栗棘何蕪　肉身菩薩　見者如母　具眼作家　智者如愚　慧炬方秀　法棟尋迁　聲傳海岸　影耀雲衢　靈光不泯　拂石須臾

제월경헌(霽月敬軒) 스님

조선스님(1542~1632)으로 장흥에서 태어났다.
호는 제월(霽月). 허한거사(虛閑居士)라 자호(自號).
15세에 현관사 옥주(玉珠)스님으로부터 득도.
사기(史記)와 제자서(諸子書)를 많이 읽어 고금의 사리를 통달하였다.
1570년(선조 3년) 서산대사로부터
선의 심법을 깨닫다.
금강산 선은동(仙隱洞)에서 7년 동안 머물다
1632년(인조 10년) 치악산으로부터 보개산으로 오면서
'여기가 인연 있는 땅'이라 하더니 얼마 후 입적하다.
세수는 91, 법랍은 76.
저서로는 『제월집(霽月集)』이 있음.

1. 발라경찬소(鈸螺慶讚疏)

시방 모든 부처님의 광명이 티끌 나라에 와서 비치고, 일체 중생의 망상은 괴로움의 세계에 떴다 잠겼다 합니다. 생사 업의 바다를 건너고자 할진대 어찌 반야의 인자한 배를 타지 않겠습니까!

그러하온대 제자는 전생의 인(因)이 순수하지 못하고 타고 난 성품이 잔약하며, 심지가 어리석고 육근이 둔합니다. 그리하여 영취산(靈鷲山)의 아름다운 모임에 참례하지 못함을 한탄하고, 소림굴(少林窟)의 참 가르침에 눈멀고 귀 먹음을 슬퍼하면서, 귀의할 길이 없사와 우선 세상 인연에 의탁하였나이다.

그러므로 아무 절의 정사에 나아가 부처님께 드리는 악기 한 벌을 만들어 조음(潮音)의 메아리가 허공에 사무치매, 영산은 아무 산중에 다시 나타나고, 부처의 해는 아무 선찰(禪刹)에 거듭 빛나옵니다.

그리하여 칠전(七顚) 팔도(八倒)로 정성을 모두 쏟아, 수월(水月)의 도량을 세우고 공화(空花)의 불사를 성취하였사온데, 철은 마침 앵화(鶯和)의 달이요, 때는 구하(九夏)의 처음입니다.

오덕(五德)의 높은 선비를 부르고 육화(六和)의 깨끗한 법려를 이루어, 칠축(七軸)의 원전을 추려서 읽고 겸하여 삼단의 의식을 베풀었사오니, 시루에는 여릉(廬陵)의 쌀밥을 짓고 항아리에는 옥천(玉泉)의 차를 달이며, 병에는 수왕(樹王)의 꽃이 터지고 그릇에는 향적세계(香積世界)의 과일과 떡을 담았습니다.

휘황한 등불은 삼제(三際)에 사무쳐 비치고, 향기로운 향 연기는 시방에 널리 퍼지며, 종과 북소리는 온 산중에 울리고, 바람과 번기는 구름 밖에 나부끼나니, 이것은 곧 십화장(十華藏) 세계의 티끌 같은 세계요, 일원융(一圓融)의 청정한 도량입니다.

지혜와 경계(境界)가 모두 텅 비고 권(權)과 실(實)이 한 몸입니다. 소리 소리마다 부처의 소리요, 빛깔 빛깔마다 여래의 빛깔입니다.

이 공덕으로 주상 전하께서는 용루 밖에서 천수를 누리시고, 봉각 안에서 만복을 이루시며, 왕비 전하께서는 금가지가 우거지고 옥 잎이 드리워지이다.

또 원하옵나니, 먼저 돌아가신 부모님과 이름이 적힌 여러 영가에게도 남은 물결이 미치소서.

2. 천사소(薦師疏)

  모든 부처님의 지혜 광명은 항상 법성(法性)의 허공에 환히 빛나고, 중생들의 괴로움 불은 언제나 업해(業海)의 끝까지 왕성히 탑니다.

  중생들 마음의 물이 맑으면 보리의 그림자가 그 속에 나타나리니, 만일 자비의 문에 귀의하지 않으면 어찌 업의 볶음에서 벗어날 수 있겠습니까? 그러므로 맑은 법의 물을 가지고 깨달음의 달의 비춤을 맞이하려는 것입니다.

  생각하오면 돌아가신 영혼은 바로 제 은사로써, 일찍이 티끌세상을 벗어나 그 몸을 운수에 의탁하였습니다. 옷 한 벌, 바리 하나로 어디에나 행각하였나니, 떠날 때에는 아무 것도 돌아봄이 없었사오며, 옷과 바리 이외에는 조금도 가지지 않았고, 걸식하여 남은 몫은 주리는 중생들에게 주었습니다.

  인자한 마음의 바다는 넓고 슬퍼하는 소원은 더욱 깊으며, 선정에 편안하여 흔들리지 않나니 설산의 참 자취를 사모하고, 잠자코 아무 말이 없나니 소림의 참 가르침을 생각하였습니다. 그리하여 표연자(飄然子)라고도 하고, 또한 청빈 도인(淸貧道人)이라고도 하였습니다.

  삼경(三更)을 한정하여 그 이외에는 잠자기를 허락하지 않고, 한낮을 약속하여 그것이 넘으면 함부로 먹지 않으셨습니다. 몸은 비록 지나(支那)에 매어 있으나 항상 연계(蓮界)를 사모하였고, 학문은 비록 미미했으나 계덕(戒德)은 높고 멀었으며, 신족(神足)을 모두 갖추었으매 마치 눈과 같았습니다.

  어루만져 주시매 마치 자식과 같았고, 우러러보면 마치 어버이 같았습니다. 산에 오를 때는 허리를 안고 붙들어 올리시며, 물을 건널 때는 손을 잡고 건네 주셨습니다.

　아침에 나가 늦어서 오면 석대(石臺)에 올라 멀리 바라보셨고, 저녁에 나가 돌아오지 않으면 송문(松門)에 기대어 기다리셨습니다.

　스승님에게는 바다와 같은 깊은 은혜가 있었으나 제자에게는 초개(草芥) 만큼도 들인 공경이 없었습니다. 젊어서는 학업에 얽매이어 있었고 자라서는 살아가기에 분주하였습니다. 미처 정성을 다하지 못하였사온데 갑자기 열반에 드셨습니다. 삼나무 향나무는 하얗게 변하였고 태산이 마구 무너졌으며, 하늘은 까맣고 땅은 아득하나니 어디로 돌아갈지 모르겠습니다.

　말소리와 모습을 생각하다가 길이 탄식하고, 지팡이와 신발을 돌아보면서 더욱 슬퍼하나이다. 그러나 혼을 돌이킬 비결이 실로 없기에 내생의 복을 명사(冥司)에게 애걸하나이다.

　그리하여 이제 백일의 재를 당하여 육화(六和)의 스님네를 받들어 맞이하고, 칠축(七軸)의 원전을 읽게 하면서 삼가 삼단의 의식을 베풀었습니다. 향로에는 오분(五芬)의 참 향을 피우고, 그릇에는 육미(六味)의 맛난 음식을 차렸습니다.

　등불과 촛불의 엇갈리는 광채와 소라와 동발의 떠드는 소리는 옥당(玉堂)에 시끄럽게 울리고, 번개와 꽃이 다투어 늘어지매 종소리는 금전(金殿)에 은은히 퍼집니다.

　진찰의 백 천의 모든 부처님을 맞이하고 항하사의 수가 넘는 성현을 청하였습니다.

　엎드려 원하옵나니, 돌아가신 스승님이 원수를 만나 저승에서 헤맬까 두려워하오니, 반드시 삼보의 가피로 인해 빨리 극락세계로 가시옵소서.

　또 엎드려 원하옵나니, 돌아가신 스승님은 황금당 위에서 풍가(風

柯)를 들으며 소요하시고, 백옥지 가운데서 연꽃을 밟으며 유희하시옵소서.

또 원하옵나니, 돌아가신 스승님과 먼저 돌아가신 부모님의 여러 영가와 또 법계의 망령들은 빨리 깨달음의 언덕에 올라 다 같이 금선(金仙)을 이루어지이다.

그리고 주상 전하께서는 천재(千災)를 용루(龍樓) 밖에 흩고, 만복을 봉각(鳳閣) 안에서 이루소서.

다음에 원하옵기는 이 재를 마련한 시주들은 그 수(壽)는 늙지 않는 건곤과 같고, 그 복은 다함이 없는 하해(河海)와 같으며, 또 원하옵기는 일문(門)의 권속들은 그 몸이 철석(鐵石)처럼 튼튼하고 그 명은 송죽(松竹)처럼 보전하여지이다.

3. 천부소(薦父疏)

오온(五蘊)에 들어가 백 천의 몸을 나투니 이것은 석가의 중생을 제도하는 귀감이요, 구품(九品)을 열어 사십팔원(四十八願)을 내니 이것은 미타의 끌어 들이는 배입니다. 만일 부처님의 화문(化門)에 귀의하지 않으면 어찌 진여의 바다에 유희할 수 있겠습니까?

생각하오면 돌아가신 영혼은 곧 내 엄부이십니다. 나를 길러 주신 큰 은혜를 갚지 못했사온데 갑자기 인간의 영 이별을 당하노니, 마치 하늘 기둥이 부러진 것 같고 태산이 무너진 것 같으며, 하늘은 아득하고 땅은 깜깜하여 어찌할 바를 모르겠습니다. 하늘에 부르짖어도 말이 없나니 슬퍼하고 탄식한들 무엇 하겠습니까? 실로 영혼을 돌이킬 비결이 없거늘 어찌 명사에게 빌음만 하리까? 그러므로 붉은 정성을 다하여 인자한 살피심을 우러러 바라옵니다. 그러나 촌초(寸草)의 마음으로는 삼춘(三春)의 은덕을 갚기 어렵습니다.

그러므로 이제 재일을 당하여 여기 좋은 향을 사르나니, 삼가 육화의 주황(紂黃)을 청하여 특히 일대(一代)의 묘전(妙典)을 읽습니다. 법악(法樂)은 하늘을 흔들고 법음은 땅을 울리는데, 비로소 수월의 도량에 앉아 간단히 공화의 불사를 벌렸습니다. 정성이 지극하거니 어찌 감응이 더디겠나이까?

엎드려 생각하오면, 망부께서는 현재의 업은 어길 수 있으나, 전생의 인연은 헤아리기 어렵습니다. 원한의 맺음을 만나 아득한 길에서 헤맬까 두렵삽기에 엎드려 원하옵나니, 영가께서는 구품의 연대로 옮겨 올라 길이 OO을 누르시고 OOO들에게도 나머지 물결이 미쳐지이다.

337

4. 천매소(薦妹疏)

부처란 삼계화택의 인자한 어머니로서 모든 아이를 구해 주시고, 법이란 곧 육도 고해의 대비의 배로써 헤매는 중생들을 잘 구제하는 것이니, 진실로 간절히 귀의하면 반드시 이익을 얻을 것입니다. 그러므로 법수(法水)의 맑고 시원함으로 무명의 뜨거운 번뇌를 씻으려 하는 것입니다.

생각하오면 돌아가신 영혼은 나의 누이입니다. 어루만져 사랑해 주실 때에는 그 아들이나 다름이 없었기에, 우러러 모실 때에는 인자한 어머니와 같았습니다.

비록 안팎의 침실은 달랐지만 드나들 때는 그 문이 같았습니다. 살림살이에는 부녀의 도업(道業)을 다하였고, 화순하기는 곤원(坤元)에 배합하였습니다. 마을 사람에게 인자하매 많은 복이 따랐고, 덕을 쌓으매 가문에서 빼어났었습니다.

양친이 모두 계실 때는 슬금(瑟琴)을 치는 것 같았는데, 돌아가신 어머니가 자취를 감추매 추원(追遠)을 잊지 않았으니, 그는 바로 깊은 우물의 양주(良姝)에 견줄 수 있고, 또한 동해의 효부에 짝할 수 있었습니다.

그러나 남매의 정정과 사랑을 다하지 못했사온데 서로간의 처지[雲泥]의 다른 길이 아주 막혔습니다. 백세를 사시길 바랐사온데 하루 저녁에 갑자기 떠나시니, 건곤이 깜깜하고 일월이 빛이 없습니다. 피를 흘린들 무슨 이익 있으며, 눈물을 삼켜 보아야 한갓 상(傷)할 뿐입니다.

수풍(樹風)은 어찌 그치지 않고 해로(薤露)는 그리 마르기 쉽습니까! 말소리와 모습을 생각하다가 크게 탄식하고, 남긴 자취를 보고는 깊이 슬퍼할 뿐입니다. 그러나 이미 혼을 돌이킬 길이 없나니 그저 그 명복을 닦아야 하겠습니다.

그러므로 이제 아무 달 아무 날을 당하여 온 정성을 모두 다 쏟나니, 삼가 용상(龍象)의 덕이 높은 스님네를 청하여 특히 칠축의 연경(蓮經)을 읽으며, 단에는 육종(六種)의 진미를 차리고, 향로에는 오분의 참 향을 사루어, 제방의 조어사와 진찰의 성현네에게 공양하옵나니, 모두 대비의 손으로 망령을 인도하여, 마음은 한 향로의 향에 사무치고 달은 천강의 물에 비치게 하소서.

엎드려 생각하오면, 영가의 현재 업은 어길 수 있으나 전생의 인연은 헤아리기 어렵기에, 원한의 맺음을 만나 아득한 길에 머물까 두렵습니다. 그러므로 모름지기 자비의 배에 힘입어야 비로소 즐거운 언덕에 오를 수 있을 것입니다.

엎드려 생각하옵기는, 영가는 동해의 관음이 친히 기별을 주시고, 남방의 용녀(龍女)가 동참을 원하게 하여지이다.

다시 원하옵기는, 시주들에게 그 재앙의 싹은 눈처럼 흩어지고 경사스런 복이 구름처럼 일며, 남은 물결이 미치는 곳에 괴로워하는 무리가 모두 살아나기를 이 제자는 지극한 정성으로 비옵는 것입니다.

5. 함께 있던 도반을 곡함

외로운 학이 하늘에 닿는 날개를 떨치려 하는 것은
아마 만리를 가려고 마음에 기약한 탓이리라.
낙락(落落)한 묘향산(妙香山)은 구름 밖에 짙푸른데
외외(嵬嵬)한 풍악산(楓岳山)은 해 끝에 푸르렀다.

孤鶴欲拂連天翼　應是心期萬里行
落落香岑雲外碧　嵬嵬楓嶽日邊靑

백년을 살 거리는 갓과 누더기뿐이요
천년을 사는 동안 지팡이와 물병이다.
천리마는 채찍 따라 날으는 듯 달리는데
느린 말은 머리 돌려 바라보니 아득하다.
만일 저승 가서 다행히 생각나거든
부디 나로 하여금 푸른 눈을 뜨게 하라.

百年計活冠兼衲　千載生涯錫與甁
駬驥揮鞭騰踏去　駑駘回首杳冥冥
他年如有幸相思　令我須開碧眼睛

6. 장규(狀規)

　구십일 동안의 여름 결제에는 출입을 금하고 덕을 쌓는 기간인데, 번거롭게 높은 선림(禪林)을 찾아 선정을 흔들어 드려 황공하옵니다.
　우리들은 이미 점안(點眼)의 아름다운 자리를 행하였고, 겸하여 명양(冥陽)의 훌륭한 모임을 베풀었으니, 만일 용호(龍虎)가 가풍이 아니라면 어찌 부처를 맞이하고 혼을 청할 도리가 있겠습니까? 그러므로 오덕 육화의 여러분께 고하는 것입니다.

　이 달 어느 날, 선족(禪足)들이 재연(齋筵)으로 발길을 돌리셔서 현풍을 크게 떨쳐 주소서. 그렇게 되면 부처의 등불과 조사의 불꽃이 세차게 빛날 것입니다. 부디 수고로움을 아끼지 마소서. 삼가 바랍니다.

341

진묵대사(震默大師)

(1562~1633) 조선스님.

전북 김제군 만경면 불거촌에서 태어남.

이름은 일옥(一玉). 7세에 봉서사에서 출가.

머리가 영특하고 신통력이 뛰어나 수많은 기적이

전해지고 있다.

저서로 『진묵대사유적고(震默大師遺蹟攷)』 1권이 있다.

김제 성모암(聖母庵)의 어머니 묘소에 있는 글

 태중에 열 달을 품으신 은혜, 어떻게 갚으오리까. 슬하에 삼년을 기르심도 잊을 길 없나이다. 만 세 위에 다시 만 세를 더할지라도 아들의 마음은 오히려 부족한 맘 앞서는데, 백 년 안에서 백 년도 채 못 되시니 어머님의 수명이 어찌 이다지도 짧으시나이까.

 표주박 하나로 걸식하며 사는 이 중은 이미 말할 것 없사오나 귀머리도 풀지 못하고 규중(閨中)에 혼자 남은 어린 누이로서는 어찌 슬프지 않으리까?

 이제 벌써 상단을 마치고 하단의 법요도 마쳐서 스님들은 각기 제 처소로 돌아가옵니다.

 앞산은 첩첩하고 뒷산 또한 겹겹이 쌓인 이 산중에서 어머니의 혼은 어디에 있사옵니까, 아 — 슬프고 슬프오이다.

 胎中十月之恩, 何以報也. 膝下三年之養, 未能忘矣, 萬世上更加萬歲, 子之心猶爲嫌焉. 百年內未滿百年, 母之壽何其短也, 單瓢路上行乞一僧, 旣云已矣, 橫釵閨中未婚小妹, 寧不哀哉, 上壇了下壇罷, 僧尋各房, 前山疊後山重, 魂歸何處, 嗚呼哀哉.

편양언기(鞭羊彦機) 스님

조선스님(1581~1644).

이름은 언기(彦機). 편양(鞭羊)은 호.

어려서 현찬스님에게 구족계를 받고, 자라서 서산대사에게
심법을 받다.

금강산 묘향산에서 개당 설법. 그림에도 능했다.

인조 22년 묘향산 내원사에서 입적.

백화암(白華庵)에 그 비(碑)가 있다.

저서로는 『편양당집(鞭羊堂集)』이 있음.

1. 천제소(薦弟疏)

외로운 난초가 일찍 떠나매 사(嗣)를 곡하는 슬픔을 어찌 견디겠으며, 시내의 차 싹이 이에 향기로운데 부처님께 기도하는 공경함을 감히 뒤에 하면서, 곧 슬픈 정성을 펴 넓으신 자비를 우러러 욕되게 하나이다.

삼가 생각하오면 제자 아무는 처음에는 머리 깎고 물들인 옷을 입을 때에 석림(釋林)의 난봉(鸞鳳)이 되기를 바랐는데, 한창 꽃다울 때에 어찌 봄꿈의 원앙(鴛鴦)이 될 줄 알았겠습니까? 가는 이를 애통하는 정은 구름처럼 일어나고, 문(門)을 빛낼 보람은 우레같이 사라졌습니다.

이미 가지가 떨어진 마른 나무가 되었고, 장차 길을 잃고 돌아가는 사람이 될 것입니다. 비록 늙고 젊음이 바뀌었다 하더라도 뜻으로는 죽고 삶이 같은 것입니다.

일찍이 상승(上乘)을 들었으매 오온이 허공의 꽃과 같음을 알지마는, 행을 원만히 닦지 못했으매 어찌 구거(九居)의 불난 집을 면할 수 있겠습니까?

삼가 우사(羽士)를 불러 연담(蓮談)을 외우게 하면서 그윽한 도움으로 깨달음의 길에 오르게 하소서.

살아 있는 사람의 슬픔을 가엾이 여기고, 죽은 사람의 고통을 벗어나게 하며, 사사(四蛇)와 오독(五毒)이 얼음처럼 녹고, 구결(九結)과 십전(十纏)이 눈처럼 흩어지며, 자비의 바다가 넓어 저 언덕으로 지도해 먼저 오르게 하고, 공덕의 숲을 열어 법의 다리를 넘어 빨리 건너게 하소서.

2. 수륙소(水陸疏)

논과 집을 팔아 수륙(水陸)을 닦는 맑은 의식은 속사(俗士)라도 할 수 있는 일이거늘, 향과 등을 마련하여 티끌 같은 세계에 공양하는 넓은 법을 도인으로써 어찌 게을리 할 수 있겠습니까? 곧 참된 정성을 받들어 삼가 법안(法眼)을 더럽히나이다.

생각하오면 제자는 전생에 식업(食業)을 닦아 바가지 드는 몸을 면하고, 비록 이름은 드러났지마는 도를 닦는 공이 없사오니 뛰어난 말이 들바람 앞에 선 것이 애석하고, 허깨비의 몸이 부질없이 늙는 것을 한탄하나이다. 선업(善業)을 짓기에 스스로 힘쓰면서 은혜로운 정을 믿지마는 어찌하리까?

염제(閻帝)의 부름을 거절하기 위해서는 각황(覺皇)의 힘을 의지해야 하겠거늘, 하물며 생족(甥族)을 취하는 것으로 악(惡)을 쉬고 자비를 행하는 일이라 하겠습니까? 의지할 데 없는 과부와 어려움이 있는 늙은이가 남군(南郡)에 나아가 공양하고 북당(北堂)에 맛난 음식을 바치기를 권하나이다. 들 구렁에는 바람이 차고 무덤의 잔디에 눈물을 뿌립니다.
이미 어머니의 공덕을 갚았거늘 어찌 스승님의 은혜를 모르오리까? 가을바람을 따라 서쪽으로 돌아가고 향로를 마주하여 북쪽에 절합니다.

소제(少弟)는 청년을 등지고 장년이 되었으며, 스승님은 백발로 변하여 첨지가 되었습니다. 내 마음을 아뢰오면 이전의 소원에 꼭 맞습니다.
고기가 고기의 뜻을 안다는 것은 실로 나를 격려시키나니, 내가 하고 싶은 것은 한갓된 선(善)만이 아닙니다.

아울러 우리 어머니를 천도하여 연향(蓮鄕)으로 인도하되, 그 우거(寓居)를 밝게 하여 백련(白蓮)의 훌륭한 짝을 모으고, 전단향(栴檀香) 조각을 사루어 금산(金山)의 법 자리를 베풉니다.

근래에 죽은 제매(弟妹)의 선망(先亡) 부모로서, 어두운 길에 막힌 넋과 변방에서 싸우다 죽은 혼이, 단대(丹臺)에 발을 들여 놓아 마침내 생이 있는 검은 업을 벗어나고, 묘한 경계에 몸이 이르러 시원하게 위없는 깊은 이치를 보며, 상하의 동참과 제자 자신이, 지금은 경행(慶幸)을 받들어 목숨을 마치고, 뒤에는 진원(眞源)에 돌아가 끝까지 놀아지이다.

3. 천형소(薦兄疏)

맑은 가을이 비로소 다다르매 오작교(烏鵲橋) 곁에 성군(星君)이 서로 만나는 날이요, 기러기 행렬의 중간이 끊어졌으매 묘향동(妙香洞) 속에 돌아간 사람을 천승(薦昇)하는 때이니, 세 번 변한 우거(寓居)에 계덕(戒德)을 다시 정성스럽게 하나이다.

아침에 옥함(玉函)을 열어 헷갈린 마음의 부처를 바로 가리키고, 밤에 아름다운 모임을 베풀어 의지할 성현에게 각각 공양합니다. 오전(五殿)이 변하여 이루어지거니 어찌 애통하는 생각이 없겠나이까? 시방 부처님께서 반드시 경지(鏡智)의 빛을 돌리실 것입니다.

삼가 원하옵나니, 영가께서는 금강의 예리한 칼날로 번뇌의 굳은 맺음을 끊고, 흰 소를 타고 불난 집 문을 나오시고, 자비의 배에 올라 연꽃 창고에 오르소서.
오늘은 비록 연지(連枝)를 떠나는 한(恨)을 원망하지마는, 오는 세상에서 음광(飮光)의 인연 맺기를 원합니다.

4. 천양친소(薦兩親疏)

　나를 낳으시느라 괴로워하신 은혜는 양친보다 더한 이가 없고, 방편으로 사람을 제도하는 자비는 삼보보다 더 큰 이가 없나니, 오로지 깊은 정성을 기울여 넓은 법을 우러르나이다.

　생각하오면 우리 부모님은, 내가 성중(城中)에서 아버지를 버리고 떠나고부터, 하늘 끝에서 몇 가을을 지냈는가? 상천(湘川)은 아득하고 형악(衡岳)은 아련하기만 하나이다.

　혹은 팔한(八寒)을 가까이 하고 혹은 육극(六極)을 떠나면서, 하많은 어려움과 고통을 겪은 뒤에 한 번 사람의 몸을 얻었으니, 그것은 침교(針䜿)가 서로 맞는 것과 같고, 거북과 나무가 다행히 만난 것과 같습니다. 사공(四空)의 위도 오히려 어렵거늘, 하물며 구부(九部)의 가운데가 어찌 쉽겠습니까?
　만일 인자한 배를 빌지 않으면 무엇으로 괴로움의 이 바다를 건널 수 있겠습니까? 그러므로 티끌 수 같은 보배를 다 기울여 이 금사(金沙)에 나와 사문(沙門)을 불러 모아서는 감로를 삼가 여는 것입니다.

　엎드려 원하옵건대, 부모님은 살아서는 천수(天壽)를 마치면서 사매(邪魅)의 침노를 아주 끊으셨으니, 돌아가셔서는 연대에 나시어 항상 옥호(玉毫)의 광명을 입으시고, 스스로 삼덕(三德)의 보배 창고를 열어 구거(九居)의 외롭고 가난한 이를 구휼하시옵소서.

5. 생전소(生前疏)

삼가 듣건대, 석존께서는 그 어머님을 교화하기 위하여 도리천에서 설법하셨고, 목련(目連)은 그 어머니를 구제하기 위하여 철위성(鐵圍城)으로 지팡이를 떨쳤다 하옵는데, 그것은 강상(綱常)이 지극히 중하고 은의(恩義)를 잊기 어려운 것을 말해 줍니다.

저 분들은 성현으로서도 그렇게 하였거늘, 나는 범부인데 감히 그렇게 하지 않겠습니까? 그 죽은 뒤의 제도하기 어려움보다는 생전의 인도함이 훨씬 쉬울 것입니다.

어떤 노파가 말하기를,

"나는 마치 하늘에서의 존영(尊榮)이 끝없다가 빈천한 몸이 된 것 같이 이는 빠지고 머리는 세어 이미 육십이 지났습니다. 인자한 할미의 즐거운 곳을 알고 싶으면 과거 성인들의 큰 법을 실천해야 하겠습니다. 그리하여 상자와 전대를 모두 기울여 여기 향과 등을 공양하옵는 바, 단재(檀財)의 적음은 헤아리지 않고, 홀로 능감(菱鑑)의 밝기만을 믿나이다." 하였습니다.

엎드려 원하옵나니, 주상의 삼전(三殿)께서는 그 금지(金枝)는 상서를 낳으면서 언제나 새롭고, 그 옥엽은 상서가 엉기어 영원히 무성하며, 간과는 그치어 주기(珠基)는 땅처럼 오래가고, 우양(雨陽)은 때를 맞추고 보력(寶曆)은 하늘처럼 영원하여지이다.

다음에 원하옵기는, 미망인[孀妣]께서는 그 연세가 미수(眉壽)로 오래 사시고, 복이 이르고 편안하시며, 몸은 마야(摩耶)의 성후(聖后)를 섬기고, 발은 연장(蓮藏)의 금지(金池)를 밟으소서.

또 원하옵나니, 선망께서는 이 묘한 힘을 받들고 저 즐거운 나라에 나되, 구품(九品) 연지에서 모든 부처님의 접인(接引)을 친히 받들고, 삼계화택에서는 여러 아이들의 수화(水火)를 아주 떠나시며, 언제고 아무 해로움 없고, 온갖 상서가 날로 있으며, 동서남북에서 편안하고 행주좌와(行住坐臥)가 자재하여, 남은 물결이 미치는 곳에서 고통 하는 무리를 모두 적시소서.

6. 시왕소(十王疏)

 지팡이를 떨치고 염주를 가지고 무량한 중생을 제도하려는 것은 오직 대성(大聖)의 자비의 서원이요, 원인을 미루어 결과를 결정하되 결정하는 문서에 사정이 없는 것은 여러 왕의 총명한 지혜의 거울입니다. 무릇 이끌어 주는 힘을 입으려면 귀의하는 정성을 다할 만한 것이 없습니다.

 삼가 생각하오면 제자들은 다 같이 전생의 좋은 인(因)을 받들고 금생의 묘한 과(果)를 함께 얻어, 아 저녁의 한 벌의 옷과 한 끼의 밥은 비록 각자의 노력에서 생긴 것이라 하더라도, 평생에 조용히 앉고 편안히 눕는 것은 실로 다 짝이 없는 그윽한 자비를 받들기 때문입니다.

 나서 자라는 것은 건곤의 조화보다 무거운데, 갚아 드림은 털끝 만 한 공보다 작습니다.
 그리하여 힘써 마음을 드러내는 재물을 갖추어 잠깐 공경을 드리는 예를 펴려 하와, 삼가 산중의 석덕(碩德)에게 명령하고 만경(萬景)의 도량에 나아가, 과교(科敎)의 의식에 의하여 예수(預修)의 모임을 베푸는 것이오니, 이 아래의 정성이 위를 치매 신령스런 거울에 가만히 통하리라 생각하옵니다.

 엎드려 원하옵나니, … 모두 큰 성인의 가엾이 여김을 입고 여러 왕의 보호와 도움을 받아, 색신(色身)은 항상 안온하여 마침내 음양의 조그만 어그러짐도 없고, 보수(報壽)는 멀고 높아 끝까지 송춘(松椿)과 함께 오래가며, 많은 생의 죄를 멸하고, 여러 겁의 원한을 제하기를, 우러러 통령 안하(通靈案下)에 사뢰나이다.

인조(仁祖)

조선16대 임금(1595~1649). 선조의 손자로 자는 화백(和伯),
호는 송창(松窓). 서인들이 광해군을 왕위에서 내쫓고 옹립했으므로
서인들이 중심이 되어 국정을 운영했다.

반정공신들의 영향력이 강했기 때문에 왕권을 강하게 내세우지
못했다. 인조는 중화사상을 중시하는 서인들의 영향으로 친명배금
정책을 내세웠다. 후금은 정묘호란을 일으켰고, 이후 청으로 국호를
바꾼 후 병자호란을 일으키자 인조는 청에게 항복하고 도성을
빠져나와 남한산성으로 들어갔다.

인조임금이 제물을 보내 지내는 제사의 제문(仁廟朝致祭文)

인조 2년(1624) 6월 9일에 국왕은 신하 예조정랑 신민일(申敏一)을 보내어 영의정 류영경(柳永慶)의 영혼에 제사를 드리노라. 생각하건대 영(靈)께서는 재상(宰相)으로써 오직 홀로 명을 받아 왕실을 대대로 섬기는 신하가 되니 큰 대들보와 같도다.

조정의 대신(大臣)을 지내고 일찍이 사람을 감화하는데 힘을 쌓으니 분협(分陝)184)해서 인사(人事)보다 널리 명성을 이루어 그를 아신 선조(宣祖) 임금께서 신임하며 의심치 않았고 백관(百官)의 예절이 남보다 월등하여 공(公)은 정승(政丞)이 되어 국가의 중흥을 도와서 기린각(麒麟閣)185)에 머물렀네.

선조 41년(1608) 2월 뜻밖에 혼이나 금등(金縢)186)의 점을 못치고 선왕(先王) 서거한 뒤, 평소 생각 못하여서 참얼(讒孼)이 서로 거듭하여 정인홍이 화(禍)를 선동하고 이이첨이 작란하여 활 메고 함정을 파서 이 백성 해독(害毒)해서 고충(孤忠) 밝혀지지 않으니 그 교변(巧辯) 뉘 당할까.
붕부(鵬賦)187)가 처음 되어 자결하심 슬프도다. 비명으로 가시

---

184) 분협(分陝): 중국 주나라 시대에 주공과 소공이 협의 땅을 경계로 하여 통치했는데 선적(善績)을 이루었다.
185) 기린각(麒麟閣): 중국 전한의 무제가 건축한 건물. 선제 때 11인 공신의 화상을 그려 부쳤다.
186) 금등(金縢): 중국 주나라 초에 무왕이 병에 드니 주공이 대신 죽게 해달라고 선왕의 영 앞에서 빌고, 그 책문을 금등(金縢, 금으로 봉함)한 궤에 넣고 그 다음 날 무왕의 병이 나았다고 한다.
187) 붕부(鵬賦): 중국 전한 시대 가의가 간신(奸臣)을 멀리 좌천했을 때, 거실에 붕새가 날아들어 오니 그것이 불길한 징조임을 알고 읊은 것.

온 뒤 중벌로 또 묶어 자손까지 벌을 주니 백성 여론 들끓어서 초목들도 피 흘렸네. 오자서(伍子胥)[188]처럼 사사(賜死)되어 통한이 황천까지 맺히니 이 난국 평정하여 주기를 하늘에 호소하네.

경(卿)의 모친 영접하고 해명하여 억울한 죄 누명 벗고서 역도(逆徒)의 괴수(魁首) 목 바치고 그 무리 찢었으니 하느님이 보시(普施)함을 누가 안재(安在)라고 말할까.

경의 옛 관작 회복하고 또한 소봉(疏封) 드리오니 영(靈)께서 아신다면 편히 눈을 감으리라.

이에 좋은 날을 택하여 신하를 보내 제사를 지내니 격세(隔世)의 감이 절로 나며 영화와 슬픔이 서로 극에 달했으나 충심(忠心)이 밝게 나타나고 국가의 큰 은혜로 저승과 이승 사이가 없나이다.

---

188) 오자서(伍子胥): 중국 춘추시대 초나라 사람. 아버지와 형이 초평왕에게 살해되자 오나라로 도망가서 초나라를 정복하였으나, 그 후 월나라의 뇌물을 받은 자가 모함하여 사약을 먹고 죽었다.

백곡처능(白谷處能) 스님

조선스님(1617~1680). 호는 백곡(白谷), 자는 신수(愼守).
12세에 의현(義賢)에게 글을 배우다가 스님이 되었다.
글과 시에 능했다. 지리산 쌍계사의 벽암(碧岩)에게 나아가
23년간 도를 구하다가 그 법을 전해 받다.
대둔산의 안심암(安心菴)에 오래 있었다.
숙종 6년 봄, 금산사에서 대법회를 열고 그 해 7월 입적.
저서에 『백곡집(白谷集)』 2권이 있음.

동회선생을 제사하는 글(祭東淮先生文)

 아아, 어제는 선생의 병을 들었더니 지금은 선생의 죽음을 곡
합니다. 아아, 슬프고 슬프옵니다.

 걸림이 있는 마음과 끝이 없는 슬픔을 안고 있기보다는 차라리
같이 죽어 애끓는 흐느낌과 원통함이 없는 것이 나았겠습니다.
 그러나 한 번 났다 한 번 죽으매 구원(九原) 밑에서 소리와 얼
굴이 적막하고 백 년 동안에 형체와 그림자가 막히었으니, 어찌
존망을 멀리 느껴 묵은 글과 남은 편지에 눈물을 뿌리지 않을 수
있겠습니까?
 그러므로 옛 사람이 용양(龍驤)의 무덤을 바라보았고, 복야(僕
射)의 관(棺)을 붙잡으며, 혹은 시 상자를 뒤적이면서 슬픔을 머
금고, 옛 역사를 살펴보면서 눈물을 흘리는 것은 다 한 때에 격
동한 슬픔이지만 그래도 후세에서 일컫는 것입니다. 그런데 더구
나 선생과는 십 년 동안 임천(林泉)에서 결사하여 함께 놀면서 형
해(形骸)를 우주 밖에서 잊고, 금기(襟期)를 암학(岩壑) 사이에서
의탁함이겠습니까?

 처능은 먼저 날에 선정에서 나와 서쪽에 노닐면서 용만(龍灣)의
대윤(大尹)을 뵈옵고, 길에서 선생의 별장지기를 만나 선생이 앓
는다는 소식을 들었습니다. 그러나 그것은 현안(玄晏)이나 문원(文
園)의 병으로서 으레 낫는 것이라 걱정할 것이 없다고 생각하였
던 것입니다.
 그 날 밤에 눈을 감고 어렴풋이 잠들어 있을 때, 뜻밖에 선생
과 담소하면서 즐거워한 것이 평시와 다름이 없었는데 깨고 나니
꿈이었습니다. 혼자 가만히 생각하기를, '만일 꿈이 허망하지 않
다면 선생의 병은 반드시 나았을 것이니 걱정할 것이 없다' 하였

습니다.

그리하여 처능이 절에 돌아왔을 때, 견(堅)스님이 기성(箕城)서 편지를 붙였는데, 동회 선생이 병으로 일어나지 못한다 하였습니다.

아아, 지난번의 꿈이 과연 진실이었던가? 또는 진실이 아니었던가? 장주(莊周)는 말하기를, 꿈에 술을 마시면 낮에 운다 하였으니, 만일 그렇다면 꿈에 선생과 더불어 다정히 담소한 것이, 이렇게 영원히 이별하여 무궁한 슬픔을 끼친다는 뜻이 아니겠습니까?

선생은 오십칠 년 동안 세상에 계실 때 몸은 귀하게 살았고 자취는 궁궐에 드나들어, 임금은 그 충성을 아름답게 여기고 조야(朝野)는 모두 현선(賢善)을 일컬었으니 선생의 덕은 실로 높았다 하겠습니다.

또 재주는 양(楊)·마(馬)를 겸했고 글씨는 종(鍾)·왕(王)을 본받아, 당대의 보배가 되었으나 그것을 이을 뒷사람이 없으니 선생의 공업은 실로 위대하다 하겠습니다.

그러나 세상에 거문고를 듣는 사람이 지혜로운 귀가 없어, 아양곡(峨洋曲)과 절양곡(折楊曲)을 뒤섞어 듣고 조화를 이룬다 하니, 선생의 뜻을 아는 이도 있고 모르는 이도 있습니다. 그런데 선생의 그 절조(節操)와 풍류에 있어서는 다른 사람으로는 더욱 아는 이가 없고 오직 나만이 아는 것입니다.

저 광릉(廣陵)의 동쪽 두강(斗江) 곁에서 저문 봄 물가에 꽃이 피고 깊은 가을 언덕에 단풍이 붉을 때, 외로운 배를 멀리 띄워 놓고는 작은 두루미에 조그만 잔으로 위대한 물가의 구부러진 정각에서 술이 취하면 상앗대를 두드리고 노래하며 말하기를 "소동파(蘇東坡)가 나와 같고 내가 소동파와 같구나." 하였으니, 이것이

358

어찌 선생이 고인을 사모하여 그 끝없는 흥을 일으킨 것이 아니겠는가?

또 왕손곡(王孫谷) 속의 불주암(佛住菴) 앞에서, 저녁볕이 이미 빠지고 어스름 달이 처음 나올 때, 문을 나가 손을 보내고 중을 데리고 절에 들어와서는 바위를 돌아 끊어진 시내에서 흥이 무르녹으면 두건을 벗고 읊조리며 말하기를

"도연명(陶淵明)이 나와 같고 내가 도연명과 같구나." 하였으니, 이것이 어찌 선생이 과거의 현인을 본받아 그 무궁한 즐거움을 발산시킨 것이 아니겠습니까?

아아, 구원(九原)에서는 아득하여 지음(知音)을 얻기 어려울 것입니다.

풍성(豊城)의 칼과 고죽(孤竹)의 경쇠와 공상(空桑)의 거문고와 적수(赤水)의 구슬이 보배가 아닌 것이 아니지마는 아는 사람은 알고 모르는 사람은 모릅니다. 그렇다면 선생의 절조를 내가 아니고 누가 알겠습니까?

아아, 의리로서는 마땅히 나아가 조문해야 하겠사온데 병으로 달려가 곡하지 못하고, 천리 밖에서 슬퍼하면서 다만 애통할 뿐이옵니다. 그러나 선생의 넷째 아들은 나와 도교의 친분이 있습니다. 봄이 오면 한 번 찾아가 그를 조위(吊慰)하고 또 선생의 무덤에 곡할까 합니다. 그래야만 비로소 내 마음이 후련해질 것 같습니다.

아아, 내가 꿈속에서 꿈을 슬퍼하는 것도 또한 한 꿈이 아니겠습니까? 꿈이 꿈을 더불어 진실이 아니라면 내가 슬퍼하는 이것도 또한 꿈속의 꿈이 아니겠습니까? 아아, 슬프고 슬픕니다.

송시열(宋時烈)

충북 옥천 출생(1607~1689). 이조판서, 좌의정 등을 지낸 문신이며
학자다. 자는 영보(英甫), 호는 우암(尤菴) 또는 우재(尤齋),
봉사(奉事)다. 병자호란으로 왕이 치욕을 당하고 소현세자와
봉림대군이 인질로 잡혀가자, 그는 좌절감 속에서 낙향하여
10여 년간 일체의 벼슬을 사양하고
초야에 묻혀 학문에만 몰두하였다. 유배생활을 할 때 부인과 딸,
며느리의 죽음을 지켜보며 쓴 제문이다.

큰딸에게 바치는 제문

　서쪽을 바라보며 길이 통곡하니 마음이 찢어져 억지로 참으려 해도 그럴 수가 없구나.… 아아! 너의 모습을 다시 훤히 볼 수가 없구나. 넋은 가지 않는 곳이 없다고 하니 혹시라도 나를 찾아오려는지? 다만 길을 알지 못할까 걱정이로다.

　아아! 옛날의 병이 더욱 심해지고 시론(時論)이 더욱 박해져서 실로 슬퍼할 시간도 얼마 남지 않았으니, 이것으로 위로를 삼을 뿐이다.
　하물며 죽어서라도 앎이 있다면 너와 네 어머니가 벌써 만났을 것이니, 내가 무엇을 슬퍼하랴? 그러나 울음을 막을 수 없고 물을 거둘 수 없으니 어찌하여 그런지 알 수가 없구나.

월저도안(月渚道安) 스님

조선스님(1638~1715). 평양에서 태어남.
호는 월저(月渚). 속성은 유(劉)씨. 10세에 천신(天信)에게 출가.
1664년 묘향산에 들어가 풍담의심(楓潭義諶)에게 참학하여
심법을 얻음.
화엄경의 대의를 강구하여 화엄의 종주로 지칭 받다.
숙종 23년(1697년)에 옥사(獄事)에 무고를 당했으나
왕명으로 특사. 나라에서 팔도 선교 도총섭을 내렸으나 사양하고
검소하고 청정한 산승으로 살다 묘향산에서 입적했다.
저서에 『월저당집(月渚堂集)』이 있음.

1. 사부(師父)를 천도하는 주야상중소(晝夜上中疏)

바람의 나무가 슬픔을 감싸매 저 영혼의 아주 가심을 사모하고, 물속의 달이 그림자를 나타내매 우리 부처님의 큰 사랑을 생각합니다. 진실로 귀의가 간절하다면 어찌 발여(拔與)가 더디겠나이까?

가만히 생각하오면 아무 영혼은 범롱(凡籠)의 허망한 자취요, 욕해(欲海)의 덧없는 삶이었습니다. 깎은 머리로 불문에 들어갔으나 기심(機心)은 고요한 삼매에서 쉬지 못했고, 쑥대 같은 마음으로 세상에 관계했으니 그 업은 번뇌의 육자(六疵)에 뒤덮였습니다. 나를 낳으시느라 고생하셨으니 몇 세상에 함께 자란 은애(恩愛)요, 나를 인도해 깨우쳤으니 일생에 교육해 주신 자음(慈陰)이었습니다.

오래오래 사시기를 빌면서 돌아가실 때까지 봉양하려 하였는데, 갑자기 괴악한 고질을 앓으시다가 문득 길을 떠나셨습니다. 흐르는 세월에 상심하면서 칠칠의 재(齋)가 닥치오니, 자비로운 가르침에 머리를 두드리면서 삼십삼 배의 예를 드리옵니다. 특별한 수륙의 예식에 의하여 향화의 천석(薦席)을 차리고 포색(蒲塞)의 반찬과 법희(法喜)의 밥으로 시방의 삼보존(三寶尊)에 공양하오며 필추(苾蒭)의 스님과 정행(淨行)의 사람들이 구유(九喩)의 일승법(一乘法)을 널리 드날리이다.

삼가 원하옵나니, 자비의 배를 노질하시고 슬기의 거울로 어두움을 비추어 삼계의 화택 가운데서 천생(千生)의 죄장(罪障)을 아주 벗어나고 구품(九品)의 연대(蓮臺) 위에서 무량한 광명을 환히 비추어지이다.

다음으로 원하옵나니, 선망께서는 가지(加持)를 얻고 짚고 부처님의 지견을 얻어지이다.

또 원하옵기는 제자들은 재앙은 사라지고 장애는 없어지며, 복은 풍족하고 슬기는 원만하여지이다. 그리고 한 방울 남은 물결에 모든 마른 것들이 다 살아나기를 삼가 원하나이다.

해와 달이 번갈아 달리매 구로(劬勞)의 느낌을 영원히 슬퍼하오며 티끌세계에 항상 머물거늘 어찌 발여의 사사로운 정성이 더디겠나이까? 이미 가슴 속에 가득한 붉은 정성이 속에서 솟거늘 기약할 수 있는 극히 빠른 큰 자비가 반드시 헛되지 않을 것입니다.

생각하오면 저 영혼은 바로 내 사부이신데 망망한 업의 바다에 몇 이랑의 은애의 물결이며, 외롭고 덧없는 생의 한바탕 꿈, 사바의 티끌입니다. 경영한 고집(苦集)으로 이미 유루의 몸을 받았거늘, 빠른 생애에 무상의 한을 면할 수 없습니다.

유명(幽明)이 아주 막히었으매 하늘이 무너지는 애통이 끝이 없으며, 감응이 기약이 있으매 땅을 쓰는 깨끗한 소제를 어기지 않습니다.

수륙의 예식에 의하여 원학(猿鶴)의 주인을 청하고, 지견의 향과 지혜의 등불로 저승길의 긴 밤을 비추어 밝히며, 법희의 음식과 선열(禪悅)의 맛을 적멸의 방정한 단(壇)에 늘어놓았습니다. 아아, 한 번 생각하고 한 번 예배하는 향기로운 수행을 십통(十通) 십안(十眼)으로 굽어 살피시리라 생각하나이다.

삼가 원하옵나니, 신불(神佛)의 힘을 법으로 가지하시어, 소소(昭昭)한 한 영혼을 본래 이룬 면목으로 꾸미시고, 아득한 십류(十類)를 뛰어오르는 호정(戶庭)으로 이끌어주소서.

다음으로 원하옵기는 재자(齋者) 등은 과보의 목숨이 더욱 건강하고 경사스런 선물이 마구 모여들며, 불초한 물품으로도 그 수

364

부강녕(壽富康寧)을 얻게 하며, 또 함께 축원하는 사람도 다 상락아정(常樂我淨)을 증득하며, 끝없는 법계의 중생들이 감로의 남은 물방울에 골고루 목욕하도록 시방의 성현을 우러러 한 치의 신심으로 호소하면서 삼가 글을 올리나이다.

천선신(天仙神)의 만물을 이롭게 하는 권형(權衡)이 한량 없거늘 혼백들 쫓고 인도하기가 무엇이 어려우며, 자녀제(子女弟)의 천도하는 정성이 가이 없거늘 슬픔을 삼키고 눈물을 가림이 망극하옵니다. 그러므로 여기 향화의 의귀(依歸)를 베풀어 명양(冥陽)의 이제(利濟)를 비는 것입니다.

생각하오면 저 돌아가신 영혼은 나의 가군(家君)이옵니다. 한 거품의 뜬 생으로, 삼계의 화택에 섶나무가 업의 불길을 더하옵는데 어찌 성차(性遮)의 죄의 흔적이 없겠습니까? 뿌리가 끊어진 우물의 등나무로서 병사(病死)의 고뇌를 면하지 못하옵니다. 아득한 황천길에서 당상(堂上)의 참 면목으로 돌아오지 못하옵기에, 외외(巍巍)한 도량에서 명중(冥中)의 재석(齋席)을 베푸는 것이옵니다.

향을 피우고 예배하는 것은 한 치 붉은 마음의 전일한 정성이요, 느낌으로 달려가고 인연을 따르는 것은 삼부(三部) 영명(靈明)의 그윽한 도움입니다.

엎드려 원하옵나니, 영가께서는 벌려 선 불꽃 무더기 속에서 맑고 시원한 은혜로운 바람을 불러일으키고, 금빛 무더기 속에서 보살의 달 같은 얼굴을 우러러 예배하소서.

그리고 일찍이 세상을 떠난 대중과 법계의 외로운 혼들도 묘함에 젖고 골고루 불왕(佛王)을 깨치소서.

다음으로 원하옴은 재자들은 오복(五福)을 잘 누리고 마침내 이엄(二嚴)을 증득하여지이다.

2. 평양천변수륙소(平壤川邊水陸疏)

대자 대비하신 세간해(世間解)께서야 어찌 다만 천상의 귀의처만이 되시겠습니까? 3월 3일은 천기가 새로워 시냇가에서 수륙재를 베풀 만 합니다. 사성(四姓)의 백성들은 오랫동안 기도하기를 잊어버렸지마는 시방의 그윽한 감응은 곧 나타날 것입니다.

생각하면 우리 서방의 한 나라는 일찍이 동명왕(東明王)으로부터 천년의 흥망이 계속해 왔거늘 어찌 백전(百戰)의 원한이 없었겠습니까?

천지는 망망한데 오랫동안 사시(四時)의 제향(祭饗)이 끊기었습니다. 하물며 무변한 법계에 꿈틀거리며 살고 있는 중생들은 고해(苦海)의 소용돌이 속에 떴다 잠겼다 하며 천 이랑의 출렁이는 물결에 떠돌아다니면서 화택에서 시시덕거리는데 독한 연기가 사방에서 피어오름이겠습니까?

그리하여 화기(和氣)는 흩어지고 여기(厲氣)가 모여 재난이 거듭하며, 죽는 자는 많고 사는 자는 적어 남은 백성들은 고단하고 외롭습니다.

그러므로 어진 마음을 가진 자의 가엾이 여기는 사직(社稷)과 성황(城隍)의 제사에 예(禮)가 있으니 거기에는 부처님의 힘을 힘입어 구원할 금산(金山)과 법운(法雲)의 의식에 법규가 있는 것입니다.

많은 집의 극히 적은 물건들을 거두어 삼단의 향화를 마련하였사온데, 활유리 금사(滑琉璃金沙)의 못 위에는 세 번 변하는 도량이요, 묘련화 패엽(妙蓮花貝葉)의 소리 속에는 여덟 가락의 선악입니다.

선열의 맛과 법희의 음식은 백겁의 주린 창자를 채울 수 있고,

광명의 촛불과 지혜의 등불은 천년의 어두운 방을 깨뜨릴 수 있습니다. 몇몇 단월의 마디마디 정성스런 마음이오니 모든 부처님의 밝으신 지혜는 자세히 비추어 주소서.

엎드려 원하옵건대, 우리 왕국의 복의 바다는 길이 흐르면서 패강(浿江)을 삼켜 마르지 않으며, 이 생민(生民)의 수(壽)의 산은 높이 솟아 보산(寶山)을 눌러 더욱 높으며, 몇 백대의 전쟁에 죽은 외로운 혼과 사경(四境)에 두루한 번뇌에 막힌 넋과 악독(岳瀆)과 강하(江河)의 주장과 묘가(苗稼)와 풍우(風雨)의 신과 팔십구 종의 요사한 이와 십오 류의 나쁜 죽음과, 무변의 중생과 법계의 함령(含靈)들로서, 끝이 있는 생을 모두 하직하고는 다시는 요괴가 되지 말고 무위의 다스림을 함께 즐기면서 영원히 복과 상서를 이루게 하여지이다.

그리고 또 원하옵기는 이 수륙재를 마련한 크고 작은 단월과 연화비구(緣化比丘)들의 그 자자손손은 대대로 이름이 용호(龍虎)의 호적에 오르고, 세세생생의 낱낱 지위는 선불(仙佛)의 반열에 들도록 옥호(玉毫)를 우러러 삼가 글을 올리나이다.

3. 생전시왕재소(生前十王齋疏)

지장(地藏)의 밝은 구슬은 호한(胡漢)을 모두 나타내고, 명사(冥司)의 업의 거울은 연치(姸媸)를 각각 분간하나니, 두 길이 분명하오매 한 마음이 간절합니다.

엎드려 생각하오면 세속의 장은 새를 가두고 업의 그물은 몸을 얽맵니다. 입으로 사업(四業)이요, 몸으로 삼업이니 스스로 지은 죄의 피하기 어려움을 한탄하고, 생(生)이 천이요 겁(劫)이 만이매 보호해 줄만한 타력(他力)이 모자랍니다.

목숨에는 반드시 한정이 있는지라. 죽은 뒤에 구제해 줄 사람이 없고 생전의 귀의할 부처님이 계시는 쉬움만 하겠습니까? 한 생각에는 다름이 없고 여섯 신통은 걸림이 없습니다.

엎드려 원하옵나니, 북풍도(北酆都)의 독한 연기 무더기 속에서 이 해의 조그만 인연을 받들고 서마제(西摩提)의 금빛 광명 가운데서 저 부처님의 간곡한 구제를 받으며, 온 집안의 권속들은 재앙이 사라지고 복이 더하며 수명이 늘고, 온 허공의 생령(生靈)들은 부처님을 뵈옵고 법을 들으며 도를 깨치게 하여지이다.

저 허공은 다함이 있어도 내 발원은 무궁할 것입니다.

4. 삼화부천변수륙소(三和府川邊水陸疏)

운운(云云). 이 달 오늘의 맑은 새벽에, 새벽 기운은 차츰 맑아지고 보배로운 달은 허공에 비꼈습니다.

삼가 향과 꽃, 등촉, 맛난 음식 등의 공양드릴 물건들을 차려놓고, 들보는 가로요 기둥은 섰으며, 옥은 울리고 금은 소리 내며 일일(一一) 삼삼(三三)의 무진(無盡)한 뜻으로, 교주 석가모니불과 서건(西乾)의 이십팔 조사(二十八祖師)와 동토의 육대 조사 및 우리 동쪽 나라 조사님의 진영 앞에 공경 예배하면서 겁외에서 인간을 구제하시기를 기원하나이다.

5. 조사참소(祖師懺疏)

생각하오면 법도 없고 법 아닌 것도 없어서 일정한 법이 없다 한 것은 여래님의 말씀이요, 업도 있고 업을 짓는 사람도 있거늘 어찌 일정한 업이 없겠는가. 하여 중생들은 그것을 즐겨 받는 것이다.

법이 없는데도 법이 있다고 말할 수 있다면 업이 있으나 본래 과보를 받을 것이 없을 것이다. 하였으니, 이것은 모든 조사가 전해 준 열반묘심이며, 또 중생들이 날로 쓰는 현성수용(現成受用)인 것입니다.

그러나 본래 갖추어져 있는데 스스로 깨닫지 못하고 이 신훈(新熏)은 모든 조사가 바로 전한 것인데, 어찌하여 정업(定業)을 다 녹이지 못하고 어찌하여 화장(禍障)을 멸하지 못하는가? 그러므로 참마(懺摩)의 범채(梵采)에 의하여 가지(加持)의 묘한 구제를 바라는 것입니다.

지금 날은 길하고 때는 좋아 바람은 따뜻하고 달은 밝은데, 향과 등불을 벌려 놓고 차와 과일을 차려 놓고는 유한한 장엄을 빌어 다함없는 법의 공양으로 변화시키옵니다.

엎드려 원하옵나니 축건(竺乾)의 사십칠조(四十七祖)와 지나(支那)의 이십삼선(二十三禪)은 동해의 바람과 북산(北山)의 달에 우산(牛山)의 꿈속의 꿈을 불러 깨우고 당가(當家)의 태평가를 불러내소서.

그리하여 사람마다 오로지 즐겨 근심이 없고, 물건마다 본래 이루어져 원만하며 옷을 입거나 밥을 먹거나 어디서나 또 언제나 업을 그치고 정신을 기르되 철두철미하여, 그 외마(外魔)의 관대

370

(管帶)를 해탈하고 그 자가(自家)의 생애를 완성하며, 온 천하의 백성들은 슬기와 복이 풍족하고 숨 붙이의 모든 중생들은 자비와 지혜가 늘어나게 하옵소서.

여러 조사님의 진의를 우러러, 가엾이 여겨 거두어 주시기를 빌면서 삼가 글을 올리나이다.

6. 중별소(中別疏)

천문(天門)이 맑게 트이어 이십팔계(二十八階)의 위아래가 높고 험하며, 지축이 높고 낮아 사십오분(四十五分)의 바다와 산이 흐르고 솟았습니다.

전단(栴檀)의 향기가 나부끼면서 이삭을 내매 구경(究竟)의 사다리를 오를만하며, 버들잎의 물방울이 산뜻하게 구슬을 뿌리매 유명의 길에 닿을 것 같습니다. 만일 그 그윽한 감응이 간절한 범부의 마음을 의심하지 않는다면 이와 같은 붉은 정성이 환히 굽어 비추심에 막히지 않을 것입니다.

삼가 생각하오면 시주 등 여러 사람은 티끌세상에서 오래 앓는 병자요, 꿈속 집의 외로운 혼들입니다. 굶주리는 사람과 병을 앓는 사람은 운명의 충격을 받고, 일찍 죽은 자와 떠돌아다니는 자는 고독의 근심을 안고 있습니다.

세상의 미련한 아이도 수화(水火)의 핍박을 받을 때는 그 부모를 급히 부르거늘 하물며 우리 고통하는 자들로서 생사에 다달아 어찌 붙들어주는 이를 찾지 않겠습니까?

그리하여 사민[民]들의 잔잔한 재물들을 모아 삼단의 수륙재를 베풀고는 상단에는 거룩하신 불·법·승을 모시고, 책상 앞에는 천(天)·선(仙)·신(神)의 복된 이들을 받들었습니다.

정광(淨光)·범(梵)·욕(欲)·타자화(他自化) 등, 여러 하늘의 밝은 빛은 밑을 비추고 토(土)·수(水)·화(火)·풍(風)·공(空) 등, 유현(幽顯)의 주인의 숙목(肅穆)이 내림하였으니 높고 낮은 상(相)은 비록 틀리나 하늘과 사람의 이치는 서로 감응할 것입니다.

372

삼가 생각하오면 권형(權衡)의 조화는 널리 받아들이되 선악을 분간하여 빠뜨림이 없고, 상벌(賞罰)의 신공(神功)은 크게 감싸되 인과를 살펴 실수하지 않습니다.

그 그윽한 혼은 가만히 보시한 것을 드러내고 쓰는 억울함을 낱낱이 판단하고, 이 남은 삶은 무덤의 송사와 비문을 병을 세세히 분별합니다.

시체 냄새가 계속하는 고질이요 앓는 다리가 문채를 그리는 유재(流災)이오니, 빨리 성품이 풀리고 정신이 맑아지며, 다시 몸이 살찌고 마음이 너그러워지면, 세속을 벗어나고 번뇌를 뛰어나 흰 구름을 타고 제향(帝鄕)에 이르며 부지런히 닦고 해탈하여 붉은 연꽃을 밟고 불찰(佛刹)에 오를 것입니다.

살아서 이미 근심하고 괴로워하는 뜨거운 번민이 없거늘 죽은 들 어찌 원수의 침노가 있겠습니까? 그리하여 환과의 중생과 고독한 중생은 각기 지극한 즐거움을 얻고 예의의 무리와 경직의 무리는 다 함께 태평을 즐기며 헤매면서 괴로워하는 무리들은 자비의 물에 고루 목욕하게 하소서.

7. 야상소(夜上疏)

　일체지(一切智)의 지혜는 스스로 깨닫고 남을 깨우치는 자비의 큰 바다이니, 무소의 달과 많은 천둥이며, 사생고(四生苦)의 고통은 스스로 헤매고 남을 헤매게 하는 생사의 깊은 병이니 나비의 등불이요 새의 그물입니다. 생사의 병고를 면하려고 하면 모름지기 발여(拔與)를 힘입어야 하겠습니다.
　엎드려 생각하오면 시주 등은 흐르는 물결에 뜨고 잠기며 괴로움의 바다에 나고 죽습니다.

　백성들의 삶은 그 모두가 성인의 교화의 가운데와, 시달린 백성들의 호소에 있는 것이니, 이렇게 앓는 때를 맞이하여, 병에 잠기고 베개에 엎디어 오랜 시간에도 낫지 않으며, 살귀(殺鬼)가 몸을 눌러 오랫동안 기도해도 효험이 없습니다.

　아버지가 아들을 잃고 아들이 아버지를 잃으매 땅이 찢어지고 하늘이 무너지며, 어머니가 아이와 헤어지고 아이가 어머니와 헤어지매 거리에서 울부짖고 골목에서 웁니다. 그러나 한갓 눈물을 흘리고 슬피 울기만 하는 무익함이 어찌 사후에 천도하는 유익함만 하겠습니까?
　백 입이 한 번씩 말해 경영하는 것은 견고하여 깨뜨릴 수 없는 것이며, 사성(四姓)이 함께 원해 정성을 모으는 것은 실로 가련합니다.
　마점(馬岾)의 냇가는 곧 우산부(牛山俯)의 위입니다. 거기다 만나라회(曼那羅會)를 세우고 이름을 수륙무차대재(水陸無遮大齋)라 했습니다.
　다라니경을 외우면서 저 불법의 불가사의한 힘을 입고, 대지를 변해 금지(金地)로 만드니 예토(穢土)와 찰토(刹土)가 융통하고, 범

부의 마음이 곧 부처의 마음이니 더러운 인연과 깨끗한 인연이
서로 사무칩니다.

몇 송이의 꽃과 몇 바리때의 음식으로 시방의 불·법·승께 공
양하고, 큰 촛불과 천 개의 등불로 삼도의 어두운 밤을 비추어
깨뜨리며, 선열의 맛과 법희의 음식으로 오랜 겁의 기갈(飢渴)을
멸하고, 해탈향과 지견향으로 원만한 법신을 다시 나타냅니다.

모든 법의(法義) 하늘의 높은 곳에 조각조각 날아 흩어지는 정
성의 놀이요, 중생들 마음의 물이 맑을 때에 동글동글 인(印) 그
림자의 깨달음의 달이옵니다.

엎드려 원하옵나니, 선왕(先王) 선후(先后) 여러분의 선가께서는
대광명전(大光明殿) 위에서 각제(覺帝)를 이어 용이 날으시고, 봉
래선궁(蓬萊仙宮) 안에서는 천후(天后)를 폐하고 기린(麒麟)이 떨쳐
지이다.

지금에 원하옵기는, 주상 전하께서는 주기(珠基)가 견고하고 옥
력(玉曆)이 장구하시며, 해가 요계(堯階)에 돌매 거리의 노유(老幼)
들이 착경(鑿耕)을 노래하고, 봄이 순전(舜殿)에 돌아오매 풍운의
기쁨을 임금과 신하가 창화(唱和)하여지이다.

왕비 전하께서는 그 덕은 왜황(媧皇)에 지나고 그 인(仁)은 선
후(宣后)와 같으시며, 세자 저하께서는 거북의 수명이 만세이시고
학의 나이가 천추여지이다.

또 원하옵기는 굶고 얼어 죽은, 역병으로 죽은, 염병으로 죽은,
물과 불에 죽은 가라앉은 혼들은 모두 상락아정(常樂我淨)의 낭원
(閬苑)과 현포(玄圃)에 늘어서고, 고독의 삶과 환과(鰥寡)189)의 삶
과 폐질(廢疾)190)의 삶과 경직(耕織)191)의 삶의 적자(赤子)들은 모

---

189) 환과(鰥寡): 홀아비와 과부.
190) 폐질(廢疾): 고칠 수 없는 병.

두 수부강녕의 태평춘풍(太平春風)에 춤을 추어지이다.

또 앓는 소리, 우는 소리는 거문고의 노래와 예악(禮樂)은 음악으로 아주 변하고, 근심하는 빛과 병으로 앓는 빛은 온순하고 어질며 공손하고 검소한 얼굴을 완전히 이루며, 육축(六畜)과 재물의 이자가 불어나고, 오복과 재지(才智)는 늘어나며 사백의 병 가운데 한 병도 그보다 더함이 없는 생사의 병을 멸하고, 팔만 행 가운데 한 행도 닦지 않을 수 없는 보현(普賢)의 행이 원만하여지이다.

다음으로 원하옵기는 많은 생의 부모님은 모두 윤회를 벗어나고, 여러 세상의 원친(寃親)들은 다 함께 해탈로 돌아가소서.

남은 물결의 한 방울에 고생하는 무리들이 모두 젖기를 빌면서 삼가 글을 올리나이다.

---

191) 경직(耕織): 농사짓는 일과 길쌈하는 일.

8. 하별소(下別疏)

　큰 적멸의 광명 속에는 본래 오르고 잠기거나 가고 오는 길이 없고 한 태극(太極)이 나뉘는 곳에는 음양 변화의 문이 있으며, 삼재를 세우매 삼독의 병이 생겨 위중한 고질이 되고, 만물을 불어 만법을 가르침으로 약왕(藥王)이 큰 의원을 일으킵니다. 그러므로 보배 그물의 그림자 속에는 밝음도 치고 어두움도 치며, 구리거울의 광명 속에는 호(胡)도 나타나고 한(漢)도 나타납니다.

　더럽고 깨끗함이 갈라질 때에도 마음은 본래 청정하거늘, 곱고 미움이 다투는 곳엔들 밝음이 어찌 어두워지겠습니까? 성인으로 하여금 깨침에 있게 하매 달이 천강에 내리고, 범부가 미(迷)에 있으매 바람이 만초(萬草)를 쓰러뜨립니다.
　그런데 병정년의 흉년에 굶어 죽은 시체가 길을 메우고, 무기년의 염병에 요사한 이가 나라를 위태롭게 합니다. 혹은 부자, 혹은 형제의 시체가 마루를 베고 누웠고, 혹은 남녀, 혹은 노유(老幼)의 상옷[喪服]이 들을 희게 합니다.

　백성들에게 무슨 허물이 있기에 남아 있는 고아가 없으며 귀신에게 무슨 동티가 있기에 제사로써 경원(敬遠)하는 것입니까? 산천의 시망(柴望)은 옛날에도 행한 법인데 수륙의 분수(焚修)를 지금에 어찌 폐하겠습니까?
　그리하여 삼화(三和) 십실(十室)의 여러 의견에 묻고, 사성 백인의 한결같은 말을 통일하여 마점의 냇가에 자리잡으니 거기는 곧 우산(牛山)의 경계 위입니다. 그 모퉁이에 경계를 정하여 청청한 도량을 만들었으니, 사자가 기세를 떨치고 코끼리가 빙빙 도는 오덕(五德)의 스님네는 구름처럼 모이고, 한(漢)의 명차(茗茶)와 호(胡)의 향사(香麝)인 육미(六味)의 공양이 이루어졌습니다.

만겁의 주린 창자를 채움이여 법희와 선열의 맛이요, 천년의 어두운 방을 밝힘이여 광명의 촛불과 지혜의 등불입니다. 걸림이 없는 돈[錢]의 산은 우러를수록 더욱 높아 그 수용(受容)이 다함이 없고, 막힘이 없는 휘의 음식은 보시가 그치지 않아 그 가득함이 무궁합니다.

옥경(玉磬)이 울고 금종(金鍾)이 소리치니 바로 잠긴 혼이 바로 착안할 시절이요, 강 달이 비치고 솔바람이 부니 바로 뭇 영혼의 본분의 가상입니다.

엎드려 원하옵나니, 우리 법계 일체 고금의 세주(世主), 열후(列侯)·공경(公卿)·선석(仙釋)·도유(道儒)·무의(巫醫)·구나(驅儺)·산악(散樂)·영관(伶官) 등의 무리와 상매(商買)·박주(舶主) 등의 무리와 타향에서 객사하고 비명으로 일찍 죽은 높고 낮은 남녀와 태란습화(胎卵濕化)의 우모인개(羽毛鱗介) 등의 생물과 침인옹복(針咽瓮腹)의 귀신과 지옥도의 가운데와 중음계(中陰界) 안의 의식과 영혼을 가진 모든 유정(有情) 등, 중휴(衆休)와 비신(飛神)과 천상·인간이 이 회광반조(廻光返照)를 잊지 말아지이다.

그리하여 금령(金鈴)이 떨치는 곳에 돌이켜 들음으로써 뚜렷한 이치를 깨닫고, 패엽(貝葉)을 뒤칠 때에는 통발을 잊고 그윽한 뜻에 들어맞으며, 티끌 같은 찰해(刹海)에 유희하면서 그 구경의 보리를 사무쳐 깨달으며, 다시 육취의 중생을 건지면서 때때로 도를 이루며, 시방의 부처님네와 함께 곳곳에서 열반하여지이다.

다음으로 원하옵기는 오늘 밤의 단월님네는 크고 작은 인연을 맺어, 보거나 듣거나 다 함께 기뻐하며, 해와 달의 재앙은 사라지고 복과 지혜의 행이 원만하여 팔고(八苦)와 삼재의 흐린 악을 다시는 만나지 않고, 육도(六度)와 만행의 맑은 닦음을 배우기 원하며, 자손이 영화를 누리고 존망이 다 해탈하며, 위로는 유정천(有頂天)에서 밑으로는 무간(無間)에 이르기까지 수륙의 좋은 인연에 고루 젖어 다 금강의 지혜를 얻어지이다.

그리고 삼도(三途)의 십류(十類)가 충분히 알아차리기를 원하면서 삼가 이 글을 올리나이다.

9. 학도천함장재소(學徒薦函丈齋疏)

혜매는 뭇 중생을 지도하되 하늘과 땅처럼 부재하는 이는 곧 우리 부처님이요, 어린애를 가르치되 마소와 다르게 금거(襟裾)하는 이는 그 누구의 덕인가?

가만히 생각하오면 돌아가신 스승님 아무 영가께서는 어려서 머리 깎고 덧없는 생의 혜고(惠顧)로서, 하늘과 인간의 모든 속박을 벗어버리고 전단나무 밑에서 훈도(熏陶)를 받았고 노전(魯典)과 축분(竺墳)을 연구하면서 필추(苾蒭)들 가운데서 계옥(桂玉)을 허비하였습니다.

대괴(大塊)는 나를 살려 전(全)으로 돌아갔는데 외로운 혼은 무엇을 의지하여 억울하게 가셨습니까? 두 셋의 아들은 남보다 뛰어나 진실한데 사십칠 일이 되어 가장 맑게 오르소서.

엎드려 원하옵나니, 종고(鍾鼓)의 소리 속에 돌이켜 들음을 깨달아 이오(咿唔)의 소리가 들리며, 힐향(肹響)[192]의 사이에 간직한 빛을 돌이켜 상호(相好)로 몸을 장엄하여지이다.

다음으로 원하옵나니, 오상(五常)이 하늘에서 내려와 법우(法雨)에 목욕할 때 배움 집에서 물결치며 삼환(三患)이 이르지 못해 은혜로운 바람에 머리빗을 때 복밭이 우거지며 남은 물결이 ….

---

192) 힐향(肹響): 초파리가 앵앵거리는 소리.

380

10. 천고비소(薦考妣疏)

삼보의 감동이 완전히 나타나매 마치 섬광이 물을 뚫는 것 같고, 이친(二親)의 은혜가 지중하거니 어찌 모기 등으로 산을 질 수 있겠습니까? 마땅히 인자한 문을 두드려 명복을 빌어야 하겠나이다.

엎드려 생각하오면 선고비(先考妣) 영가께서는 망망한 몽택(夢宅)에서 풍진에 허덕이시면서 팔십년 동안 인간의 오복을 누리셨사오나 삼독의 업을 쌓으셨나니 어찌 한 번 황천에 돌아감을 면할 수 있었겠습니까?

하루아침에 편찮으셔서 영원히 거리가 멀었습니다. 어찌 나무의 바람이 그치지 않았는가, 갑자기 부추 잎의 이슬이 쉬이 말랐습니다. 부질없이 울음을 삼키나 저승놀이에 도움이 없고, 이 추천(追薦)하는 효도에 마땅한 것입니다.

이에 여러 스님네를 맞이하여 감히 향과(香果)를 베푸나니, 향로의 한 줄기 연기가 피어오르자 천강의 달 바퀴가 갑자기 떨어집니다.

엎드려 원하옵나니 영가께서는 금천 서쪽의 해가 빠지는 곳에서 옥호(玉毫)의 광명을 친히 보시고 보배 나무 밑의 향 바람이 움직일 때에는 언제나 금구(金口)의 법을 들으소서.

다음으로 원하옵기는 선망(先亡) 고비(考妣)께서 낙국(樂國)에서 편안하시고 연대를 밟아지이다.

또 원하옵나니, 저희들은 현재에 오복의 터를 늘리어……

구거(九居)의 무리에 널리 미치어 다 함께 큰 수레를 타기를 우러러 비나이다.

11. 천모왕소(薦母王疏)

　지팡이를 날리고 염주를 지녀 세상을 이롭게 하고 근기에 응하는 것은 곧 환희 대성(大聖)의 방편이며, 선을 표창하고 악을 벌하되 법을 따라 안건을 결정하는 것은 곧 염라 열왕의 권형(權衡)입니다.

　자비를 드리워 항상 삼도를 구제하나니 천강에 달이 인(印)치고 자취에 응해 육취(六趣)를 두루 제도하나니 십전(十殿)에 별이 벌려 있어서, 그 화현이 끝이 없고 그 위신을 헤아릴 수 없나이다.

　엎드려 생각하오면 제자는 때를 만났으나 이루지 못하고 성선(聖善)이 길이 돌아가시니, 산에 오르는 슬픔을 견디기 어려우며 하늘에 호소하는 원통함이 다하지 않습니다.

　반짝이는 외로운 촛불은 바람 속의 남은 빛을 돌이키지 못하고 아득한 밤의 대(臺)는 황천 밑으로 가버린 혼을 부르기 어렵습니다. 모든 성인의 위덕을 빌리지 않고는 외로운 혼을 왕생시키기 어렵습니다.

　그러므로 여기 57재의 새벽을 맞이해 삼가 23인 선려(禪侶)를 시키니 음식은 삼덕(三德)의 맛을 갖추었고, 향로에는 오분(五分)의 향을 피웁니다. 조그만 정성으로 베푼 것이오니 살피는 지혜는 두루하소서.

　엎드려 원하옵나니, 괴롬바다 자비의 배이신 대성(大聖)과 어두운 하늘의 밝은 해이신 여러 왕께서는 그 자비를 버리지 마시고 이 정성을 굽어 살피소서.

　그 첫째는 우리 어머님이 큰 성인의 비밀한 도움을 입는 것이요, 둘째는 우리 어머님이 여러 왕의 그윽한 가호를 받는 것입니다. 그리하여 근진(根塵)을 말끔히 씻고 더러운 때를 모두 벗기고는, 보리의 얼굴에 연지 찍고 분 발라 옛 장대(粧臺)와 같고, 조어(調御)의 옷을 바느질하고 솜 놓아 새 보처(補處)를 더하게 하소서.

지극한 정성을 어찌할 수 없어….

12. 천모상소(薦母上疏)

자비스런 아버지의 매우 깊은 묘한 법은 해탈의 문을 널리 열고, 외롭고 슬픈 아들의 간절히 비는 정은 청승(淸昇)의 길로 인도합니다.

이에 묘한 회(會)를 베풀어 참 자비를 모독하나이다.

애통하게 생각하오면 구원의 정령은 내 일상의 성선이신데, 고생하시면서 나를 낳으셨나니 기르신 은혜는 비록 많으나 운수(雲水)의 중이 되었으니 정성의 예의를 오래 빠뜨렸습니다.

향관(鄕關)이 꿈에 들매 얼마나 상재(桑梓)의 혼을 소모했으며, 정위(庭幃)의 길이 머나니 부질없이 요아(蓼莪)의 시를 읊었습니다. 삼춘(三春)의 빛남도 백년의 영이별을 보답하지 못하거니, 해로(薤露)는 어찌 그리 쉬이 마르는가, 나무 바람의 그치지 않음을 슬퍼하나이다.

겹겹의 황천이 아득한데 저승의 혼이 의지할 데 없음을 슬퍼하고 괴로움의 바다가 양양(洋洋)한데 자비의 배가 건져주기를 우러러 바랍니다. 그리하여 삼가 금지(金池)로 달려가 향기로운 자리를 특별히 베푸나니 법의 음악은 하늘은 뒤흔들고 조수 소리는 땅을 진동시킵니다.

참 향의 그으는 실 가락은 불지(佛地)의 인자한 구름에 어리고 마음 물의 맑은 물결은 의천(義天)의 깨달음의 달을 담았습니다.

엎드려 원하옵나니 선비(先妣) 영가께서는 오장(五障)을 떠나고 십신(十身)을 얻어 옥호 광명 속에서 백우(白牛)의 큰 수레를 타고 담화(曇花) 그림자 속에서 금산의 맑은 모습에 예배하소서.

다음으로 원하옵기는 먼저 돌아가신… 발은 삼유향(三有鄕)의 안을 밟지 마시고, 몸은 항상 구련대(九蓮臺) 위에서 노니소서.

13. 생전발원재(生前發願齋)의 상중소(上中疏)

　백옥호(白玉毫)의 광명 속의 만팔토(萬八土)에 법계를 나타내어 남김이 없는데, 홍근화(紅槿花)의 바람 앞의 칠십년에 불기(佛機)를 좋게 하였으니 어떻게 끝맺겠습니까?……
　훌륭한 공은 이 생에서 묶고 행은 평탄한 길을 저 생에서 오릅니다.

　엎드려 생각하오면 제자 우바새이(優婆塞夷)는 지난 세상의 업장이 깊어 이 생의 슬기의 눈이 어두웠습니다. 육자(六疵)가 생겨 확담(廓湛)이 막혔나니 지견이 몽장(夢場)에 머물며, 사대가 돌아 부근(浮根)이 흐르나니 업운(業運)이 화택으로 옮겼습니다. 무명의 거친 풀은 해마다 공덕의 동산에서 자라는데 반야의 우거진 숲은 해마다 번뇌의 불에 사라집니다.

　삼연(三緣) 밑에서 배고프면 밥 먹고 목마르면 물마시니 일기(一期)의 쾌락에 걱정이 없지마는, 백년 사이에 해와 달은 가나니 삼업의 재앙을 면하기 어렵습니다. 그러므로 정수리에 삼귀와 오계를 받고 마음으로 옥호와 금용(金容)을 생각합니다. 그러하오나 자가에 힘을 얻지 못했으니 피안에 발을 두기 어려울까 두렵습니다.
　그리하여 죽은 뒤의 평탄한 길을 닦고자 하여 생전에 법의 자리를 마련하였습니다. 정성을 다하여 향화를 분별하고 포공(蒲供)을 베풀고 단주를 사르나니 이 촌심(寸心)의 간절한 바람은 저 원경(圓鏡)의 환한 비춤을 이룰 것이옵니다.

　삼가 바라옵건대 시방 삼세의 일체 성현께서는 각기 자비를 운전하여 다 함께 증감(證鑑)을 드리우소서.

엎드려 원하옵나니 제자는, 현재는 반주(般舟)의 삼매에 들어 그로써 이엄(二嚴)을 닦고, 장차는 미타의 십신을 뵈옵고 그 결과로 양족(兩足)을 증득하며 두루 법계와 더불어 다 함께 열반으로 돌아가게 하소서.

지팡이를 흔들고 염주를 지니면서 큰 원으로 중생을 제도하는 것은 오직 환희대성의 방편이요, 거울을 달고 저울을 들어 원인을 캐고 결과를 결정하는 것은 바로 유명(幽冥)의 여러 왕의 권형이니, 성덕은 생각하기 어렵고 위신은 헤아릴 수 없나이다.

엎드려 생각하오면 우바새이 등은 풍진은 한바탕 꿈이요, 겁해는 천 갈래 물결인데, 스스로 아비를 깨달음의 성 안에 버리고 하늘 끝 길 위의 궁자(窮子)가 되었습니다.

상천(湘川)은 아득한데 번뇌의 물속에서 얼마나 잠겼다 떴다 하였으며, 형악은 우뚝한데 오랜 동안 아인(我人)의 산 밑에서 비틀거렸습니다.

여러 겁을 지내다가 인도(人道)에 의지해 났나니 마치 침개(針芥)가 서로 맞는 것 같고, 삼심(三心)을 내어 부처님의 현문(玄門)에 들었나니 구목(龜木)이 다행히 만난 것 같습니다.

날마다 반주를 쓸 겨를이 없거늘 구련(九蓮)의 왕생을 기약하기 어려우며, 항사(恒沙) 같은 번뇌가 가이 없거니 어찌 팔난(八難)에 빠짐을 면하겠습니까?

죽은 뒤에 발여(拔輿)해 줄 사람 없음의 어려움이 어찌 생전에 공경을 다하기를 힘씀의 쉬움만 하겠습니까? 더구나 한 벌의 옷과 한 끼의 밥으로 미미한 목숨을 부지하는 것은 아무 사정이 없는 음즐(陰騭)을 덮어버리지 못하는 것입니다.

나서 자람은 건곤의 덕보다 중한데 은혜 갚음은 티끌과 물방울의 공이 적습니다.

그러므로 과교(科教)에 의하여 포찬(蒲饌)을 베풀고 미리 닦으면서 성감(聖鑑)을 우러러 혈성(血誠)을 그으면서 슬픔을 나타냅니다. 삼가 바라옵나니 지장 대성과 명부의 시왕은 모두 가엾이 여기는 정을 드리우고 각기 자비의 힘을 운전하여, 특히 인자한 거울을 돌려 이 음식을 굽어 받으소서.

엎드려 원하옵나니 제자 아무 등은 대성(大聖)의 가엾이 여김과 여러 왕의 보호와 도움을 입고 현재에서는 복과 수명을 더하여 마음이 너그럽고 몸이 살찌며, 미래에는 깨끗한 세계에 나서 지혜가 밝고 마음이 열려지이다.

그리하여 비록 구겁의 원수가 있고 사천 지옥의 악도에 흘러 들어가더라도 다행히 오늘의 묘한 덕을 받들어 팔만 바라밀의 법문에 뛰어 오르게 하소서.

그리고는 꾸물거리는 사생이 다 애욕의 흐린 물결을 벗어나고, 아득한 구유(九有)가 모두 선정의 맑은 물결에 들어가게 하소서.

14. 천법후사소(薦法吼師疏)

진공(眞空)의 실제는 긴 하늘의 흰 해의 큰 밝음이요, 허깨비 세상의 덧없는 삶은 한 바탕 꿈속의 누런 종이가 겨우 익을 때입니다. 윤회의 길이 먼 것은 처음이 없는, 일었다 사라지는 인연이며 해탈의 문이 열림은 자비를 버리지 않는 발여이니, 범부의 마음은 간절하고 성인의 지혜는 환히 밝습니다.

엎드려 생각하오면 새로 원적한 법후(法吼) 영가는 한 바탕 꿈속의 덧없는 삶으로서 천 갈래 물결, 괴롬의 바다였습니다. 남섬부주(南贍部洲)의 붉은 근화 밑에서 무명의 술을 한껏 마시고 몹시 취하고 극락서방의 흰 연꽃 못 속에서 버리지 않는 아버지를 돌아보고 누웠다 일어났다 하면서 몇 번이나 오쇠(五衰) 팔고(八苦)의 길에 태어났고 천 겁 동안 일승(一乘) 사구(四衢)의 길에서 헤매었던가? 그런데 어떤 선근을 같이 심어 이 사문의 길에 오르게 되었던가?

동진으로 집을 나와 어릴 때 도에 들어가 책궤를 지고 시험에 뽑히었으니 화강(花江)의 월교(月膠)의 산당(山堂)이요, 몸을 숨기고 자취를 감추었으니 오산(烏山)의 높고 고요한 진구(塵臼)였습니다. 허물어진 절을 수리하였으니 어찌 경시(經始)의 지오(枝梧)를 꺼렸겠으며, 흐르는 세월에 맡기매 도환(跳丸)의 일월을 깨닫지 못했습니다.

나이 팔충(八衷)이 되자 스스로 끝이 있는 인생임을 합했는데, 목숨이 삼재를 일으켜 갑자기 무상의 살귀(殺鬼)를 만났습니다.
아아, 생전에 살아가는 방도에 어찌 결사(結使)의 구속이 없었겠습니까마는 죽은 뒤의 추수(追修)로서 여기 수륙의 과식(科式)이

있습니다. 지금 칠칠일의 재단(齋旦)을 맞이하여 명양(冥陽)의 큰
재를 베풀고, 특히 삼십삼보(三十三寶)의 깨끗한 자리를 펴 실상
의 묘한 법을 연설합니다.

몇 가지 꽃과 몇 바리때의 음식으로 영산(靈山)의 큰 법회에 올
리나니 낱알 낱알과 잎사귀 잎사귀이며, 열 손가락의 손톱이요
아홉 굽이의 창자로 망사의 한 영혼을 천도하나니 마음 마음과
생각 생각에 마치 얼굴을 대한 느낌이요 생전의 모습이 살아서
반드시 응하는 것 같사옵니다.

엎드려 생각하오면 망사의 영가는 먼저 돌아가신 여러분과 법
계의 신통과 대광명장(大光明藏) 속에서 진찰(塵刹)을 받들어 유희
하고 소요하며, 생사가 괴로운 윤회의 길 가운데서 법계와 더불
어 왕생하여 안락할 것입니다.

다음에 원하옵기는, 제자 등은 생마다 삿되고 헷갈린 길에 들
어가지 않고 세상마다 항상 바른 도와 법문을 행하며 지혜의 종
자와 시련스런 싹이 전원에 가득하여 자꾸 자라고 복의 터와 명
의 자리가 신세와 아울러 더하고 높아가지이다.

그리고 한 방울의 남은 물결에 모든 메마름이 고루 목욕하기를
대각(大覺)님을 우러러 생각하오니, 조그만 이 마음을 굽어 살피
시기 바라며 삼가 글을 올리나이다.

389

15. 야상소(夜上疏)

　모든 부처님의 크고 둥근 거울은 본래 안팎의 티가 없고 뭇 세계의 칠취(七趣)의 길에는 스스로 살고 죽는 고통이 있습니다. 만일 윤회의 고통을 면하려 한다면 어찌 뚜렷이 밝은 큰 자비를 의지하지 않아서 되겠습니까?

　엎드려 생각하오면… 끝이 있는 삶으로 소리 없이 죽었습니다.

　칠십팔 년을 산 세상 일이 어찌 한 꿈속의 외로운 혼과 다르겠으며, 팔만 천 가지 번뇌의 진로(塵勞)는 태허(太虛) 가운데의 조그만 물건과 다름이 없습니다. 기멸(起滅)이 없는 위의 기멸은 바다의 한 거품과 같고 적상(寂常)하지 않은 가운데의 적상은 꿈을 한 번 깨는 것과 같습니다.

　미(迷)하면 육도의 윤회가 끝이 없고, 깨치면 한 꿈의 승침(昇沈)이 가히 있는 것입니다. 깨침 가운데서 미하면 더러움과 깨끗함의 길이 갈라지고, 중생 가운데의 부처는 참과 거짓의 이치가 하나입니다. 그러므로 많은 생의 죄장(罪障)을 참회하려면 모름지기 시방의 가지(加持)를 입어야 하겠습니다.

　세 번의 보례(普禮)와 삼보의 어른에는 만 겁의 재앙과 더러움이 바람처럼 사라지고, 한 번의 칭양(稱揚)과 일심의 예배에 천생(千生)의 복과 슬기가 구름처럼 일어납니다. 대지를 변해 단장(壇場)을 세우나니 삼보와 삼부(三部)와 삼도(三塗)에 두루한 공양이요, 긴 강을 휘저어 소락(酥酪)을 만드나니 일상(一相)과 일미(一味)와 일법의 원성(圓成)입니다.

　세제(世諦)의 장엄에 나아가면서 묘법의 이취(理趣)를 성취하나니 사실과 이치가 서로 어울리고 중생과 부처가 원융합니다. 그러나 범부의 심정이 가련하여 성인의 지혜가 두루 살피나이다.

390

엎드려 원하옵나니 영가는 오탁(五濁)의 세상을 오정(五淨)의 세계로 변화시켜 다시는 오취(五趣)의 오도(五途)에 돌아오지 마시고, 팔식(八識)의 마음이 팔공덕을 원만하게 하여 영원히 팔고(八苦)의 팔사(八邪)에 들지 마소서.

그리고 또 법계의 망혼과 우리 선대의 영가에 이르기까지 유루에 나아가 무루를 이루니 목표(木杓)와 과리(瓜籬)가 서로 만한하지 않고 소승으로써 대승에 나아가니 자리의 날과 두레박줄은 다 같은 새끼에서 나온 것입니다.

다음으로 원하옵기는 재자 등이 오장(五障)을 제거하여 오복·백복·천복을 무궁하고 팔난을 떠나 팔지(八地)·구지·십지에 올라 길이 있으며, 나아가서는 가히 없는 법계의 의식이 있는 함령(含靈)들이 다 자비의 넓고 두루함을 입고 다 함께 희사(喜捨)의 가지를 받아, 모두 침륜을 벗어나 등정(等正)을 이루게 하소서.

시방의 삼보를 우러러 생각하고 한 치의 미미한 정성을 펴면서 삼가 글을 올리나이다.

16. 천축관소(薦竺寬疏)

　부처님의 지혜는 광대하여 삼제(三際)에 두루하나니 어찌 그 발여가 더디겠으며, 외로운 혼은 아득히 어디로 가는가? 오직 천수(薦修)가 급한 일이어서 간절히 귀의하오니 부디 환히 감응하소서.

　엎드려 원하옵나니 영가는 불법의 가지(加持)를 받들고 무량광불(無量光佛)의 세계에 바로 가서 성현들과 함께 유희하면서 곧 불가사의한 신통을 얻으소서.
　다음으로 원하옵기는 저희들은 살아서는 오복이 늘어나고 장래에는 구련(九蓮)에 올라지이다.

17. 천제익망소(薦弟溺亡疏)

　미진의 한 길에서 풍마(風魔)에 배를 잃음을 슬퍼하고, 법해(法海)의 많은 물결에서 밝은 길잡이의 뗏목을 탑니다. 그러므로 도의 뗏목을 의지하여 청승(淸昇)하도록 천도하는 것입니다.

　생각하면 저 물에 빠져 죽은 영혼은 내 동기의 골육(骨肉)입니다. 회오리바람의 괴로움 바다에 떠 있는 거품 같은 쇠잔한 삶이 온데 어찌 하늘은 그대로 두지 않는가? 이것은 곧 억울한 시명(時命)의 요사(夭死)입니다.

　왕사(王事)의 미염(靡鹽)을 슬퍼하면서 쪼갠 나무를 부쳐 저 양양한 서해에 띄우매 실로 큰 운수를 면할 수 없으매 빙이(憑夷)를 두려워해 이 반평생의 요사가 아득합니다.

　만만(漫漫)한 구천, 귀신의 밤에 이미 도상(渡湘)의 외로운 혼이 되었으니, 호호(浩浩)한 반 이랑의 큰 물결이 달을 붙잡다 가는 넋으로 만들었습니다. 천년(天年)에 죽는 인간의 팽수(彭壽) 오히려 인정에 끼이거늘 바다에 빠져 죽은 물 밑의 교연(蛟涎)이라 어찌 윤의(倫義)에 망극하지 않겠습니까?

　바람이 거센 물결치는 곳에 혹은 오오(嗷嗷)한 밤의 우는 소리를 듣고, 하늘이 흐려 비 올 때에 몇 번이나 슬픈 눈물방울을 보탰겠습니까?

　형수(荊樹)의 꽃이 이미 떨어진 것을 부질없이 서러워하며 초천(招薦)하기 위해 향화의 자리를 마련해야 하겠습니다. 저승의 거울이 못내 밝나니 범부의 정성이 더욱 간절합니다.

　엎드려 원하옵나니 겁의 바다에 자비의 배를 띄워 업의 물결에 잠긴 혼을 거두시고, 구품의 연대로 부르시어 즐거운 언덕으로 인도하소서. 그리하여 삼승(三乘)의 기별을 주시고 불지(佛地)의 사닥다리를 놓으소서….

18. 성일(性一)을 곡함

어제는 분명히 있었는데
오늘 아침에는 어디로 갔나
하늘에 물어봐도 하늘은 창창(蒼蒼)하여
창창한 이 머리를 몇 번이나 들었는고!

昨日分明在　今朝何處去
問天天蒼蒼　蒼蒼首幾擧

19. 만사(挽詞)

한단(邯鄲)의 꿈에 한 번 들어가
이미 육십의 광음(光陰) 지났다
호연(浩然)한 이 천지 밖에
예나 이제나 물은 항상 흐르네.

一入邯鄲夢　光陰六十秋
浩然天地外　今古水長流

20. 성일 신족(性－神足)이 생을 버린 돌 위에 가서 슬퍼함

겁석(劫石)도 잠깐 사이라 크기 바늘만 하고
허공 가운데 물색(物色)은 지금을 안 떠난다
물에 뜬 거품은 일었다 사라졌다 모두 물로 돌아가고
환화(幻花)는 떴다 잠겼다 다 마음에 있다.

업의 빚을 서로 찾아 좌계(左契)를 가졌는데
사마(死魔)는 무엇 때문에 번갈아 침노했던가
근심 슬픔 괴로움을 되풀이해 말하지 말라
천진(天眞)에 깊이 취해 일체를 맡겼거니.

劫石須臾大若針　空中物色不離今
浮漚起滅同歸水　幻化昇沈悉在心

業債相尋持左契　死魔何爲縱交侵
憂悲苦惱體重說　深醉天眞一切任

김수항(金壽恒)

조선 현종 때 문신(1629~1689). 자 구지(久之). 호 문곡(文谷).
시호는 문충(文忠). '가노라 삼각산아 다시보자 한강수야…'라는
시조로 유명한 김상헌(金尙憲)의 손자다.

18세에 사마시[진사시]에 장원하고, 44세에 우의정이 되었다. 당시
許積(허적)이 현종의 총애를 독점하여 많은 신하들이 물러나고,
동궁에 대한 불손한 언사를 탄핵했지만 오히려 유배되었다.

나중 영의정이 되었으며, 숙종 15년(1689) 윤휴의 무리들이 다시
간계를 꾸며 모함에 빠뜨리니[기사번국(己巳翻局)], 진도로 귀양
갔다가 거기서 사사되었다.

문집에 『문곡집(文谷集)』 28권이 있다.

1. 딸에 대한 제문(祭亡女墓文)

… 그렇지만 내가 험한 곳을 넘고 건너서 멀리 도는 길을 마다하지 않은 건 너 때문이 아니었더냐. 돌아보고 연연하면서 머뭇거리고 맴돌다가 하룻밤 묵은 건 또 너 때문이 아니었더냐.

나는 너를 만나보고 위로받을 수 있으리라 마음속으로 여겼는데, 도착하자 보이는 것이라곤 황량한 개암나무와 고목뿐이고, 너의 예쁘고 단아하던 용모는 볼 수 없구나.

들리는 것이라곤 골짜기에 부는 애달픈 바람소리뿐이고, 너의 맑고 낭랑하며 유순하던 목소리는 더 이상 들을 수가 없구나. 불러도 알지 못하고, 말을 해봐도 응답이 없구나.

한 언덕 두 무덤에 모녀가 서로 의지하고 있어 손으로 어루만지고 눈으로 보기만 해도 내 애통함을 배가시키지 않음이 없으니, 어떻게 내 심정을 조금이나마 위로할 수 있단 말이냐? ….

무덤 주위를 세 번 돌며 곡하고, 한 소반의 제수를 차려놓고 땅을 치며 하늘에 울부짖건만 만사가 그만이로구나.
구천에 사무치는 한갓 눈물로 묵은 풀에 뿌리고 돌아가니, 네 무덤의 흙이 이제부터 다시는 마르지 않으리라.

아직 다 끊어지지 않았던 내 슬픈 애간장이 지금 마디마디 남김없이 찢어지누나.
아! 하늘이시여, 나는 살게 하고 내 딸은 죽게 한단 말입니까? 내 딸을 내게로부터 떠나게 해서 내게 끝없는 슬픔을 끌어안게 한단 말입니까?

하늘이시여, 애통합니다. 어찌 내 딸이 갑자기 죽을 걸 생각이 나 했단 말입니까? 어찌 내 딸이 갑자기 나를 떠날 줄 생각이나 했단 말입니까?

* 김수항은 34살에 대제학이 되었다. 아홉의 아들 가운데 여섯 아들이 문명(文名)을 떨쳐 '육창(六昌)'으로까지 일컬어지는 복을 누렸다. 그러나 네 아들을 앞세웠다. 게다가 위의 제문을 지은 외동딸(1665~1680) 마저 딸아이를 낳은 지 3일 만에 세상을 떠나고, 6일 뒤에는 외손녀마저 죽는 것을 지켜보아야 했다.

2. 정명공주에 대한 제문(祭貞明公主文)

유세차 을축년(1685, 숙종11) 10월 무자삭(戊子朔) 16일 계묘에 의정부 영의정 김수항이 삼가 맑은 술과 여러 제수를 갖추어 올리고, 근자에 작고하신 정명공주(貞明公主)[193]의 영령께 감히 고합니다.

아 슬프도다. 영령께서는 자질이 유순하고 아름다우며 덕이 엄숙하고 의젓하셨지. 상서가 강보에서 드러나 선묘께서 듬뿍 사랑하셨는데, 아 하늘이 돕지 않아 어린 나이에 흉액 당하여 원통이 바다 섬에서 깊었고[194], 재앙이 금용(金墉)과 꼭 같았도다.[195]
베 한 자와 곡식 한 말을 누구와 함께 깁고 찧을 수 있으리오.[196]

---

193) 정명공주(貞明公主): 선조(宣祖)와 인목왕후(仁穆王后) 김씨(金氏) 사이에서 태어났다. 어려서 인목왕후를 따라 서궁(西宮)에 유폐(幽閉) 되었다가 인조반정 이후 영안위(永安尉) 홍주원(洪柱元)에게 하가(下嫁)하였다.
194) 계축옥사로 인해 영창대군(永昌大君)이 강화도에 위리안치되었는데, 당시 강화 부사(江華府使)였던 정항(鄭沆)이 음식물을 주지 않고 굶기다가 밖으로 나오지 못하게 방문을 잠근 채 아궁이에 불을 때 죽게 만들었다.
195) 금용(金墉)은 금용성(金墉城)으로, 중국 삼국 시대에 사마사(司馬師)가 위주(魏主) 조방(曹芳)을 폐위하여 금용성에 가두었고, 진(晉)나라 양후(楊后)와 민회태자(愍懷太子) 모두 금용성에 갇혔다.
196) 한 문제(漢文帝) 때에 그의 동생 회남왕(淮南王)이 반역을 꾀하다가 촉중(蜀中)에 귀양 가서 굶어 죽자, 백성들이 "한 자의 베도 기울 수 있고, 한 말의 곡식도 찧어 먹을 수 있는데, 형제 두 사람은 서로 용납하지 못하네."라는 노래를 지어 임금 형제의 불화를 조롱하였다.

외로이 혈혈단신으로 홀로 서궁(西宮)에서 모셨으니 십 년 동안 유폐되어 위험과 두려움 실컷 겪으셨지. 성조(聖祖)께서 사직을 안정시켜197) 자전께서 다시 높아지시자 예식을 갖추어 하가(下嫁)하니 무성한 아가위 꽃 자태198)로다.

봉황이 서로 어울려 울고[和鳴鸞鳳]199) 아들 태몽(羆熊)200) 딱 들어맞았지. 풍성한 데 처했는데 검약한 듯 한마음으로 공경했으니, 정성 들인 제수[(蘋蘩)201)나 술과 음료수, 식사를 부지런히 챙기셨지.

신명이 돕는 분이기에 온갖 복이 함께 찾아와 울창하게 자란 뜰 안202)에서 난초와 계수가 떨기 이루었네. 금어대(金魚舞) 찬 효자 아들[舞綵]203) 예조 판서204) 지위에 오르고, 옥 귀걸이[瑤環

---

197) 1623년 계해년의 인조반정을 가리킨다.
198) 『시경』 「하피농의(何彼襛矣)」에 '어쩌면 저리도 성한가. 아가위 꽃 이로다.'에서 나온 말이다. 정명공주의 용모와 얼굴이 아가위 꽃처럼 아름답다는 뜻이다.
199) 춘추시대 제(齊)나라 의중(懿仲)이 자기 딸을 진경중(陳敬仲)에게 출가시키려 할 때 점을 쳐서 '봉황새가 날아오르며 서로 어울려 운다.'라는 등의 길한 괘를 얻던 고사에서 유래하였다. 즉, 부부 간의 금슬이 좋음을 말한다.
200) 『시경』에 '곰과 큰 곰은 남아를 낳을 상서요, 큰 뱀과 뱀은 여아를 낳을 상서로다.'라고 한 데서 유래. 즉 아들 낳을 태몽을 말한다.
201) 원문의 '빈번(蘋蘩)'은 부평과 마름으로, 귀하지 않아도 정성껏 올리는 제물(祭物)을 비유할 때 쓰는 표현이다.
202) 훌륭한 자제를 배출하는 집안을 가리킨다. 진(晉)나라 사안(謝安)이 여러 자제들에게 "어떤 자제가 되고 싶냐?"고 묻자, 그의 조카인 사현(謝玄)이 대답하기를 "비유하자면 지란옥수(芝蘭玉樹)가 뜰 안에 자라게 하고 싶습니다."라고 한 데서 유래한 말이다.
203) 효자아들이란 표현은 색동옷을 입고 춤을 추는 것으로, 춘추 시대

瑤珥]205) 같은 자손들 이미 귀엽고도 어여뻤으니 상을 짚고 무릎에 앉아 즐거운 웃음 이바지했지.

팔십 연세에도 강녕하시어 흰 머리카락에 동안으로 다섯 조정 두루 거치면서 지체 높고 은전 높아져 성대한 잔치 자주 내려 황봉주(黃封酒)206) 높이 올렸고, 짐승 자수 비단[獸錦]207)을 하사하며 타봉(駝峯)208)을 선물로 보내 주셨지.

잔치에 높은 벼슬아치 모였고 법부(法府)209)의 풍악소리 들리는데 술잔 올리고 장수 기원하며 교송(喬松)210)을 길이 축원했으니,

---

초(楚)나라의 노래자(老萊子)가 효성으로 어버이를 섬겨 70세의 나이에도 항상 색동옷을 입고 어린아이의 놀이를 하여 부모를 기쁘게 하였다고 한다.
204) 1684년(숙종10)에 정명공주의 아들 홍만용(洪萬容)이 예조판서(禮曹判書)에 제수되었다.
205) 옥 귀걸이: 옥으로 만든 가락지와 귀걸이로, 훌륭한 아들 혹은 자손을 가리킨다.
206) 황봉주(黃封酒): 관청에서 빚어 황색 비단이나 종이로 봉한 술이다.
207) 짐승 자수 비단(獸錦)은 짐승 모양의 무늬를 넣어 짠 비단이라는 뜻으로, 흔히 임금이 하사한 비단을 가리킨다. 당나라 현종(玄宗)이 이태백(李太白)을 불러 악장(樂章)을 짓게 하였는데, 상(賞)으로 짐승 모양을 그린 비단 도포를 주지 않자 이태백이 현종에게서 빼앗았다는 고사가 있다.
208) 타봉(駝峰): 낙타의 등에 불룩 솟은 육봉(肉峰)을 가리키는데, 고대(古代)에는 이 타봉을 아주 진귀한 식품으로 여겼다고 한다.
209) 법부(法府): 이원(梨園)의 법부(法部)를 가리킨다. 부(府)는 부(部)의 오기(誤記)로, 당 현종(唐玄宗) 때 이원 제자들에게 법부(法部)를 구성하여 가르쳤다. 법부는 원래 법곡(法曲)으로, 악곡(樂曲)의 이름이다. 여기에서는 음악을 담당하는 부서(部署)라는 뜻으로, 즉 궁중의 음악단을 말한다.
210) 교송(喬松): 왕자교(王子喬)와 적송자(赤松子)를 말하는데, 고대의 신선이다.

거룩하도다. 성대한 일이여, 옛날에도 드문 영광이로다.

오직 덕이 이룬 것으로 실로 그분 몸에서 시작하였지. 슬픔 뒤에 기쁨이 오는 법, 편히 즐기며 천수를 누리셨지. 하늘의 이치 매우 밝으니, 누가 흐리멍덩하다 말하는가.

애영(哀榮)211)에 유감 없으니, 높고 밝으며 빛나고 크도다. 훌륭한 덕이 영원히 드리워 여사(女史)의 동관(彤管)212)에 남으리라. 돌아보건대 이 소자는 나름 깊은 슬픔 지니고 있으니, 어여뻐 해주신 과분한 은혜 어린 시절부터 받았고 외람되이 외친[外屬]213)이라 해서 재난과 곤궁 구휼해 주셨지.

당에 올라 술잔 올리면 그때마다 너그럽게 받아 주시니, 돈목하고 친애한 어짊은 감격으로 가슴 깊이 맺혀 있네. 영광전(靈光殿)214)이 무너졌으니 어디를 우러러볼까.

조정(祖庭)215) 이미 철거되어 심원(沁園)216) 장차 텅 비겠지.

---

211) 애영(哀榮): 학행이나 공적이 있는 인물에게 사후에 벼슬이나 포상을 내리는 것을 말한다.
212) 동관(彤管): 대롱이 붉게 장식된 붓을 가리킨다. 옛날에 여사(女史)가 이 붓으로 궁중의 정령(政令) 및 후비(后妃)의 일을 기록하였다.
213) 외친: 정명공주의 어머니인 인목왕후(仁穆王后) 김씨(金氏)는 김제남(金悌男)의 딸인데, 김수항의 외증조부가 바로 김제남이다
214) 영광전(靈光殿): 노(魯)나라의 궁전으로, 본래 전한(前漢)의 공왕(恭王)이 세웠다. 전한 말기 장안(長安)의 궁궐이 모두 불타 없어졌는데도 영광전만 남았다. 흔히 홀로 지절(志節)을 지키는 사람에 비유하거나 남은 국가 원로를 비유하는 말로 쓰인다.
215) 조정(祖庭): 상례(喪禮)에 있어 제전(祭奠)을 올리는 조묘(祖廟)의 중정(中庭)을 말한다. 전하여 상구(喪柩)를 묘소로 떠나보내기 전에 거행하는 제전을 뜻하는 말로 쓰인다.

박(薄)한 제수와 짧은 제문으로 어찌 미천한 정성 다하리오. 한 잔 술 올리고 영결하며 보탬 없는 눈물만 뿌립니다.217)

아 슬프도다. 흠향하소서.

---

216) 심원(沁園): 후한(後漢) 명제(明帝)의 딸 심수공주(沁水公主)가 소유하던 원전(園田)으로, 즉 공주(公主)의 집을 가리킨다.

217) 눈물이란 슬퍼하기만 할 뿐, 슬퍼한 만큼 도움을 줄 수 없음을 의미하는 말이다.

무용수연(無用秀演) 스님

조선스님(1651~1719). 호는 무용. 이름은 수연.
13세 때 어버이를 잃고 조계산에 갔다가 혜관(惠寬)스님을
의지하여 득도.
1688년 백암(栢庵)의 법을 이어 받다.
1700년 백암이 지리산 신흥사에서 입적하자 그의 강석(講席)을
이어 받아 남선(南鮮) 교선(敎禪)의 대장(大匠)이 되다.
숙종 45년, 세수 69, 법랍 51세로 입적하다.
저서로는 『문집(文集)』 2권이 있음.

1. 혜공당 소상재야소(惠空堂小祥齋夜疏)

육취(六趣)의 고륜(苦輪)을 멎게 하는 것은 부처님이 하실 수 있는 일이요, 삼보의 자실(慈室)을 우러르는 것은 중생들의 슬픈 마음이온데, 나무가 마르면 봄이 부질없고 강이 맑으면 달이 비치는 것입니다.

엎드려 생각하오면 떠나신 영혼은 부처님의 밝은 가르침을 전하고 내게 있어서는 계사(戒師)입니다. 나이는 팔순이 넘었으니 단수(短壽) 가운데서 장수(長壽)요, 몸은 사대(四大)와 오음(五陰)이 흩어졌으니 전음(前陰) 밖의 후음(後陰)입니다. 현재의 마음은 죄가 없다 하더라도 과거의 업인 즉 헤아리기 어려운 것입니다.

그러므로 천발(薦拔)하는 식(式)을 따라 간단히 포색(蒲塞)의 공양을 베풀었습니다. 여럿의 마음이 정성을 다했으니 시방이 다 알고 다 보시기를 바라오며, 외로운 달이 오직 밝았으며, 다행히 하룻밤도 비가 오지 않고 바람도 불지 않음을 힘입었습니다.

엎드려 원하옵나니, 시방의 여러 성인께서는 남의 마음을 환히 살피시어 잠깐 본국을 버리고, 내 정성스런 마음을 비추어 본보기로 나를 이끌어 주소서.

그리하여 사보(四寶)로 된 칠중(七重)의 행수(行樹)와 칠중의 그물과 칠중의 난간에서 무량한 수명으로 소요하면서 즐기고 삼대(三臺)로 솟은 상품 금강과 중품 황금과 하품 연화에서 고요하고 안한(安閑)한 기쁨이 다함이 없게 하소서.

간절히 비는 지극한 정성을 감당할 길이 없어 삼가 이 글을 올리나이다.

2. 주소(書疏)

모든 성인을 멀리 뛰어났으니 십호(十號)를 갖춘 최상의 대사시며, 모든 경전 위에 높이 있으매 오직 일승(一乘)인 존귀한 묘전(妙典)입니다. 사랑함으로써 즐거움을 주면서도 거기에 집착하지 않고, 슬퍼함으로써 고통을 덜어 주면서도 함이 없나니 어찌 귀의하지 않으리까? 실로 헤아리기 어렵습니다.

엎드려 생각하오면 제자 등이 치의(淄衣)를 입고 백의(白衣)를 벗은 것은 비록 본사(本師)의 깊은 은혜라 하겠사오나, 계를 받고 단에 오른 것은 바로 갈마(羯磨)의 두터운 은덕이었습니다. 기이(期頤)에서 십여 년을 채우지 못하고 하루아침에 갑자기 명막(冥漠)으로 돌아갔나니, 추천하는 것은 제자의 정성이옵고 구제하시는 것은 불법의 힘이옵니다.

삼가 생각하오면 연화의 묘한 경전은 때를 맞추어 말씀하신 지극한 말씀이요, 인자한 어르신 석가는 세상에 드문 대성(大聖)이십니다. 부처는 모양이 아닌데 모양으로 나타내고, 법에는 말이 없는데 말로써 말합니다. 괴로움의 바다를 건네주는 배요, 헤매는 꿈을 깨뜨리는 경쇠입니다.

사람은 많으나 마음은 하나이며 재를 또 올리나니 한 돌입니다. 세상은 뜨거우나 법은 시원하나니, 혼이여, 낙국(樂國)으로 돌아가소서.

엎드려 원하옵나니, 영산회상의 삼대존보(三大尊寶)께서는 저희들 후진이 삼삼품(三三品) 가운데 있음을 가엾이 여기시고, 우리 스님의 앞길을 금금대(金金臺) 위로 이끌어 주소서. 간절히 비는 지극한 정성을 감당할 길이 없어 삼가 이 글을 올리나이다.

3. 개흥사 수륙재주소(開興寺水陸齋書疏)

영취의 금색상(金色相)은 천상 천하에 오직 하나로 짝이 없는 높은 이요, 묘법연화경은 부처가 있거나 없거나 항상하여 변하지 않는 경전이니, 그러므로 귀의하는 이는 큰 이익이 있고 우러르는 이는 그 공이 헛되지 않습니다.

엎드려 생각하오면 제자 등은 중과 같으면서 중도 아니요, 바로 속(俗)이면서 또한 속도 아닙니다. 개흥사(開興寺)에서 머리를 깎았으나 어찌 다른 산에 회중(會中)이 있는 줄을 알았으며 환화신(幻化身)에 삿갓을 씌웠으나 제 마음이 어떤 물건인지도 모르옵니다. 복을 도모하는 것이 실로 유루이지만, 사람을 교화하는 것은 진실로 공덕이 없지 않사옵니다.
비로 목욕하고 바람으로 빗질하면서 힘줄과 뼈를 괴롭히지마는 산과 들에서 누가 보시하고 누가 안 한다고 어찌 헤아리겠으며, 혹은 곡식을 주고 혹은 돈을 주지만 어느 것이 많고 어느 것이 적은 줄을 가리지 않았습니다.

수륙의 대회를 베풀고 경외하는 작은 마음을 일으키나니 구름은 해상에 피어오를 때요 보리는 천중(天中)의 절기에 익습니다.
나는 구름과 춤추는 제비는 번개와 함께 나란히 나부끼고 우는 새와 노래하는 꾀꼬리는 각패(角貝)와 함께 어울려 울립니다. 향과 꽃과 차와 과일은 초초(楚楚)한데 종과 경쇠와 어산(魚山)과 범패는 융륭(隆隆)합니다.

날은 맑고 바람은 시원하며 옷은 검은데 마음은 붉습니다. 영산의 삼보를 청하매 드리는 공양 거리가 여러 가지요, 오늘의 일심을 살피매 모시는 연여(輦輿)와 함께 강림하십니다.

엎드려 원하옵건대, 여러 단나(檀那)들은 살아서는 복과 수(壽)가 더욱 늘어나고, 죽어서는 지옥을 벗어나 천상에 오르게 하소서.

남은 물결이 적시는 곳에는 괴로워하는 무리들을 모두 즐겁게 하소서.

4. 중소(中疏)

　명천(冥天)의 시왕(十王)은 위로 조감(藻鑑)의 밝은 지혜를 가지시고, 인계(忍界)의 중생들은 밑으로 불나비[燈蛾]의 어리석은 마음을 일으키는데 만일 생전에 복을 닦으면 신후(身後)의 고통을 면할 수 있을 것입니다.

　엎드려 생각하오면 사람이 이 세상에 날 때는 스스로 어느 길에서 왔거나 각각 금전을 구하지마는 빈손으로 무엇을 바칠 것입니까? 다투어 옥부(玉府)에 빚을 내면 남은 빚을 갚지 못하나니, 만일 지금 잠자코 있으면 이 뒤에는 반드시 어려울 것입니다. 그러므로 힘을 다하여 삼가 마련하온 바, 이에 수(數)와 같이 향을 피우나이다.
　안은 모나고 밖은 뚜렷하매 천지의 형체를 본뜬 것이며, 여기서 모으고 저기서 쌓나니 산악이 우뚝 높은 것 같습니다. 겸하여 정결한 옥립(玉粒)을 드리고, 또 아름다운 화과(花果)가 따르나니, 향불 연기는 골짝에 가득하고 범패 소리는 허공을 뒤흔드나이다.

　엎드려 원하옵나니, 지장자성존(地藏慈聖尊)께서는 도명(道明)과 무독(無毒)의 이반(二伴)과 더불어 같이 내리시고, 염라대황제(閻羅大皇帝)는 진광(秦廣)218)과 초강(初江)219)의 구왕(九王)과 함께 나란히 다달으시어, 내 정성을 살피시고 내 공양을 받아 주소서.

---

218) 진광(秦廣): 사람이 죽으면 죽는 날부터 49일까지는 7일마다 시왕(十王)에게 나가 생전에 지은 죄를 심판 받는다. 초칠일 만에 가는 곳이 진광대왕(秦廣大王)이다. 극선(極善)과 극악(極惡)만을 가린다.
219) 초강(初江): 죽은 지 14일 만에 가는 곳이 초강대왕(初江大王)이다. 부정직한 중매, 사기 판매, 사람이나 동물을 해쳐 불구로 만든 자를 심판하고 벌을 주는 판관.

또 원하옵나니, 모든 조(曹)의 판관과 그 외의 권속들도 각각 그 열위(列位)를 따라 자비를 골고루 일으키시되 물의(物儀)의 정결하지 못함을 두려워 하옵는 바, 비록 성현의 뜻에는 맞지 않사오나 어리석은 저의 소(疏)가 극진하지 못함을 용서하소서.

이 범부들을 허물하지 않으시기 바라면서 삼가 이 글로 하소연 하나이다.

5. 야소(夜疏)

모든 부처님의 자비 구름이 덮여 지혜의 해는 더욱 밝고, 중생들의 탐애(貪愛)의 물이 뿌려 괴로움의 불은 더욱 치성(熾盛)하나니, 어찌 귀의하지 않으리까. 실로 견디기 어렵나이다.

삼가 생각하오면 수륙재란 양무제(梁武帝)가 물결을 두드리고 경희(慶喜)가 근원을 열었으니, 삼도(三途)의 우물을 길어 내는 두레박줄이요, 구천(九天)의 전당에 오르는 계단입니다.

여기 힘을 다해 경영하나니 다섯 번 꽃이 지는 것을 보았고, 애써 재물을 모아 베푸나니 사방에서 듣고 구름처럼 모입니다. 절기는 천중을 열었고 동산은 바다 위를 차지했습니다. 달빛은 맑은 낮보다 밝고 밤기운은 깊은 가을보다 시원합니다.

향과 꽃과 차와 밤 등, 온갖 공양은 등불 속에 삼엄하고 증명[證]·병법[秉]·법주[法]·선덕[禪] 등, 많은 사문들은 번개 밑에 제정(齋整)했습니다. 물건마다 부처님께 올리는 공양거리들이요, 사람마다 부처님을 공양하는 마음입니다.

엎드려 원하옵나니, 시방의 여러 성인님네는 이 도량에 강림하시어 이 붉은 정성을 받으시며, 모든 단생(檀生)의 앞에는 복의 기초가 튼튼하고 수명의 자리가 높아지며, 합원(合院)은 지금부터 도의 생각이 일어나고 티끌 생각은 사라지며, 지옥에는 연꽃이 나고 아귀들은 불이 꺼지며 축생들은 서로 죽일 생각 잊고 수라들은 서로 다투기를 그쳐지이다.

6. 부휴당(浮休堂)을 제사하는 글

　덕이 있는 사람은 외롭지 않다는 것은 옛 사람이 한 말입니다. 이미 그 우(右)를 얻었나니 추월(秋月)이 그 벗이요, 또 그 좌(左)를 얻었나니 백암(栢庵)이 그 손자입니다.

　상(床) 두·세 개의 변변찮은 제물에 삼로(三老)가 함께 모였습니다.

7. 백암당(栢庵堂)

　내 몸을 낳은 이는 부모요 내 마음을 지도한 이는 사우(師友)인데, 더구나 여러 해를 모시면서 듣지 못했던 것을 들음이겠습니까? 그 은혜는 큰 바다보다 깊은데 갚기는 티끌만큼도 못했습니다.

　인생 칠십이 드물다고 옛 부터 말합디다마는, 갑자기 광언(狂言)을 감추시니 나는 어디로 돌아가리이까?

　감히 석감(石龕)을 만들어 유골을 삼가 받드옵니다마는 영혼인들 어찌 여기 붙어 있겠습니까? 그것도 이미 여기서 떠났습니다. 그렇다면 붙지도 않고 떨어지지도 않는 그것은 어떤 면목입니까!

8. 추월당(秋月堂)

  염불삼매는 그 자취가 아직도 남아 있으니, 네 개의 돌을 포겠던 것이 차례로 차츰 작아 갑니다.
  본래부터 스스로 천연(天然)이어늘 무엇 때문에 새기고 쪼으옵니까?
  바위 언덕에 홀로 우뚝 서셨다가 차츰 그 이웃을 얻었나니, 세 노인이 정답게 무생(無生)을 이야기하는 것도 또한 즐거우시지 않겠습니까?
  삼가 사뢰옵나니 부디 많이 드시옵소서.

숙종(肅宗)

조선 제19대 왕(1661~1720). 이름은 순(焞). 자는 명보(明普).
조선 중기 이래 붕당정치 과정에서 쌓여온 모순이 폭발해 남인과
서인, 노론과 소론의 당쟁으로 매우 혼란스러웠다.
숙종은 당파간의 견제와 대립을 이용하여 임진왜란, 병자호란
등으로 손상된 왕실의 권위를 회복하고 왕권의 우위를 확보하고자
했다. 문란해진 국가 재정구조를 개선하고 심화되어가던 사회적
모순을 해결하기 위해 대동법을 전국적으로 실시했다.

1. 민회빈(愍懷嬪)의 복위 후, 제문

민회빈(愍懷嬪)을 복위(復位)한 뒤에 아직까지 직접 글을 지어 나의 뜻을 서술하지 못했으니, 서운한 마음을 어떻게 금하겠는가?

아! 영(靈)께서는 훌륭한 집안의 뛰어난 미인으로 일찍이 세자의 배필이 되었도다. 생각이 깊고 성실함은 그의 성품이었고, 아름답고 부드러움은 그의 덕이었다. 예(禮)로 스스로를 경계하고 공경으로 스스로를 보존하였도다.

인목대비전(仁穆大妃殿)으로부터 가장 돌보아 사랑하시는 은혜를 받았으며, 친히 『소학』의 가르침을 배우고 부지런히 읽기를 게을리하지 않으셨도다. 문득 들으면 곧 외게 되니 총명하고 민첩함이 보기 드문 바였다.

이역(異域)인 청(淸)나라에서 풍상(風霜)을 겪으며 몇 해나 보내셨던가? 학가(鶴駕)220)가 겨우 돌아오자마자 갑자기 저승으로 멀리 떠나셨도다.

병술년에 이르러 나라의 운명은 더욱 어려움에 허덕였도다. 모춘(暮春)의 사건은 차마 말하지 못할 바가 있는데, 구지(九地)에서 원통함을 품은 것이 육기(六紀)가 꽉 찼도다. 무릇 혈기가 있는 이라면 누군들 슬퍼하며 탄식하지 않겠는가?

더구나 나도 평소에 마음속으로 몰래 불쌍한 생각이 들어 틈틈이 우연하게도 옛 사람이 남긴 글을 보았는데, 문정(文貞)의 덕망과 업적은 빛나게 갖추어 기술되었으니, 그의 행장(行狀)을 고찰하면 더욱 그의 현명함을 알겠도다.

---

220) 학가(鶴駕): 왕세자가 대궐 밖에 나가던 일, 또는 그때 타던 가마.

크게 탄식하는 마음 일어나 시(詩)로 감회를 적었도다. 기필코 원통함을 펼 수 있다고 여기고, 펴지 못하면 그만두지 않겠다고 생각했도다.

사단(事端)이 일어난 것은 진실로 뜻한 바가 있었던 것 같으나, 조정의 신하들에게 물으니 의논이 다를 리가 없었도다. 내 마음으로 결단하여 특별히 사륜(絲綸)221)을 선포하였도다.

단서(丹書)222)에서 깨끗이 씻어버리니, 위호(位號)가 거듭 새로워졌도다. 추복위(追復位)하는 은전(恩典)223) 또한 한 집안에 미치게 되니, 사무친 원한을 깨끗이 씻어 넉넉히 화기(和氣)를 인도하였다.

가뭄 끝에 내린 비로 여러 번 시들었던 초목이 되살아나는 은혜를 입었는데, 누가 모른다고 말하겠는가? 어두운 저승에서의 감응(感應)도 속임이 없도다.

저 구묘(舊廟)를 쳐다보니 신도(神道)가 외로운 듯이 여겨졌는데, 이제 이미 올려서 받드니 거의 위안이 될 수 있겠도다. 예(禮)로 보아 '소현세자(昭顯世子)의 묘' 왼편에 부장(祔葬)함이 적합할 듯하여 재실(梓室)을 장차 옮기고자 하여 이미 좋은 날을 가리도록 명하였다.

잇따라 또 스스로 생각하건대, 70여 년이나 체백(體魄)224)을 의탁한 곳인데, 둔석(窀穸)225)을 놀라게 하여 편치 않게 할까 하는 마음 없지 않았도다. 무덤을 옮기고 다시 장사지내려[緬禮] 하던

---

221) 사륜(絲綸): 임금의 명령을 적은 문서의 글.
222) 단서(丹書): 임금이 백성들에게 알리는 글을 적은 문서.
223) 은전(恩典): 예전에, 나라에서 은혜를 베풀어 내리던 특전.
224) 체백 (體魄): 죽은 지 오래된 송장. 또는 땅 속에 묻은 송장.
225) 둔석(窀穸): 무덤의 구덩이.

계획을 마침내 정지하고 예전대로 개수(改修)하도록 하였으니, 내가 친족에게 돈독히 하려는 생각은 두루 미치지 않음이 없도다.

영(靈)은 신궁(新宮)에다 안치하고 상석(象石)은 산소에다 설치하였도다. 이제부터는 원한이 없겠으나, 돌이켜 생각하면 서글프고 마음이 상하도다.

이제 공사가 완성된 때를 당하여 깨끗한 제물을 올리며 관원을 보내어 대신 진달하게 하였도다. 비록 잘 차리지 못함이 부끄럽기는 하나, 저승과 이승의 간격이 없으니 정성을 헤아리시고 정령(精靈)께서는 이르시어 흠향하시기 바랍니다.

---

* 민회빈 강씨(愍懷嬪 姜氏, 1611~1646)는 조선의 세자빈으로, 인조의 장남인 소현세자의 부인이다.
  병자호란이후, 소현세자와 8년간 청나라에서 인질생활. 귀국 후 인조의 냉대로 폐서인이 된 후 사사되었다. 사후 72년만인 1718년(숙종 44년), 숙종이 소현세자빈과 그 일가의 죄를 신원(伸冤)하고 소현세자빈의 위호를 회복시켜 '민회빈(愍懷嬪)'으로 추증하였다. 이 글은 숙종이 세상을 떠나기 2년 전에 지은 제문이다.

2. 인현왕후(仁顯王后)에 대한 제문

   모년 모월 모일에 국왕은 비박(菲薄)지전(之奠)을 대행(大行) 왕비(王妃) 민시지전에 고하나니, 오호라, 현후(賢后) 돌아가심이 참이냐 거짓말이냐.

   달이 가고 날이 바뀌되 과인(寡人)이 황란(慌亂)하여 능히 깨닫지 못하니 속절없이 천수(天數)가 막막하고 음용(音容)이 갑자기 끊어지니 그 돌아감이 반듯한지라,

   고인(古人)이 실우지탄과 고분지통(叩盆之痛)226)을 일렀으나 과인의 뼈에 사무치는 고통과 유한(遺恨)은 고금에 비겨 방불(彷佛)227)할 자가 없도다.

   오호라, 현후는 명문 생출(生出)로 형의 교훈을 받았도다. 빼어난 재질과 아름다운 성행이 갈담규목(葛覃樛木)228)의 극진치 아닌 곳이 없으되, 신운(神運)이 불행하고 과인이 불명하여 이왕(離王) 6년 임금의 자리를 내어놓음[遜位]은 어찌 차마 이르리오.

   위태한 시절의 처신을 더욱 평안히 하고 어지러운 때의 덕행을 더욱 평정히 하여 과인으로 하여금 과실(過失)을 많이 감춤은 다 현후의 성덕이라.

   꽃다운 효절(孝節)과 잘못을 바로잡고자[規箴]하는 덕이 궁중에 가득하니 도를 임하여 태평을 같이 누릴까 하였더니, 창천(蒼天)이 어찌 현후 앗기를 급히 하사, 과인으로 하여금 다시 바랄 바가 없게 하신지라.

---

226) 고분지통(鼓盆之痛): 아내의 죽음을 서러워함을 이르는 말.
227) 방불(彷佛): 다른 대상을 떠올리게 할 만큼 유사하다.
228) 갈담규목(葛覃樛木): 갈담은 주(周)나라 문왕(文王)의 후비(后妃) 태사(太姒)의 덕화(德化)와 근검을 찬미하는 시다. 후비가 부귀한 신분인데도 부지런하고 검소하게 지내며, 칡을 베어다 삶아서 갈포옷을 만들어 입었다고 한다. 규목은 후궁에게 잘했다는 얘기다.

오호라, 현후는 평안히 돌아가니 만세를 잊었거니와, 과인은 길고 먼 세상의 슬픔을 어찌 견디리오.

오호라, 현후의 맑은 자품(資品)으로 일개 혈육이 없고, 어진 성덕으로 보통 이상으로 오래 삶[遐壽]을 누리시지 못하시니 천도(天道)가 과히 무심한지라. 이는 반드시 과인의 실덕(失德)과 복없음을 하늘이 미워하사, 과인으로 하여금 무궁한 한이 되게 하시는도다.

통명전(通明殿)을 바라보매 현후의 도리에 맞는 말[德音]과 잘 차린 모습[儀容]을 듣고 볼 듯 하되, 이제 길이 막힘이 몇 천인고.

과인이 중간 실덕함이 없이 지금까지 무고하시다가 돌아가셔도 오히려 슬프다 하려든, 하물며 과인의 허물로 육년 고초를 생각하니 슬픈 일을 당하여 몹시 놀란[嗟愕] 유한(遺恨)이 여광여취(女狂如醉)229)로다.

제문이 장황하여 지리하매 그치노라.

* 숙종의 계비 인현왕후(仁顯王后, 1667~1701)는 1681년(숙종 7)에 계비가 되었다. 기사환국 때 장희빈의 간교로 폐서인이 되었다가 갑술옥사로 다시 왕후로 복위했으나, 35세의 나이로 세상을 떠났다.

---

229) 여광여취(如狂如醉): 매우 기뻐서 미친 것도 같고 취한 것도 같다는 뜻으로, 이성을 잃은 상태의 비유.

성호(星湖) 이익(李瀷)

경기도 안산출생(1681~1764).

자는 자신(自新), 호는 성호(星湖)이다. 조선시대 후기의 실학을
집대성한 실학자다. 그의 사상은 정약용을 비롯한 후대
실학자들에게 큰 영향을 주었다. 영조는 그의 명성을 듣고 1727년
선공감가감역(繕工監假監役)으로 임명했으나 끝까지 사양하고 초야에
묻혀 저술과 학문 연구, 후학 교육에 전념하였다.

1706년 형이자 스승이었던 둘째형 이잠(李潛)이 당쟁에 휘말려
처형당한 후, 그는 벼슬의 뜻을 버리고 평생을
안산의 첨성촌 성호장에서 칩거했다.

성호(星湖)라는 호수가 있어 그의 호도 여기에 연유된 것이다.
『성호사설』외 다수의 저서가 있다.

진사 신임경230)에 대한 제문(祭申進士霖卿文)

　고령 신씨(申氏) 일파 중에 청주의 대성(大姓)이 있으니, 대대로 큰 인물 배출되어 문사(文辭)가 빛이 나고 모두가 돈후 박실[敦樸] 효우(孝友)로 정치를 했습니다.

　공(公)에게 이르러서 아름다운 행실 돋보이니 가죽을 몸에 차고 홑옷을 덧입었습니다. 어눌함이 인(仁)에 가깝나니 어찌 유창한 말솜씨를 쓰겠습니까. 성실한 그 마음은 하늘이 내려 준 것, 아직 장성하기도 전에 착한 성품 드러났습니다.

　해진 옷과 거친 음식 누군들 싫어하지 않으랴만 들녘에서 일을 해도 마음은 날로 편안하고, 비루한 일에도 능했으니 몸은 천해도 뜻은 깨끗했습니다.

　공이 존족을 보존한 것231) 사람 모두 믿었습니다. 한가로이 세

---

230) 신임경(申霖卿)은 신방(申霧, 1675~1728)의 자(字)다. 신방은 신숙 주의 후손으로 성호 이익(星湖 李瀷, 1681~1763)의 손위처남이다. 1728년 무신혁명(戊申革命)에 참여하여 죽임을 당했다. 이 글은 손 위 처남 신방(申霧)을 추모하는 제문이다.
231) 존족은 하늘로부터 받은 본성을 가리킨다. 월형(刖刑)을 받아 발꿈 치를 잘린 사람인 무지(無趾)에게 공자가 "그대는 어찌하여 전날 행실을 조심하지 않아 이러한 우환을 당하고 말았는가?" 하자, 무 지가 "나는 세상일을 잘 알지 못하고 가벼이 몸을 놀리다가 이 지 경에 이르고 말았습니다. 그렇지만 내가 지금 와서는 발보다 더 존귀한 본성을 지니고 있습니다. 나는 이것을 온전히 보전하고자 힘씁니다." 했다. 『장자』 덕충부(德充符)에 나오는 말이다.

상일 초연하여 자기 수양 매진하고 경자서(經子書) 곁에 두고 스스로 즐기나니, 나가서 큰 뜻 펼치세요. 학업 이미 갖추었고 여가에 글씨 익혀 고인(古人)처럼 굳세었습니다.

시부(詩賦)가 뛰어나서 뭇사람에 우뚝하고 작은 도에 구애 않고 일찍 요령 지켰습니다. 모두가 큰 인물 되어 현달(顯達)하리라 기대했건만 죽었단 말 듣고 보니 이 병도 운명입니다.

골육처럼 애통하여 삼베로 옷을 입고 나의 아끼고 존경하는 벗을 잃었으니 살아도 불행합니다. 산길 가는 수레 굴대 부러지고 [折軸] 바다를 가는 배 닻이 없어진 듯, 외로이 바람 맞고 서 있으니 땅도 멀고 하늘도 아득합니다.

지난날 공과 함께 노닐며 자연 속에 지낼 적에 공의 형제들이 그림자처럼 붙어 다녔습니다. 나는 아직 어린 터라 갈 길도 잘 모른 채 구덩이에 빠져서 넝쿨 숲을 헤매다가 스승의 가르침을 받아 잘못을 바로 잡았습니다.

'반드시 덕으로 사랑하라'는 말씀 뼈에 사무치는 경계이고, 칭찬하는 말씀 한 마디는 화곤(華袞)232)보다 더한 총애였습니다. 나는 공의 사랑으로 내면을 더욱 보존하였고 공은 나를 위해 권면(勸勉)233)하되 침잠하도록 노력하라 하였으니, 서로 도움을 준 것이 아니라 나의 칼날을 갈아 준 것이니 마음에서 우러난 가르침이 무엇인들 긴요하지 않겠습니까.
두 집안의 혼인으로 의리와 정이 돈독하여 말로는 깊이가 얕아

---

232) 화곤(華袞): 화려한 곤룡포. 즉 따뜻한 말.
233) 권면(勸勉): 남을 알아듣도록 타일러서 어떤 일에 힘쓰게 함.

때로는 노래로 읊었고, 존당(尊堂)234)께 찾아가 여쭈어서 삼가 가르침을 받으니 지금처럼 변치 말고 더불어 지내라 하셨습니다.

순식간에 세월이 흘러 어느새 스무 해가 지나고235) 하늘의 가혹한 형벌236)이 두 집안에 모두 내려, 온갖 일이 일어나니 기쁨은 순간이고 슬픔은 오래갑니다.

내 마음 너무 아파 먼 길을 달려가 조문하고 하늘을 쳐다보며 상념에 잠기니 목이 메고 눈물만이 흐릅니다. 내 아내 먼저 떠나보내237) 생전의 삶 처량했고, 그대 아우238) 명이 짧아 이미 세상 떠났으니, 기나긴 세월 동안 취한 듯 몽롱하게 심한 고통 시달리며 서로 깊은 슬픔 품고 있었습니다.

자주 편지 왕래하며 근심 있다고만 말하였습니다. 그러나 의(義)가 끊어졌다 어찌 말하리오. 서로의 우애가 갈수록 더한 것을 지난 가을 편지에 공(公)이 불쑥 말을 꺼내기를 '그대는 총명하니 일찌감치 발을 빼시게. 나는 세상사 얽매여서 몸 둘 곳이 없다' 했습니다.

나의 단점 지적하니 군자의 말씀이라. 직언이 아니라 겸손한

---

234) 존당(尊堂): 신방의 부모, 즉 장인장모.
235) 성호가 신방 누나와 첫 번째 결혼한 뒤 20년이 지난 것을 말함. 신방 누나는 성호에게 시집가서 일찍 죽었다. 그 후 성호의 두 번째 장인은 진사 목천건(睦天健)이다.
236) 1728년(영조4) 무신혁명으로 성호 처가인 고령신씨 신방·신천영 문중과 두 번째 결혼한 사천목씨 목천건·목천임·목함경 문중이 풍비박산난 걸 말한다.
237) 성호 이익에게 시집 와서 요절한 신방 누나를 말함.
238) 신방의 아우 신탁(1684~1710)을 말함.

말이니 다 함께 바른길로 가려 한 것입니다. 지금 온갖 고초 겪어서 나의 머리털이 다 빠졌으나 그래도 후진(後進)을 권면하는 일은 바로 우리에게 달렸습니다.

사람들을 모으고자 곳간 곡식 다 털어서 먼 곳 사람 불러 놓으니 내 어릴 적 배우던 모습입니다. 꿈속에서 막힘없이 산 넘고 재 넘어 당신을 만났는데 이제는 끝났으니, 누가 나를 슬프게 했습니까.

부음이 제때 전해지지 않아 장례를 지낼 때라기에 가려다 그만두니 세상 일이 괴롭습니다. 장례 참석 못하여 병든 마음 편치 않고, 생사를 함께하자는 약속 어겨 부끄러워 온몸에 땀이 가득합니다.

우아한 천성은 솥에 옥고리 달린 듯, 옛날 장년 때를 더듬어 보니 의기 서로 통했습니다. 뜻밖에 먼저 죽어 눈물이 줄줄 흘렀습니다. 도리를 잃지 않았음은 공자도 인정할 것이고, 처음부터 끝까지 함께하기로 한 약속 진실로 바라는 바였습니다.

술 한 잔으로도 조문하지 못하여 비석 세울 때나 가려 하였는데, 가을과 겨울이 훌쩍 지나가 버렸습니다.[239]

죽은 이 다시 살릴 수 없어 그 음성 들을 수 없으니 멀리서 약소한 음식 갖추고 몇 줄의 제문 지어 영전에다 대신 고하게 하니, 예와 공경이 부족하나 공이 멀리 가지 않았다면 이 술잔 받으소서.

---

[239] 1728년(영조4) 3월 무신혁명(이인좌의 난)이 일어난 후, 신방은 4~5월경 체포돼 형을 받고, 여름에 죽은 것으로 생각된다.

함월해원(涵月海源)스님

조선스님(1691~1770).
자(子)는 천경(天鏡)이고, 호는 함월(涵月)이다.
속성은 이씨. 함흥에서 출생.
14세에 도창사(道昌寺) 석주 스님 슬하에 출가.
환성스님의 법을 이었음. 화엄(華嚴)과 염송에 통달함.
석왕사에서 입적.
석왕사에 탑이 있고, 문집 『천경집』의 판목이 보관되어 있음.

1. 송음대선사(松蔭大禪師)를 만(挽)함

큰 늪에 배를 감추고 어디로 돌아갔는가?
서리치는 하늘에 학을 따르고 구름을 짝해 날아갔네.
연라(煙蘿)가 바짝 여위나니 시내 바람이 어지럽고
동학이 못내 쓸쓸하나니 밤의 달만 빛난다.

창밖에 자취가 없으매 잔나비와 새들이 끊어졌고
바위 앞 물건들 그대로인데 주인은 그 주인 아니네.
웅이산의 모든 풍경에 머리를 돌려 보노니
천고의 사람들로 하여금 눈물이 옷을 적시게 하네.

大澤藏舟何處歸　霜天隨鶴伴雲飛
烟蘿憔悴溪風亂　洞壑凄凉夜月輝

窓外蹤亡猿鳥斷　岩前物是主人非
回看熊耳山中色　千古令人淚濕衣

2. 환성선사(喚惺禪師)를 제사하는 글

대조계종 환성당선사 각령(大曹溪宗喚惺堂禪師覺靈)께 드리나이다. 엎드려 생각하오면 제자 등은 가까이 병석(甁錫)을 모시면서 친히 가르침을 입사와 그 은혜와 덕은 산과 바다로도 그 높이와 깊이를 다 말할 수 없사오니, 너무나 큰 그 은혜 갚을 길 없사옵니다.

신미년에 선사께서 참선하는 여기에 읊으신 시집 한 권과 또 지으신 『선문강요(禪門綱要)』 한 권을 판각하여 세상에 공포하고 기묘년 이래로 비석을 세우려는 깊은 원으로 한 조각 성심만은 돌이 아니라서 구르지 않았습니다.

법손(法孫) 궤홍(軌泓)이 서울에 올라가 온신(縉紳)의 대가(大家)에 비명(碑銘)을 청하고 서울서 비석을 사기로 하였고, 법손 유일(有一)이 거기 가서 새기는 일을 감독하고 비석을 배에 싣고 남방으로 돌아와 대둔사(大芚寺) 기슭에 비를 세웠습니다.

아아, 선사의 도가 어둠 속에서 해처럼 솟아나니, 팔해(八垓)가 함께 듣고 만구(萬口)가 같이 칭송하니 그 덕이 얼마나 큰 것입니까. 오늘에 이르러 이처럼 성취하게 되었으니, 이것은 반드시 하늘과 신이 도운 것일 것입니다.

문인 등은 이 뒷날 선사님을 연화계에서 모시게 되더라도 반드시 부끄러움이 없을 것입니다. 이승 저승이 다르다 하더라도 마음으로 비추거니 어찌 그 간격이 있겠습니까. 삼가 일주(一炷)의 명향(茗香)과 한 잔의 맑은 차로, 각령 앞에 절하고 드립니다.

엎드려 바라옵나니 이 가엾은 정성을 살피시어 이르러 받아 주시옵소서.

3. 영송문인(永松門人)을 대신해서 선사(禪師)를 제사하는 글

청구(靑丘)에 자취를 내리시니 그 이름은 널리 들렸다. 평생에 하신 일은 패엽(貝葉), 영문(靈文)이요, 수월, 선심(禪心)이며 연하(烟霞) 도골(道骨)로서, 그 견고함은 황금과 같고 그 절개는 푸른 솔과 같았다.

계율 속의 군자요, 세상 밖의 장부인데, 호랑이를 풀어 놓으매 동쪽 골짝으로 가고 물을 가리키매 서쪽으로 흘렀다.

석화전광(石火電光) 속에 어느덧 마흔 여섯 하늘이 어찌 돕지 않아 우리의 이 종장(宗匠)을 뺏어 갔는가.

배는 밤 골짝에 잠기고 계수는 가성(佳城)에 꺾이었다. 법의 기둥이 이미 꺾이고 조사의 등불이 또 꺼지니, 달은 선계(禪階)에 어둡고 바람은 이굴(理窟)에 슬퍼하며, 꽃을 문 새가 슬퍼하고 경문을 듣는 용이 우나니, 만물의 느낌이 이러하거늘 사람이 어찌 느껴웁지 않으랴.

한 문중에서 공부하면서 법의 젖을 나누어 마시다가 오늘 아침에 영원히 떠나나니 어찌 못내 슬퍼하지 않으랴. 형과 아우에서 이미 빠졌거니 훈지(塤篪)를 누가 화답해 주리.

지는 해 앞에 눈물로 울고 떨어지는 달 아래 창자가 끊긴다. 다만 맑은 차 한 잔으로 영감(靈龕)에 절하고 올리옵나니, 오직 영혼은 어둡지 않으사 내림해 응감하시기 바라나이다.

4. 수륙야소(水陸夜疏)

낮에는 영산(靈山)을 연주하여 이마 위의 구슬을 이미 얻고 바람이 움직여 번기가 움직이는 곳에서 밤에는 수륙재를 베풀어 옷 속의 보배를 달이 밝고 등불이 밝은 때에 또 봅니다.

앞산 뒷산에 꽃은 빨갛게 피었는데, 서쪽 숲 동쪽 숲에 새들은 지저귑니다. 물건마다 등명지(燈明智)의 체(體)요, 걸음마다 보현행(普賢行)의 문입니다.

엎드려 생각하오면 제자는 외경(外境)에 대해서는 불만과 만족이 번거로이 일어나고, 내심에 있어서는 미워함과 사랑함이 번갈아 일어나면 몸은 세상의 일을 반연하여 십전(十纏)의 노끈을 더욱 맺고, 마음은 이익의 길로 달려 오장(五障)의 덮개를 벗기기 어렵습니다.

과거의 생사는 겁석(劫石)으로도 헤아리기 어렵거늘, 미래의 윤회인들 교성(皎城)으로 어찌 다하리까. 지금 시냇가의 버들이 황금을 떨치는 절기와 고개 위의 매화가 백옥을 토하는 때를 당하여, 먼저 명전(冥錢)을 드리고 다음에 수륙재를 베푸나이다. 그릇마다의 감로는 미소의 꽃을 두루 뿌리고 등불마다의 밝은 빛은 모두 몸을 태우는 불입니다. 하사(河沙)의 삼보가 모두 모이고 법계의 육사(六師)가 다 왔습니다.

엎드려 바라옵나니, 이 훌륭한 인연을 의지하여 이 괴로운 세계를 떠나며 몸은 바로 빙산과 같아 오래지 않고, 곳은 화택과 같아 편하지 않사오니, 찰나 사이에 곧 왕생을 얻고, 아승지겁(阿僧祇劫) 동안 항상 안양(安養)에 살아지이다.

시방의 삼보를 우러러 대하여 삼가 구곡(九曲)의 촌성(寸城)을 아뢰나이다.

431

5. 표충설초재소(表忠設醮齋疏)

　고통을 덜고 즐거움을 주는 것은 모든 부처님의 생각하기 어려운 은혜요, 몸을 버려 나라를 편케 하는 것은 셋 스님의 마르지 않는 힘입니다. 세상을 덮은 공이 이미 큰데 사람을 구제하는 덕 또한 깊습니다.

　귀신을 느끼게 하고 천지를 움직였으니, 여기 인심이 함께 우러러 진영(眞影)을 천추 뒤에 받들고 윤은(綸恩)이 갑자기 떨어지니 사우(祀宇)를 삼강(三綱)의 골 가운데 세웁니다. 춘추로 언제나 향을 사루는 의식이 있어 치속(緇俗)이 모두 경규(傾葵)의 뜻을 냅니다.

　생각하면 우리 세 스님은 부처님의 참 아들이라 일컫지마는 실은 국가의 좋은 신하입니다. 큰 골짝에 봄이 쇠잔해 버들은 황금을 떨치는 계절이요, 산 얼굴에 햇볕이 따뜻하매 매화는 백옥을 토하는 때입니다.

　아름다운 때를 맞아 삼가 법회를 베푸나니, 이것은 각황(覺皇)이 사생을 구제하는 무궁한 원이요, 오직 소제(小弟)가 세 스님을 천도하는 무진한 정성입니다. 항아리의 꽃은 마음 땅에 가지런히 피고 단(壇)의 촛불은 성품의 하늘에 외로이 밝습니다.

　우러러 홍훈(鴻熏)을 바라 삼전(三殿)의 학산(鶴算)을 위로 비나니, 원컨대 가피를 드리워 사해(四海)의 낭연(狼烟)을 길이 고요하게 하소서. 드리는 것은 한 잔 두 잔의 맑은 차요, 공경하는 것은 백 번 절하고 천 번 절하는 붉은 정성입니다.

　엎드려 원하옵나니, 백련화(白蓮花) 안에 자비의 광명을 특히 놓으시고, 청구국(靑丘國) 가운데 억조의 백성들을 다시 구제하소서.

6. 생재표백(生齋表白)

　사상(四相)의 산이 높아 팔만지옥의 길에 닿을 만하고 오욕(五欲)의 바다가 넓어 삼천 염라의 문에 이어졌습니다. 업경(業鏡)이 밝고 밝아 막아도 도망치기 어렵고 제망(帝網)이 너르고 널러 섬기면서 빠뜨리지 않습니다. 선악이 이미 현저하거니 인과를 어찌 속이겠습니까.

　엎드려 생각하오면 광음이 이미 저물어 한 덩이 몸뚱이가 반은 이미 썩었습니다. 이미 깨끗한 업을 닦은 바 없나니 어찌 저승길의 향할 곳을 면하겠습니까. 왕사성(枉死城) 밖에 곤곤(滾滾)한 찬 바람이요, 내하교(幄河橋) 곁에 도도한 피 물결입니다. 낮에 한탄하나니 몸을 어루만지며 어찌할 줄 모르고, 밤에 시름하나니 뜻으로 헤아리나 당황할 뿐입니다.

　여기 붉은 정성을 기울여 그윽한 응감을 우러러 바라나니, 붉음이 단상에 비치매 이것은 모두 가섭의 파안(破顏)의 꽃이요, 차가 발우에 가득 차매 그 모두 조주(趙州)가 법을 보이는 물입니다. 규성(叫聲)은 비록 작으나 능감(菱鑑)은 두루 할 것입니다.

　엎드려 원하옵나니, 저승 하늘의 해와 달이신 십명왕과 괴로움 바다의 인자한 배이신 대교주께서는 각기 신통력을 놓고, 인자하게 가엾이 여기는 청을 드리워 주소서. 생전의 재를 미리 닦아 죽은 뒤의 길을 삼으려 하나이다.
　오늘의 이 진정하는 하소연은 뒷날의 고증하는 명문(明文)이 될 것입니다.

7. 예수재소(預修齋疏)

제망(帝網)의 구슬은 회회(恢恢)하여 인과의 가볍고 무거움을 빠뜨리지 않고, 염라의 거울은 소소(昭昭)하여 선악의 높고 낮음에 어긋나지 않습니다. 구슬과 거울에 사정이 없어서 재앙과 복이 틀리지 않습니다.

방광(放光)하고 지팡이를 흔들어 괴로움의 바다를 건너는 것은 지장 대성의 인자한 배요, 거울을 걸고 저울을 들어 죄안(罪案)을 결제하는 것은 염라 열왕의 사나운 위엄입니다. 이끌어 주는 힘을 입으려 하거늘 어찌 귀의의 정성을 다하지 않겠습니다.

삼가 생각하오면, 다행히 먼 허공의 한 오리 실 같은 몸을 얻은 것은 다 지난 겁의 여러 성인의 덕으로 말미암은 것입니다. 가난하지도 않고 부유하지도 않게 생전의 세월을 지냈다 하지만 아들도 없고 손자도 없이 죽은 뒤의 저승길을 닦기 어렵습니다.

날마다 푸른 바다의 좁쌀을 모으고, 때마다 뽕밭의 베자치를 모아 적으나마 수백의 티끌 재물로 삼가 시왕(十王)의 재회(齋會)를 닦습니다.

지장님의 인자한 배가 아니면 내하교(㮶河橋) 위를 어떻게 건너며 명왕님의 사나운 위엄이 아니면 왕사성 곁을 어떻게 지내겠습니까?

삼가 청정한 사리를 청하고 천진(天眞)의 정람(精藍)에 나아가, 낮에는 영산을 세워 칠축의 묘전을 연설하고, 밤에는 명회를 열어 십전의 빛나는 자리를 베푸나니, 단은 파안의 꽃을 피우고 등불은 몸을 사루는 불을 밝힙니다.

엎드려 비옵나니, 명왕의 위덕은 오늘 아침에 다 통하고, 대성의 인자한 광명은 오는 세상을 두루 비추소서.

그리하여 마음으로 하여금 바른 인(因)을 닦아 업의 과보를 끊고 몸은 재앙이 없어 송춘(松椿)과 같으며, 과보가 다해 목숨을 마치고는 속히 극락에 나서 연대와 보각에서 미타를 함께 뵈옵고 왼쪽으로는 관음을 이끌고 오른쪽으로는 세지(勢至)와 짝하게 하소서.

명부를 우러러 대하여 삼가 정성의 소문을 읽나이다.

8. 예참소(禮懺疏)

쌍림(雙林)에서 입멸한 뒤로 선교(禪敎)가 서천(西天)에 나뉘어졌고, 양계(兩桂)가 그늘을 드리워 돈점(頓漸)이 동토에 갈라졌습니다. 선굴(禪窟)에는 조계의 달이 비치고, 이계(理階)에는 영취의 바람이 생깁니다.

육대(六代)로 등불을 전하고 오종(五宗)이 불꽃을 이었습니다. 일참(一懺) 일례(一禮)에 혹장(惑障)과 업장의 인연을 녹이고, 삼지(三止) 삼관(三觀)에 진제(眞諦)와 속제(俗諦)의 경계를 밝히나니, 멸하지 않는 것은 조사의 자리요, 폐할 수 없는 것은 참회의 자리입니다.

백원(白猿)의 해에 주하(朱夏)의 철을 맞아, 간략히 훈범(熏範)을 베풀어 육화(六和)의 덕 높은 선사를 청하고 삼가 정단(淨壇)을 만들어 칠축의 묘전을 연설합니다.

산은 설봉(雪峰)이라는 훌륭한 땅이요, 절은 석왕(釋王)이라는 깨끗한 가람인데 번기의 꽃은 뜰에 가득하고, 향의 연기는 햇빛을 가리웁니다.

엎드려 생각하오면 제자는 몸을 운수에 붙였으나 안으로 관조(觀照)의 공이 없고 마음은 이도(利途)로 달리면서 겉으로는 위의의 모양을 나타냅니다.

흰 눈은 천 가락의 머리털에 들고 붉은 마음은 모든 덕이 높은 이에게 기울어집니다. 그러므로 티끌 재물을 내어 여기 참회하는 자리를 마련했습니다.

엎드려 원하옵나니, 여러 대조사께서는 가만히 깊은 뜻을 펴서 쐐기를 뽑고 못을 빼며, 비밀히 진기(眞機)를 나타내어 돌을 깨고 언덕을 무너뜨리소서. 그리하여 사람은 혹업(惑業)인 애욕의 밧줄

436

을 끊고 각각 거래의 티끌 그물을 뚫어 외로운 달은 오직 밝고, 여럿의 마음은 정성을 다하며, 살아서는 오복이 늘어 무궁에 누리고 죽어서는 구품에 돌아가 즐거움이 다하지 않게 하소서.

간절한 기원을 어찌할 수 없어 삼가 이 소(疏)로 아뢰나이다.

9. 독성재표백(獨聖齋表白)

　공(空)을 관(觀)하고 도를 즐기어 무생(無生)을 각장(覺場)에서 증득하고 지혜를 운전하고 자비를 일으켜 유정을 고해에서 건지십시다. 느낌이 있으면 반드시 응하고 따르지 않는 소원이 없으시니, 묘용(妙用)은 생각하기 어렵고 신통은 헤아릴 수 없습니다.

　엎드려 생각하면, 제자는 이 탁한 세상에 나서, 일찍이 운수의 몸이 되고, 저 밝은 스승을 찾아 또한 불조의 말을 배웠습니다. 그러나 삼장(三障)의 구름은 솟고 십사(十使)의 밧줄에 묶이나니, 바탕이 둔하고 성품이 미련하여 글에는 헷갈리고 뜻에는 막힙니다.

　이치의 하늘이 높고 넓거니 대롱으로 엿보아 어찌 두루 알겠으며, 성품의 바다는 차고 깊거니 표주박을 기울여 어찌 헤아리겠습니까. 패엽을 대하여 눈물을 흘리고 게송을 생각하면서 한숨을 지웁니다.

　이에 깨끗한 단을 높이 만드니 흰 구름 붉은 나무속이요, 붉은 정성을 우러러 다하니 보개(寶翹)의 옥동(玉洞) 속입니다. 잠깐 영원(靈源)을 하직하고 이 자리에 오시기를 청합니다.

　엎드려 바라옵나니, 성자께서는 원컨대 슬기의 말을 주시어 만겁의 애욕 밧줄을 끊고, 특히 싱그러운 광명을 놓아 천생의 티끌 그물을 찢게 하시며, 악마의 장애를 아주 꺾고 도의 싹을 더욱 빼어나게 하시며, 만축(萬軸)의 영문(靈文)을 눈으로 한 번 보아 입으로 외우고 육대(六代)의 진결(眞訣)을 귀로 한 번 들어 마음에 지니게 하소서.

　겸추(鉗鎚)를 크게 선림(禪林)에 열매 광석을 버린 금철을 많이 얻고, 낚싯줄을 바로 교해(敎海)로 내리매 미끼를 찾는 어룡(魚龍)을 만나게 하소서.

영취의 바람은 다시 일으키고, 계봉(鷄峰)의 달을 거듭 밝히며, 재앙을 굴려 복을 만들고 수명의 별을 길이 밝히며, 속(俗)을 통달하고 진(眞)으로 향하며, 멀리 깨달음의 언덕에 올라 세세(世世)에 보리의 길에서 물러나지 않고 생생(生生)에 열반의 성에 한가히 놀게 하소서.

또 원하옵나니, 함령(含靈)이 모두 종지를 원만히 하여지이다.

10. 천사왕재소(薦師王齋疏)

선을 상주고 악을 벌주는 것은 명왕의 큰 자비요, 고통을 덜고 사람을 구제하는 것은 지장의 권화(權化)입니다. 대(臺)에 업의 거울을 달고 손에 밝은 구슬을 받치니, 오역(五逆)과 삼도(三途)가 다 밝은 구슬 속에 나타나고 사생과 칠취가 모두 업의 거울 속에 비치나니, 환화(幻化)가 다함이 없고 권형(權衡)이 측량하기 어렵습니다.

엎드려 생각하오면, 돌아가신 스님의 많은 바람 같은 생활은 언제나 운수의 세계에 붙여졌고, 밝은 달 같은 마음은 항상 인의(仁義)의 도를 닦았으므로 사람들은 기덕(耆德)이라 일컬었고, 그 행은 바로 두타(頭陀)였습니다.

갑자기 열반으로 나아가 저승길이 막히었습니다. 두 바퀴가 머물지 않아 어느덧 소상(小祥)을 당하였고, 백겁에 만나기 어려우므로 삼가 변변찮은 정성을 하소하오니, 범부의 마음은 조각조각이오나 성인의 거울은 밝고 밝습니다.

삼가 원하옵나니, 영가님은 내하교 위에서 숙원(宿冤)의 미(迷)한 혼령을 만나지 마시고, 업경대 앞에서 여러 생의 죄장을 길이 끊으시고, 이 묘한 힘을 받들어 저 즐거운 세계에 나소서.

또 원하옵나니, 제자는 오장(五障)이 모두 사라지고, 이엄(二嚴)을 완전히 갖추어지이다. 명부를 우러러 대하여 삼가 천소(薦疏)를 읽나이다.

정조(正朝)

조선 제 22대 임금(1752~1800) 영조의 손자, 사도세자의 아들로
혜경궁홍씨 사이에서 태어났다. 자는 형운(亨運), 호는 홍재.
어려서부터 학문을 좋아했다. 즉위 후 규장각을 설치하고 신진
학자들을 등용하고 다양한 서적을 간행했다.
정치적으로는 당파의 인물을 멀리하고 참신하고 유능한 신진들을
위주로 등용하는 준론탕평책을 펼쳤다 이때 배출된 인물이 정약용
등이다. 수원 화성(華城)을 축조하고 사회 전반적으로 개혁을
해나갔지만 갑작스런 죽음(49세)으로 완성하지 못했다.

장릉(莊陵, 단종)에 드리는 제문(莊陵祭文)

단종께서 승하하신 지 어언 삼백 년인데 길쌈하는 아낙과 농사 짓는 남정네들 말이 미치기만 하면 눈물을 흘리네.
누가 시켜서 그러한 것인가. 사람의 타고난 본성이 같아서일세.

태세(太歲) 정축년(1457)에 왕께서는 영월(寧越)에 계셨네. 영월 사람들이 머리를 조아리니 곤룡포[袞衣]와 수놓은 치마[繡裳]로 편 편(翩翩)이 희게 장식한 상여를 타고 운향(雲鄕)으로 떠나셨네.

곡조는 선소(仙韶)240)에서 끝나고 지경엔 임금의 은택[靈雨]만 남으니 벽산(碧山)이 찌푸리고 백일(白日)241)이 오열함이 무협(巫 峽)242)과 청령포(淸泠浦)였네.

땅은 곧 백월(百粤)243)이고 산은 구의(九疑)244)와 흡사하니 나 라를 사양하고 들로 나감은 예로부터 있었던 일이네 .
두우(杜宇)245)의 혼은 새가 되어 울고 사람은 한 나라 왕릉에

---

240) 선소(仙韶): 선소곡(仙韶曲)으로, 일반적으로 궁정의 악곡을 지칭한 다.
241) 白日(백일): 구름이 끼지 아니한 밝은 해. 대낮
242) 巫峽(무협): 양자강 장강삼협 협곡 중 하나. 무협(巫峽), 구당협, 서 릉협.
243) 百粤(백월): 전국 시대에 지금의 광둥성에 있었던 지명. 그 지방 에 거주한 민족.
244) 구의(九疑): 산 이름으로, 순(舜)임금을 장사 지낸 창오(蒼梧)의 다 른 이름이다.
245) 두우(杜宇): 두우는 주 나라 말기 촉왕(蜀王) 망제(望帝)의 이름인 데, 죽어서 원혼이 새가 되었다는 전설이 있다. 그 새의 울음소리 가 처절하여 능히 객수를 자아낸다고 한다. 자규(子規) 또는 촉혼 (蜀魂)이라고도 한다.

절하니, 숙종께서 의로써 일으켜 왕호를 회복하여 임금의 예를 갖추게 하였네.

풍성(風聲)246)을 수립하고 절의를 장려함이 선조의 50년 동안의 일이었으나, 그나마 다할 겨를이 없었던 것은 책임이 소자에게 있다네.

금궤(金匱)247)에 비록(祕錄)을 살피고 문초(紋礎)에 진상이 드러나자248) 취화(翠華)249)가 임한 듯하니 단청이 거듭 새롭게 되었네.
능침(陵寢)을 따라 제단을 쌓으니 여기에 따르는 사람이 누구인가. 종실의 공자(公子)와 문무 대신들 사림(士林)과 복어(僕御)250)일세.

좌우에서 모심에 기쁜 마음으로 영령이 은미하게 감통(感通)하니 청명의 절후에 즈음하여 종백(宗伯)251)에게 대신 제사를 드리게 하네.

---

246) 風聲(풍성): 들리는 명성. 바람의 소리.
247) 金匱(금궤): 낭함과 금궤는 모두 국가에 귀중하게 보관하는 서적을 말한다.
248) 1791년 관찰사 윤사국과 부사 이동욱이 자규루를 복원하는 과정에서 민가에 화재가 발생했다. 이어서 거센 바람이 잿더미를 날려 문초석, 즉 무늬가 있는 주춧돌이 드러난 것을 말한다.
249) 취화(翠華): 제왕 의장(儀仗)의 일종이다. 취우(翠羽)로써 장식한 기치(旗幟) 또는 수레의 덮개를 말한다. 곧 임금의 행차를 뜻한다.
250) 僕御(복어): 마부. 말을 다루는 사람. 또는 마차의 말을 모는 하인.
251) 宗伯(종백): 예조판서(禮曹判書)의 딴 이름.

정약용(丁若鏞)

경기도 남양주시 조안면 능내리에서 태어났다(1762~1836).
조선의 문신, 이익(李瀷)의 학문과 사상을 계승하여 조선 후기
실학을 집대성했다. 호는 사암(俟菴). 자호는
다산(茶山)·탁옹·태수(苔叟)·자하도인(紫霞道人)·철마산인(鐵馬山人).
당호(堂號)는 여유(與猶)이다.
봉건제도의 각종 폐해를 개혁하려는 진보적인 사회개혁안을
제시했다. 수원 화성의 건축을 주도했으며, 거중기를 고안하여
근대적 건축기술을 선보이기도 한 실학자였다.

1. 자찬묘지명(自讚墓誌銘)

갑자기 고향 마을에 이르고 보니
문 앞에선 봄물이 흐르고 있네
기쁜 듯 약초밭에 다달아 보니
예전처럼 고깃배 눈에 보여라.

忽已到鄕里　門前春水流
欣然臨藥塢　依舊見漁舟

꽃들이 어우러져 산집은 고요하고
솔가지 늘어진 들길은 그윽하다
남녘 땅 수천 리를 노닐었으나
어디메서 이런 언덕 찾아보리오.

花煖林廬靜　松垂野徑幽
南遊數千里　何處得玆丘

2. 아들을 보내며 쓴 시

네 모습은 숯처럼 검게 타
예전의 사랑스러운 얼굴 다시 볼 수 없구나
너의 어여쁜 얼굴은 황홀하여 기억조차 희미하니
우물 밑에서 별을 보는 것과 마찬가지구나.

네 영혼은 눈처럼 맑고 깨끗하여
훨훨 날아올라 구름 속으로 들어갔구나
구름 속은 천 리 만 리 떨어져 있어
부모는 하염없이 눈물만 흘린다.

爾形焦黑如炭　無復舊時嬌顔
嬌顔恍忽難記　井底看星一般

爾魂潔白如雪　飛飛去入雲間
雲間千里萬里　父母淚落濟濟

446

3. 딸을 보내며 쓴 시

　가을 난초가 저절로 나서
　성하고 성하더니 먼저 시들었구나
　혼은 하늘로 올라가 희고 깨끗하여
　꽃 아래에서 놀고 있으리.

　秋蘭兮羅生　萋萋兮先萎
　魂升兮皎潔　花下兮遊戲

4. 죽은 아들을 위해 지은 제문

　네가 세상에 왔다가 세상을 떠난 것(1799~1802)이 겨우 세 해 였는데, 나와 헤어져 산 것이 2년이로구나. 사람이 60년을 산다 고 한다면 40년을 아비와 헤어져 지낸 셈이니, 슬퍼할 만하다.

　네가 태어났을 때 나의 근심이 깊었기에 네 이름을 '농(農)'으 로 지었다. 집안에 화가 미치자 네가 농사를 지으며 살게 한 것 인데, 뒤에 집 형편이 나아지면 어찌 너를 농사나 지으며 살게야 했겠느냐? 그래도 죽는 것보단 낫다고 생각했다.

　가령 내가 죽는다면 장차 기쁘게 황령(黃嶺)을 넘고 열수(洌水) 를 건널 것이니, 이것은 내가 죽는 것이 사는 것보다 낫기 때문 이다. 그런데도 나는 멀쩡히 살아, 죽는 것이 사는 것보다 나은 데도 살아있고, 너는 사는 것이 죽는 것보다 나은데도 죽었으니, 내 마음대로 할 수 있는 것이 아니로구나.

　만약 내가 네 곁에 있었다 해도 꼭 살지는 못했을 것이다. 하 지만 네 어머니의 편지에서 "농아가 '아버지가 내 곁에 돌아오시 면 나는 홍역도 낫고, 마마도 낫겠죠?'라고 했다더구나.
　네가 무슨 헤아림이 있었던 것은 아닐 텐 데도 이런 말을 했다 니. 그러나 너는 아비가 돌아오면 의지할 수 있으리라 여겼던 게 로구나. 네 소원이 이뤄지지 않았으니 가슴 아프다.

　신유년(1801) 겨울, 과천의 객점에서 네 어머니가 너를 안고 나를 전송했었다. 네 어머니가 나를 가리키며, "저 분이 네 아버 지시다." 라고 말하니, 너도 따라서 나를 가리키며 "저 분이 나의 아버지"라고 했었지.

비록 아버지라 했지만 너는 아직 아버지의 의미를 몰랐을 테니 슬프기만 하다.

이웃 사람이 가는 길에 소라껍질 두 개를 부쳐 네게 주도록 했었는데, 네 어머니의 편지에 '아이가 강진에서 사람이 올 때마다 소라껍질을 찾다가 얻지 못하면 풀이 죽곤 하더니, 죽을 때에 이르러서야 소라껍질이 도착했습니다.' 라고 썼더구나. 아! 마음 아프다.

너의 모습은 깎아놓은 듯 예뻤다. 코 왼편에 작은 점이 있었지. 웃을 때면 양쪽 송곳니가 뾰족했었다. 아아! 나는 오직 너의 모습만 생각하며 거짓 없이 네게 알린다. 집에서 온 편지를 보니, 생일날 묻었다 하는구나.

* 정약용의 강진 유배시절 천연두에 걸려 죽은 아들 농(農)을 위해 지은 제문이다.

449

화담영원(華潭靈源) 스님

(1776~1849). 호는 화담(華潭). 전남 무안 출신이다.
16살에 무안의 법천사(法泉寺)에서 스님이 되다. 붓글씨를 아주 잘
썼는데 왕희지(王羲之)체를 본받았다.
완호(玩虎)스님의 법을 이었다.

은사 학명스님의 49재에

원컨대 이 공양을 받으소서
어찌 아난의 공양과 다르리까
주린 창자를 채우소서
업화가 금방 서늘하리다.

탐·진·치의 삼독을 버리고
항상 불·법·승에 귀의하소서
생각 생각에 보리심만 가지면
나는 곳마다 안락하리다.

추사(秋史) 김정희(金正喜)

충남 예산 출생(1786~1856).   조선후기 조선 금석학파를 성립하고,
추사체를 완성했다. 실학자요, 서화가다. 자는 원춘(元春), 호는
추사(秋史)·완당(阮堂)·예당(禮堂)·시암(詩庵)·과노(果老)·농장인(農丈人)
·천축고선생(天竺古先生) 등, 200여 개가 있다.

어려서부터 매우 총명하고 기백이 뛰어났다. 일찍이
북학파(北學派)의 일인자인 박제가(朴齊家)의 눈에 띄어 어린 나이에
그의 제자가 되었다.

헌종 때 제주도에 8년, 함경도에 2년간 유배를 당했다.
경기도 과천에서 은거하다 생을 마쳤다.

1. 배소지에서 아내의 죽음을 애도함(謹識配所輓妻喪)

누가 월하 노인께 호소해서
내세에는 당신과 나 서로 바꾸어 태어나
천리 밖에서 나 죽고 당신이 살아남는다면
나의 이 슬픈 마음을 그대도 알게 되리라.

那將月姥訟冥司　來世夫妻易地爲
我死君生千里外　使君知我此心悲

453

1. 부인 예안이씨 애서문(夫人禮安李氏哀逝文)

임인년(壬寅年) 11월 13일 부인이 예산의 집에서 일생을 마쳤으나 다음 달 15일 저녁에야 비로소 부고가 바다 건너에 전해 왔습니다. 그래서 지아비 김정희는 빈전(殯奠)을 마련하여 위패를 설치하고 슬피 곡을 하오이다.

살아서는 멀리 떨어져 있었는데 죽어서 영영 나의 곁을 떠나감을 슬퍼합니다. 영원히 나의 곁을 떠났으나 내가 뒤따를 수 없음을 느끼면서 몇 줄 글을 지어 본가(本家)로 부치는 바, 이 글 도착하는 날 제물(祭物)을 차리고 영전에 고하게 하는 바입니다.

아아, 슬프도다. 나는 죄를 지어 형구(刑具)가 앞에 있거나 유배지로 갈 때 큰 산과 넓은 바다가 뒤를 따를 적에도 일찍이 내 마음이 이렇게 흔들린 적이 없었습니다. 그런데 지금 당신의 상을 당해서는 놀라고 가슴이 무너지고 혼이 빠지고 넋이 달아나서 아무리 마음을 붙들어 매려해도 그럴 수가 없으니 이 어인 까닭이 인지요.

아아, 슬프도다. 무릇 사람마다 다 죽음이 있거늘, 부인만은 홀로 죽음이 없을 수 있으리오. 그러나 죽지 말아야 할 사람이 죽었기에 이토록 지극한 슬픔을 머금고 더 없는 원한을 품게 되었습니다. 그래서 장차 내뿜으면 그것이 무지개가 되고 맺히면 우박이 되어서 족히 남편[夫子]의 마음을 뒤흔들 수 있는 것이, 형틀보다도, 큰 산과 넓은 바다보다도 더 심했던 가 봅니다.

아아, 슬프도다. 30년 동안 당신의 효와 덕행은 온 집안이 칭찬했을 뿐 아니라 벗들과 남들까지도 다 칭송하지 않은 자가 없

454

었습니다. 그러나 당신은 이를 사람의 도리로 당연한 일이라며 즐겨 듣지 않으려 했습니다. 그렇다고 내가 그것을 어찌 잊을 수가 있으리오.

예전에 내가 농담 삼아 말하기를 "당신이 만약 죽는다면 내가 먼저 죽는 게 도리어 낫지 않겠소?" 라고 했더니, 당신은 깜짝 놀라 곧장 귀를 막고 멀리 달아나서 결코 들으려 하지 않았습니다.

이는 진실로 세속의 부녀들이 크게 꺼리는 바이나, 그 실상은 이와 같이 되는 경우도 많았으니, 내 말이 다 농담에서만 나온 것은 아니었답니다.

그런데 지금 끝내 당신이 먼저 가고 말았으니, 그대 먼저 죽는 것이 무엇이 유쾌하고 만족스러워서 나로 하여금 두 눈만 뻔히 뜨고 홀로 살게 한단 말입니까.

저 푸른 바다같이, 저 먼 하늘처럼 나의 한은 다함이 없을 따름입니다.

* 추사의 한글 편지는 80여 통이 남아 있다. 그중 38통이 예안 이씨에게 보낸 것이다. 예안이씨의 부고를 접했을 때도 제주에 유배 중이었다. 추사는 한 달이나 지나서야 부인의 부고를 접하고 하늘로 쓴 제문이다.

초의(草衣) 스님

초의의순(草衣意恂, 1786~1866) 스님의 법명은 의순(意恂), 호는
초의(草衣), 자는 중부(中孚)이다. 흔히 초의스님으로 불린다.
해남 대흥사(大興寺)에 오랫동안 주석하면서 정약용에게서
유학과 시문(詩文)을 배웠다.
신위(申緯)·김정희(金正喜) 등과 교유하면서 해남 두륜산(頭輪山)에
일지암(一枝庵)을 짓고 40년간 차와 선에 일념했다
시(詩)·서(書)·화(畵)·차(茶)에 뛰어나 사절(四絶)이라 불렸다.
'한국의 다승'으로 우리나라의 다도를 정립했다. 대흥사를 중심으로
직접 차를 기르고 종자의 개발에도 힘써 그 지역을 차 문화의
중심지로 만들었다. 『동다송(東茶頌)』과 『다신전(茶神傳)』을 비롯해
수많은 다시(茶詩)를 남겼다. '다선삼매(茶禪三昧)'라는 명칭이
스님으로부터 비롯되었다.

추사(秋史) 영전에 바치는 제문

함풍(咸豊) 8년(1858) 무오 2월 청명한 날에 방외(方外)의 벗, 의순(意恂)은 삼가 맑은 차를 올려 완당(阮堂) 선생 김공(金公)의 영전 앞에 고하나이다.

엎드려 생각건대, 좋은 환경에 태어나서 어찌 굳이 좋은 때를 가리려 했나이까. 신령스런 서기(瑞氣)로서 어두운 세상에 따랐으면 그게 곧 밝은 세상이었을 텐데, 이를 어기고 보니 기린과 봉황도 땔나무나 하고 풀이나 베는 나무꾼의 고초를 겪은 것입니다. ….

아! 슬프다. 선생은 천도(天道)와 인도(人道)를 닦아 여러 학문을 체득하시고 글씨 또한 조화를 이루어서 왕희지(王羲之), 왕헌지(王獻之) 두 형제의 필법을 능가하고, 시문(詩文)에도 뛰어나 세월의 영화를 휩쓸고, 금석(金石)에서는 큰 것에서부터 작은 것까지를 모두 규명하여 중국에까지 이름을 떨치셨나이다.

달이 밝으면 구름이 끼고, 꽃이 고우면 비가 내립니다.….

아! 슬프다. 선생이시여! 42년 동안 맺은 아름다운 우정은 결코 어긋나지 않아, 수천만겁 향화의 그 인연 잊지 말고 저 세상에서도 오랫동안 인연 맺읍시다.

생전에는 먼 곳에 떨어져서 자주 만나기가 어려워 항상 편지로 대면하였지만, 제주도에서 반년을 위로했고, 용호에서 두 해를 머물렀습니다.

어느 때, 도에 대한 담론을 할 때면 그대는 마치 폭우나 우레처럼 당당했고, 정담(情談)을 나눌 때면 실로 봄바람이나 따스한 햇살처럼 훈훈하셨습니다. 자신을 낮춰 이야기할 때에는 서로의 신분조차 잊었습니다.

손수 달인 뇌협차(雷莢茶)252)와 설유차(雪乳茶)를 함께 나누고, 슬픈 소식을 들으면 그대는 눈물로 옷깃을 적시기도 하였습니다. 생전에 말씀하던 그대 모습은 지금도 거울처럼 또렷한데, 그대 잃은 나의 이 슬픔은 용란(龍鸞)253)의 소리처럼 더욱 사무칩니다.

아, 슬프다! 노란 국화꽃이 차가운 눈에 다 쓰러졌는데, 어쩌다 나는 이렇게 늦게서야 선생의 영전에 당도했는가. 그대의 일찍 세상 떠남을 원망하나니, 땅에 떨어진 꽃은 바람에 날리고 나무는 달그림자 끝에 외롭습니다.

살아생전의 모든 일, 모두가 꿈같은 일이지만, 공(空)이 진공(眞空)에 이르면 오히려 묘유가 되는 것입니다. ….
한 떨기 연꽃, 불 속에서 더욱 붉게 빛납니다.

하나를 높이 들어 다시 생각해 보니, 내가 온 것도 본래 온 것이 아니고, 그대 가신 것도 가신 것이 아닙니다. 다만 이것은 오고 감이 없거늘 이것은 무엇입니까?
세상 사람은 다 모르겠지만, 그러나 그대만은 아시겠지요.

계곡의 물이 절벽에 걸리면 폭포가 되고, 구름이 해에 걸리면 무지개가 된다고 하였습니다.

선생이시여! 이제는 영원히 회포를 풀고 몸을 바꿔 시비(是非)의 문을 벗어나서 환희지(歡喜地)에서 자유로이 거닐고 있으시겠지요.

---

252) 뇌협(雷莢): 뇌성벽력에 놀라 싹을 틔우는 차나무. 초의는 천둥과 벼락을 웃음소리의 또 다른 말로 뇌협이라 했다.
253) 용란(龍鸞): 용과 난새의 맹세.

연꽃을 손에 들고 안양(安養)을 왕래하시며 거침없이 흰 구름을 타고 저 세상으로 가셨으니, 누가 감히 막을 수 있겠습니까.

가벼운 마음으로 부디 편안히 가시옵소서.

흠향하소서.

경허성우(鏡虛惺牛) 스님

전북 전주에서 출생(1846 ~1912). 속성은 송(宋)씨.
1957년 청계사에서 계허(桂虛)스님을 은사로 득도.
1904년 만공스님께 전법.
1912년 4월 25일 세수 64세로 갑사에서 입적.
문집으로 『경허집』 있음.

상포계 서(喪布禊 序)

내가 기해년 겨울 해인사 선원에 내려와 장경각 노전에서 무릎을 만지며 화로를 껴안고 있었는데, 늙으면 비 올 것, 개일 것을 경험으로 짐작하고 병들면 춥고 더운데 민감해진다. 이러는 내가 칠 푼 쯤은 죽은 재요, 십 푼쯤은 마른 나무일 따름이다. 다시 무엇을 생각하리오. 명산에 가서 약을 캘 기약도 잊어버렸도다.

그 당시 시봉하던 사미의 이름이 두정(斗正)인데 책을 한 권 가지고 와서 나에게 이르기를

"저희들이 스승을 위하여 상포계를 만들려 하오니 화상께서는 서문을 지어주소서."하거늘 내가 그 뜻을 가상히 여겨 이르기를, "옛 사람도 살아계신 어른은 공경을 다하여 섬기고 죽은 이의 장사 지내기를 예로써 한다."하였고,

또 이르기를 "상사(喪事)에는 슬픔이 지극해야 할 따름이라" 하였다. 그러나 능히 예를 알고 슬퍼하는 자가 몇 사람이나 되겠는가." 하였다.

요즈음 절집의 되어가는 일을 보면 제자 된 자가 그의 스승에게 소홀히 성의를 다하지 않는 자가 헤아릴 수 없으며, 혹은 심지어 길 가는 나그네와 같이 여기나니, 내가 늘 이 일을 보고 듣고 아닌 게 아니라 탄식하여 온지 오래 되었다.

대저 부모가 비록 내 몸을 낳았더라도 스승의 모범된 가르침이 아니면 어찌 능히 지금의 인격을 이루었겠는가. 스승의 공이 크도다. 살아계실 때는 예의로써 섬기고 돌아가시면 애통해 하며 마땅히 성의를 다하여야 한다.

옛사람이 이르되 '예의 근본은 공경이요 옥과 비단은 지엽문제

라 쓸 것이 못된다.'하였으니 이렇게 계를 모아 서로 도와주는 것은 실로 깊은 뜻이 있도다. 그 옛사람들의 중용지도의 한 부분 이니 아름답지 아니한가.

그러나 한 가지 미진한 것이 있으니 대개 태어나서 온 것은 이 무슨 물건이며 어떠한 물건이며 어떠한 모양이며 죽어갈 적에는 또 이 무슨 물건이며 어떻게 생겼는가.

슬프다. 대개 종일 예배하고 애통해 하지만 일찍이 예배하고 애통해 한 것이 없으며 나고 죽어도 일찍이 나고 죽음이 없는 것 이 우리의 본래면목이니 그 누가 능히 저 나고 죽고 예배하며 애 통해 하는 가운데서 잘 관찰하여 일생을 그르치지 아니하겠는가.
그러므로 옛사람이 이르기를 "죽고 나는 것이 역시 크도다!" 하였으니, 오호라 그 일이 크지 않겠느냐 하니 두정이 합장하고 일어나서 말하기를,
"오늘부터 이후로 마땅히 그 능히 예경하고 애통해 하고 능히 나고 죽는 것의 본래면목을 참구하면 미진하다는 탄식이 없겠습 니까?"하기에
내가 말하기를, "마땅히 이러하다면 중심과 변두리가 함께 맛 이 달고 일과 이치가 유감이 없으리니 어찌 지극히 착함이 아니 겠는가."하고는 그제서야 서문을 써서 주었다.

만공월면(滿空月面) 스님

(1870~1946). 전북 정읍 출생.

14세에 김제 금산사에서 불상을 처음보고 감동을 하였다.

그 계기로 천장사 태허화상에게 출가.

법명은 월면(月面). 1904년 경허스님으로로부터 전법.

파계사 성전 영가천도 법문

　법좌에 올라 이르되, "업이 가벼운 자는 명이 짧고, 업이 무거운 자는 명이 길으니라." 송하여 이르되,

　허무한 것이 진실한 몸이어니
　인아상(人我相)이 어디에 있을까 보냐.
　망령된 정령(情靈)을 쉬어 제하지 아니하고
　곧바로 반야선(般若船)을 타리라.

　虛無眞實體　人我何所有
　妄情不休息　卽泛般若船

운봉성수(雲峰性粹) 스님

경북 안동에서 출생(1889~1946).

법명은 성수, 법호는 운봉. 13살 때 부친을 따라 영천 은해사에
불공드리러 갔다가 발심 출가. 일하(一荷)스님을 의지해 계를 받음.

경율론 삼장을 두루 섭렵하였음.

향곡선사에게 인가를 받음.

영가를 천도하심

법상에 오르시어 잠시 계시다가 말씀하시되,

"영가야! 알겠는가? 만일 알았다 하더라도 문외한임을 면치 못하려니와 만약 알지 못했다면 또한 평지(平地)에 죽은 사람을 면치 못하리니. 필경에 어떻게 해야만 생사 속에서 벗어날 수 있을 것인가?

주장자를 한 번 치시고 게송을 읊으셨다.

어스름 달빛 속에 꿈을 꾸는 천년 학
천지가 일색인 줄 눈 속에 속은 사람
아무리 훌륭해도 아직은 점액일새
한 발짝 더 나아가야 날으는 용을 보리라.

또 주장자를 세 번 구르시고 말씀하셨다.

"대중들이여, 알겠는가? 만일 알았다면 큰 지혜의 눈을 갖추어서 대총지(大聰智)를 얻었으리니, 눈으로 보는 물건마다 주재(主宰)를 얻고 귀로 듣는 소리마다 법왕이 되어 삶과 죽음에 자유자재하여 천상·인간에 걸림 없으며 육도사생에 들고 나기를 임의대로 하리니, 비로소 출세 대장부라 하리라.

모르겠는가? 모르겠거든 각각 선방에 들어가서 이것이 무슨 도리인고? 할지니라.

회명일승(晦明日昇) 스님

(1866~1951). 경기도 양주 출신. 동진 출가하여
일생 보현행을 실천한 선지식이다. 1931년 도피안사(到彼岸寺)
사적(事蹟)을 지었다. "내가 죽거든 헌옷으로 갈아입히고 흙으로
살짝 덮어 짐승이나 벌레들이 먹게 해주고 3년 상도 지내지 말라"는
유훈을 남겼다. 평소 근검절약해서 많은 돈을 절에 시주하였다.
『회명문집』이 있다.

1. 대암정현사(大岩正賢師)의 칠칠(七·七) 조문

유세차(維歲次) 병자년(丙子年) 2월 20일에 세존의 칠십팔 대 법손인 대암당(大岩堂) 정현사(正賢師)의 영전에 삼가 조상(弔喪)한다. 추위와 더위가 교대로 바뀌어지고 생과 사가 교대로 옮기는 것이라고 하나 인명(人命)이 이처럼 무상함에 크게 놀라지 않을 수 없다.

그대는 방년이 장년성색(壯年盛色)이었는데 삼십팔 세를 일기(一期)로 하니 이 누구의 한이겠는가?

환(幻)같은 생연(生緣)이라 하지마는 어이 그리 일찍이 갔는가. 홀로 선창(禪窓)에 앉아 고요히 생각하니 갑작스러운 일이 나의 가슴을 찢는 듯 하구나.

칠칠재일(七·七齋日)을 당하여 영연(靈筵)에 나아가려 하였으나 늙고 쇠한 몸이 마치 서리를 만나 시들어진 나뭇잎과 같은 데다 더욱이 독감까지 걸려 병석에 있는 처지이기에 간략히 조사(弔辭)를 지어 대신 보내노니, 그대의 영령은 전후를 생각함에 조금도 체류치 말고 바로 극락세계에 가서 자안(慈顏)254)을 친견하기를 빈다.

---

254) 자안(慈顏): 부처님의 얼굴.

2. 손봉상(孫鳳祥)씨의 7재 추도문(追悼文)

　유세차 병자년 3월 9일에 안화선사(安和禪寺)의 연방계원(聯芳契員)인　박상근·이동식·우상훈·이조일·엄홍권·김진철·최석담·한명석·현재희·김원배·우보형 등은 소산선생 손봉상공(昭山先生 孫鳳祥公)의 영정에 삼가 소고(昭告)합니다.

　오호라, 공(公)이 이 세상에 옴에 누가 온 것이며 공이 이 세상을 떠남에 또한 누가 떠난 것입니까? 분수에 편히 하여 기틀을 알아 널리 베풀어 중생을 제도함도 오직 공의 평생일이요, 온고지신하여 빛을 감추고 빛나는 것을 숨기는 것도 오직 공의 평생이며, 부귀를 가짐이 마치 구슬가지를 꺾음에 마디마디가 모두 보배이듯 하고 문(文)과 장(章)을 아울러 통달하였으니 전단을 꺾음에 마디마디가 모두 향(香)인 듯 하였습니다.

　당 사(寺)가 오백여년이나 폐허로 있었는데 이제 향화를 새로 올리게 됨이 오직 공의 은덕이니, 오호 통재라! 무엇을 새삼 말하리? 꽃을 대하여 잔을 기울일 적에도 누구와 더불어 기쁨을 나누며 단풍을 구경하고 시를 읊을 적에도 누구와 더불어 즐거움을 함께 하리까? 당사(當寺)의 큰 단월이 영멸하고 연방계(聯邦契)의 큰손을 지금 잃었으니 슬픈지라.

　우리 연방계원 일동은 이제 담월(潭月)과 영운(嶺雲)과 같은 환(幻)으로 이룬 공양을 차리어 오로지 단심(丹心) 충간의 참된 성의를 표하노니.

　엎드려 생각하노니 존령(尊靈)은 영겁의 숙세인연을 어기지 마시고 부처님의 자비하신 존안(尊顔)을 친견하시어 반야를 돈증(頓證)하여 길이 사바의 고해를 하직하시어 부처님의 수기를 입으시어 바로 연화의 즐거운 세계에 왕생하여지이다.

　상향(尙饗)하소서.

3. 안화사(安和寺) 연방계원 박상근(朴尙根)씨 조문

　유세차 병자년 윤삼월 12일에 안화사(安和寺)를 대표하여 금일
의 당령(當靈)이신 순창박씨(淳昌朴氏) 상근공(尙根公)의 영가 아래
감히 소고(昭告)하나이다.
　오호라, 소산공(昭産公)이 세상을 떠난 지 불과 며칠에 공(公)께
서 따라 서거하니 이 절의 장래는 누구와 더불어 의논 하겠습니
까?
　사람이 세상을 살아감에 선악의 분별이나 고락의 경계는 마치
뜬구름 같고 타다 남은 촛불 같아 그림자는 머물지 않고 빛은 스
스로 없어지는지라.
　오직 바라건대 존령(尊靈)께서는 이생을 버리고 저승에 탄생하
였으니, 극락세계에 바른 길을 밝히시어 청정한 불국토에 탄생하
시길 석존여래에 봉축하오며, 상향(尙饗)하소서.

4. 안화사 연방계원 엄홍권(嚴弘權)씨 조문

유세차 정축년(丁丑年) 2월 9일 오늘의 당령(當靈)인 영월엄씨 (寧越嚴氏) 홍권공(弘權公)의 영정 아래 감히 소고(昭告)합니다.

오호라! 지난해 손봉상 공과 박상근 공이 연이어 입적하였는데 금일 존령께서는 또 어찌 그리 무상하였습니까?

천년의 이 사원이 다시 향화(香火)를 잇게 됨은 오직 연방계원 의 덕이었으니, 이제 겨우 절의 모양이 이루어짐에 공이 세상을 떠남이 마치 기둥과 주춧돌이 기울고 무너지는 듯 하니, 이 어찌 통한스럽지 않겠습니까?

공이 세상에 계시는 것이 마치 구름이 장공(長空)에 흩어짐에 달이 홀로 밝음과 같더니, 이제 공이 세상을 떠남에 눈이 가득 깊은 구덩에 외로운 솔이 홀로 서 있는 듯 하니, 삼가 일주심향 (一株心香)으로 영결의 인사를 드리나이다.

다른 날 연화의 세계에서 얼굴을 함께 하며 회포를 풀어봅시 다.

471

5. 제주도 관음사(觀音寺) 안도월 화상(安道月和尙) 7재 조문

　유세차 ㅇ년 ㅇ월 ㅇ일에 법우(法友) 회명(晦明)은 일주심향(一柱心香)으로 각령(覺靈)을 조위(弔慰)하노라.

　화상의 생일이 윤삼월 7일이니 이는 일생에 금년이 마침 생본(生本)의 달을 맞이하는 고로, 나는 그날을 기하여 향을 피우고 축수하려 하였으나 환갑도 되기 전에 세상을 떠났다 하니 어이 그리 무상한가?

　세상에 오고감이 화상뿐만 아니라 대지에 생을 누리는 누구라도 동일한 평상의 일이기에 나 역시 오래지 않아 따라갈 것이나 화상이 먼저 떠남에 만 가지의 일에 정신이 막히고 걸려 손이 떨리는지라.

　오직 바라건대 연화의 세계가 멀지 아니 하니 걸림 없이 빨리 도달하소!

6. 안화사(安和寺) 연방계원 김원배(金元培)씨의 영결식 법문

군국(君國)의 의무와 가정의 질서와 사회의 표격과 사업의 모범 등이 바로 이 진세(塵世)의 상사(上師)요, 범속을 초월한 호걸이라 육십여 년을 사랑하고 길러온 색과 소리와 물건이 지금 어디에 있는가?

어라! 불타에 귀명(歸命)하여 청정국토에 이르니, 달이 가을 못에 떨어지고 계수나무의 그림자가 차구나!

473

7. 화장하면서 축원함

　유세차 을묘년(乙卯年) 6월 16일에 사문 회명(晦明)은 삼가 자
모님의 분묘 아래 감히 소고하나이다. 자모(慈母)님의 영혼은 마
땅히 이 아들을 애민하여 주실 것입니다.

　저의 아버님은 생사를 전혀 알 수가 없습니다. 소자 나이 11세
에 출가한 뒤로 백운(白雲)에 행적을 숨기고 이름을 감추었으니,
소자 나이 사십에 부모와 권속 선망조고(先亡祖高)님의 천도를 위
하여 자수(自手)로 이룬 전답과 금전을 여러 사원의 불향답(佛香
畓)으로 헌납하였습니다.

　올해 소자의 나이 쉰여섯이 되었으니 만일 저의 한 몸 없어지
면 뒤를 이을 자가 없어지게 되니 이를 생각함에 더욱 가슴이 아
파 찢어지듯 합니다. 그런 즉, 어머님과 할머님의 묘가 산남(山南)
쪽과 산북(山北)쪽에 있으나 누가 보호할 것이며 백부와 숙부의
표령하는 촉루는 누가 보살피겠습니까?

　이에 감히 길일을 가리어 화장하여 천도하오니 다른 날 연화대
에서 반드시 부처님을 친견하실 것입니다. 지금 인계(忍界)에서는
유(幽)와 현(顯)이 현격하여 아무리 애모하여도 은덕의 만에 하나
라도 보답하기 어려우니, 이에 청정한 향을 올리며 엎드려 비옵
니다.

　상향(上香)하소서.

8. 부산 항구 익사자 천도식 조사(弔詞)

천상에는 다섯 가지의 쇠퇴하는 괴로움이 있고 인간에게는 삼악도의 괴로움이 있으니, 그러나 아홉 가지 횡사와 열 가지의 악으로 요절함이 어찌 오늘날 수해를 당한 애령(哀靈) 뿐이겠는가?

마음의 근원을 깨닫지 못하고서는 길이 고해를 벗어나지 못하리니 경에 설한 바와 같아서, "생사의 길이 어두우나 부처님의 반야의 촛불을 의지하면 가히 밝힐 수 있고 고해의 물길이 깊으나 법의 배에 의지하면 건널 수 있다."고 하였으니 불타는 본래 피차의 사사로움이 없으니 영혼에 어찌 증애(憎愛)의 구별이 있으리오.

이제 모두 다 같이 좋은 인연공덕을 닦아서 회향삼처(回鄕三處)하여지이다.

효봉학눌(曉峰學訥) 스님

평안남도 양덕군에서 태어남(1888~1966).
일본 와세다대학 법학부를 나와 이후 10년간 법관 생활.
1925년 石頭화상을 은사로 득도. 1930년 1년 6개월간
용맹정진 후 개오.
1966년 1월 15일 밀양 표충사에서
세수 79세, 법랍 42세로 입적.

1. 만공대선사(滿空大禪師) 대상법요(大祥法要) 법문

법상에 올라 말씀하셨다.

"십년 전에 이 산에 왔을 때는 그 사람만 보고 산은 보지 못했더니 십년 후에 이 산에 오니 그 사람은 볼 수 없고 산만 보이는구나."

하고 한참 있다가,

"향을 사르고 꿇어앉아 흐느껴 우니, 두 눈에서 젖지 않는 눈물이 비처럼 내린다. 오늘 이 법회에 참례한 대중은 남녀노소와 재가·출가를 막론하고, 모두 이 노화상의 법은(法恩)을 입은 사람들이다. 이 기회에 각자 그 힘을 따라 노화상의 은혜를 갚음이 어떤고?"

하고, 주장자로 법상을 한 번 울리고는,

"만공 화상은 어디로 향해 갔는고?" 할 때, 고봉 스님은 "시자야, 향을 사르라."하고 말하였다. 스님은 이에, "그 밖의 대중은 말 없는 동안에 노화상의 법은을 이미 다 갚았다."하고, 다시 말씀하셨다.

"이 말세에 한 마리 큰 호랑이[幻蟲]가 무슨 인연으로 이 땅에 와서 인간 천상을 경동(驚動) 시켰는고? 그를 보는 이는 눈이 멀고 그 소리를 듣는 이는 귀가 먹었으니, 지금 여기 모인 대중 스님 가운데 과연 장님과 귀머거리가 있는가?"

대중이 말이 없자 스님은,

"은혜를 갚는 이는 적고 은혜를 배반하는 이는 많구나."

하고 자리에서 내려오시다.

477

2. 송광사 시식병(施食屛)

경에 이르되, '제행이 무상하여 시생멸법이니 생멸이 멸이하면 적멸이 즐거움이 된다.' 하였으니, 이 적멸락은 있는 것이냐, 없는 것이냐. 만일 있다면 참된 것이 아니요, 없다면 곧 공(空)했으니 둘 다 아니라면 필경 어떠한고. 석가노인이 살을 베고 상처를 냄이로다.

그런데 산승의 견처는 그렇지 않아서 제행이 유상하여 시적멸법이니 적멸이 이와 같을 새 생멸이 즐거움이 되느니라. 이 적멸락은 적멸이 현전한 이후의 일이 아니니 누가 받을 자며 누가 받지 않을 자인가. 생멸과 적멸이 다 항상 즐거움이니라.

만일 두 소견이 있다면 낙(樂)이 고(苦)로 변하니, 슬프다. 어떤 사람은 생멸을 여의고 적멸을 구하려 하며, 어떤 사람은 적멸을 취하고 생멸을 버리려 하니, 이와 같은 무리들은 적멸이 이 생멸이요 생멸이 곧 적멸임을 알지 못함이로다.

다시 말하면 생멸밖에 적멸이 따로 없고 적멸밖에 생멸이 따로 없느니라. 적멸은 생멸의 체(體)며 생멸은 적멸의 용(用)이니, 체로 인해 용이 생기고, 용으로 인해 체가 생기느니라.

만일 이와 같이 안다면 다시 여의고 구하고 취하고 버릴 마음이 없을 새, 부처님이 보여주신 열반의 참 즐거움을 가는 곳마다 수용하리니, 이 어찌 기쁘지 아니하며 기쁘지 아니하랴.

3. 종정 석우(石友)대선사 입적 시 조사(弔辭)

백설(白雪)이 어지러이 흩날려도 산천은 겨울이 아닙니다. 이제 석우 대선사(石友大禪師)께서 열반상(涅槃相)을 시현(示現)하시니, 이 백설의 의지입니까, 산천의 웅자(雄姿)입니까.

오실 때도 상(相)이 없이 오셨고 가실 때 또한 그러시니 이제 종정의 면목은 어디서 찾으오리까? 산은 첩첩하고 물은 잔잔합니다.

시절인연은 바야흐로 교황(敎況)이 왕양(汪洋)하여 정화성업(淨化聖業)이 본 궤에 오른 차제에 돌연히 무상대법문(無常大法門)을 보이시니 영광이 독료(獨耀)하여 하늘을 가리고 땅을 덮습니다.

천지를 거두어 세상 밖에 내던지고 일월을 움켜잡아 소매 속에 간직하니 이 무슨 도리이며, 종소리 떨어지는 곳에 뜬구름 흩어지고 만송이 푸른 산이 바로 석양이니 이 무슨 말씀이십니까.

선사는 뜬구름이 아니시며 때는 석양이 아닙니다.

4. 석우(石友) 종정 소기(小忌) 법문

법상에 올라 묵묵히 있다가 말씀하셨다.

"오늘 이 영가 종정 노화상의 법명은 '보(普)'자, '화(化)'자이시다. 옛날 당나라의 보화 존자(普化尊者)는 임제 화상이 보낸 통바지를 입고 허공으로 올라가 버렸다 하거니와, 오늘 보화 종정 화상은 통바지를 입고 어디로 향해 갔는고?"

한 스님이 대중 가운데서 나와 "그렇게 왔다가 그렇게 갔습니다." 하고, 다른 대중은 모두 말이 없었다. 그러자 스님은 말씀하셨다. "만일 가신 곳을 말한다면 앞에 보인 온 누리 깨끗하여 눈을 담은 듯 한데 푸른 대와 솔은 언제나 봄이로세. 대중 스님은 종정 스님을 보았는가? 그건 그렇고, 한 가지 유감스러웠던 일을, 천 년 묵은 복숭아씨로 담은 매화차 한 병이 내게 있어, 오늘 노화상께 대접하여 유감을 풀 것이다."

하고 손으로 차 따르는 시늉을 하면서 다음 글을 외우셨다.

그윽한 향기 온 누리에 풍기니
어찌 삼신산 벗을 부러워하리
차 한 잔에 온갖 번뇌 다 사라지니
우뚝 산호병이 보이는 것을.
쾌활 쾌활하구나!

幽香徧法界하니 何羨三神朋이리오
灑落四相壁하니 獨露珊瑚甁이라
快闊快闊이로다.

대중은 알겠는가? 참구해 보라.
주장자를 세 번 울리고 자리에서 내려오시다.

480

전강(田岡) 스님

전남 곡성에서 출생(1898~1975). 속성은 鄭씨.
열여섯 살 때 해인사 印空화상을 은사로 득도. 직지사에서 8년간
두문불출, 스물네 살 때 개오.
일생동안 참구한 화두는 '판치생모(板齒生毛).'

1. 김○○영가천도법문

월원불유망(月圓不逾望)이요 일중위지경(日中爲之傾)이니라.
정전백수자(庭前栢樹子)여 독야사시청(獨也四時靑)이니라.

월원불유망(月圓不逾望)하고, 달은 그렇게 둥글지마는 보름을 지나지 못합니다. 보름이면 그만 조그만 해 져 버려요. 반 조각이 되어 버리고 맙니다.

일중위지경(日中爲之傾)이로구나. 해도 반일(半日)이 되면 기울어집니다.

정전백수자(庭前栢樹子)야, 뜰 앞의 잣나무여.

독야사시청(獨也四時靑)이로구나. 홀로 또한 사시에 푸르러 있구나.

'뜰 앞의 잣나무니라' 조사서래의(祖師西來意)를 물으니깐 뜰 앞의 잣나무라.

항상 푸르러 그대로 있으니깐 조사서래의라고 그랬는가? 조사서래의를 물으니깐 정전백수자라고 그랬는가?

흥! 거기에다가 부처님인들 어떻게 혀를 댈 수가 있으며, 역대 조사인들 입을 벌릴 수가 있는가?

고불야(古佛也) 임마거(恁麼去)요. 옛 부처도 이렇게 갔고, 금불야(今佛也) 임마거(恁麼去)다. 지금 부처도 이렇게 갔습니다. 금일 영가야(今日靈駕也) 임마거(恁麼去)다. 오늘 영가도 역시 이렇게 간 것입니다.

여하시(如何是) 임마거(恁麼去)냐? 어떤 것이 이렇게 간 것이냐?

삼세제불과 공(共) 십육군생(十六群生), 금일 영가까지라도 임마거(恁麼去)야?

482

불임마거(不恁麼去)다. 이렇게 가지 않는 것이다. 임마거(恁麼去) 불임마거(不恁麼去) 총부득(總不得)이니라.

여하즉득(如何卽得)고? 어떻게 해야 옳으냐?

임제 선사는 할(喝)을 했고, 덕산(德山) 큰스님은 '방(棒)'을 했습니다. 할, 방이 시야(是也)? 할, 방이 그르냐? 옳으냐? 다 영가를 위해서 한 마디씩 일러 봐요. 우리 도 닦는 큰 도량이 대도량 아닌가요? 이 도만 닦는 대도량, 한국 큰스님네가 모여서 도 닦는 여기에 와서 천도 받는 영가를 위해서, 여하즉득(如何卽得)고?

임제 스님께서는 '임마야(恁麼也) 부득(不得)이요, 불임마야(不恁麼也) 부득(不得)이다. 임마(恁麼) 불임마(不恁麼) 총부득(總不得) 제여하(諸如何)오? '할(喝)'을 했고, 덕산 화상은 '방(棒)'을 했으니, 할과 방이 시야(是也) 비야(非也), 옳으냐 그르냐? ㅇㅇㅇ영가를 위해서 대중은 한 마디씩 다 일러 봐요. 바로 한 마디씩.

ㅇㅇㅇ영가를 위해서 대중은 다 양구(良久)를 했구나. 양구(良久), 방(棒), 할(喝)인데 대중은 일시의 양구를 했다 말입니다.

2. 영가천도 법문

　생야시(生也是)요　　사야시(死也是)니라
　두두비로(頭頭毘盧)요　　물물화장(物物華藏)이니라

　이렇게만 해 놓으면 그 무슨 도리인지 알 수가 없습니다. 영가 께서 뭐라고 말씀을 하던지 내가 관(觀)을 해서 말하면 다 알아듣 지만, 여기에 모이신 사부대중들도 다 알아들어야 할 것 아닙니 까.

　'생야시(生也是)'요 라는 그 말은, 우리가 어머니 뱃속에서 이 몸뚱이 받아 가지고 이 사대육신으로, 몸뚱이를 끌고 다니는 그 것을 생(生)이라 하니까, '생도 시(是)다' 그 말입니다.
　'생도 시'라는 것은 당장 이렇게 이 몸뚱이 얻어 나온 이것도 시(是)다. 그 시라는 것은 '이 시(是)'자 인데, '이 시'자는 '옳을 시(是)'자, 옳다는 시(是)자 인데, '이것이다, 옳다' 그 말은 '본래 생사가 없다' 그 말입니다.
　'사야시(死也是)'다. 하는 것은 이 몸뚱이를 가지고 이렇게 갔다 왔다 행주좌와 어묵동정을 이 송장 몸뚱이 가지고 이런다마는, 이 몸뚱이는 죽습니다. 그놈 몸뚱이 내던지려면 그놈의 죽는 고 (苦) 무섭지! 이 죽는 것도 시(是)니라. '이 시(是)'자, '옳을 시(是)' 자.
　죽는 것, 이 몸뚱이 끌고 다니는 주인공은 죽는 것도 없고, 죽 는 때도 묻지 않고, 송장한테 뭐 상관도 없이, 그대로 독로(獨露) 한 그 영(靈) 자리는 그놈이 시(是)니라. '생사 없다' 그 말입니다. 생(生)도 시(是)요, 사(死)도 시(是)니라. 그런 말입니다.

　'두두(頭頭)가 비로(毘盧)다. 머리 머리가 비로(毘盧)니라' 그 말

484

은 알기가 어렵지요.

두두가 비로라는 것은 여러 가지 이 세상의 모든 물질, 즉 꽃이든지, 나무든지, 무슨 학 대가리든지, 그저 세상에 두두(頭頭), 머리 머리— 일체 꽃 머리, 솔 머리, 그저 까치, 까마귀 대가리, 뱀 대가리, 일체 두두 모두 삼라만상의 그 체두(體頭)가 다 시(是)다 그 말이니 '이 시(是)'자 라는 겁니다.

'이 시(是)'자. '다 옳다. 다 생사 없는 도리다', '다 진리니라' '참다운 이치니라' 그런 뜻입니다.

산이다, 물이다, 돌이다, 소나무다, 밤나무다, 감나무다, 그런 것이 우리 사람의 분별식(分別識)으로 소나무라고 이름을 지어 붙였고, 밤나무라고 이름을 지어 붙였고, 까마귀라고 이름을 지어 붙였고, 뱀이라고 이름을 지어 붙인 겁니다.

그 자체에 들어가면 뱀이 뱀이라는 것도 없고, 소나무가 "내가 소나무다"라는 것도 없기 때문에 푸른 상(相)도 없고, 소나무는 뭐 크다 작다, 일체 제상(諸相)이 거기 없습니다. 본래 그 생사 없는 진리란 말입니다.

그 진리라는 것은 영원히 존재하는 것입니다. '있다 없다'하는 법이 없습니다. 일체 물질은 불생불멸이라, 일체 물질도 원소불변(元素不變)이지요. 원소가 변하는 법이 없고 항상 그대로라는 뜻입니다.

진리는 본래 생사가 없고 본래 죄업이 없는데 그 진리 하나를 깨닫지 못하고, 그 진리 하나를 내가 바로 얻지 못했기 때문에 번뇌 망상 속에 휩싸여서 '죄 지었다' 하면은 죄상(罪相)에 휩싸여서, 그만 미(迷)해 가지고는 죄를 받는 것입니다. 그러니 그 진리 영존(眞理永存) 자리로 돌아가야 합니다.

생도 시요, 사(死)도 시요, 두두(頭頭)도 시요, 일체가 다 시(是)

485

니, 왜 미(迷)했나?

회수간산취류하(回首看山醉流霞)요, 의수침면일이사(倚樹沈眠日已斜)니라.

머리를 돌이켜 산을 보니 흐르는 안개에 취한다. 그 흐르는 안개, 저 산에 흐르는 안개 츠르르르 내려오는 대자연이로구나.
그것도 대자연이지. 거기 무엇이 붙어 있나?
해가 넘어가는데 나무에 기대 졸음에 잔다(倚樹沈眠日已斜).

그 졸음에 잠깐 들어 조는 거나 마찬가지지 무슨 생사냐 그 말입니다. 죽고 사는 생사가 어디 붙어 있느냐? 그것이 모두 생사 없는 해탈묘용(解脫妙用)입니다.

아! 그런 번뇌 망상 깨닫지 못하면 인생이라는 것은 처처(處處) 착(着)이니라. 깨닫지 못한 인생이라는 것은 그저 죄에 착(着)하고, 잘못한 데 착(着)하고, 일체처에 착(着)하고, 두두(頭頭)에 모두 애착(愛着), 착(着)해 가지고는 그만 온통 죄업만 지으니, 그 진리 영존(眞理永存) 자리를 보질 못하고 찾질 못하고, 이 지경이 되는 것입니다.
중생은 미(迷)한 그 고통으로써 그만 근본 취(趣)가 되어 가지고는 진리는 꿈에도 보지 못했기 때문에 죄업이 항상 있습니다. 본래 없는 죄업이 항상 있어서, 그놈의 죄만 받으러 따라다니는 그것이 우리 중생입니다.

왜 이러냐 하면, 돼지는 어째서 돼지 몸뚱이 받아 가지고 그 더러운 찌꺼기나 먹고 살이 쪄서 나중에는 몸뚱이로 바칠 때, 점점이 포(脯) 떠내고…, 그런 죽음을 당하는 것이 왜 이러냐 말입니다. 애착고(愛着苦)니라. 미(迷)해서 모두 중생업(衆生業)에 애착이 되어 그러합니다.

척! 한 번 걸어 버리고, 그 진리영존 자리 깨달아 증(證)해 버리면 일체업(一切業)이 무슨 구타부득(狗他不得)이다. 일체 죄업이 어디가 붙느냐? 그러니 모두 시(是), 진리영존자리 시(是), 확철대오 하는 그 근본 시(是), 근본 도리라는 겁니다.

다시 말하지만 회수간산취류하(回首看山醉流霞)요, 의수침면일이사(倚樹沈眠日己斜)니라.

머리를 돌이켜 산을 보니 흐르는 안개에 취하고, 해가 넘어가는데 나무에 기대어 잠깐 조는 것과 같은 것이 생사인데, 죽고 사는 것이 어디 붙어 있느냐 이 말입니다. 이것이 모두 생사 없는 해탈묘용이라는 겁니다.

영가천도법문 1

엮은이 / 釋性愚

펴낸이 / 金映希

펴낸곳 / 도서출판 토방

1995년 6월 5일 초판 발행

2021년 7월 1일 초판 증보1쇄 발행

등록 91. 2. 20 제6-514호

02820

서울특별시 성북구 북악산로 746. 101-1303

전화 (02)766 - 2500, 팩시밀리 (02)747 - 9600

이메일 / tobang2003@hanmail.net

ISBN 979-11-86857-12-0   03220